Мелкий бес

Фёдор К. Сологуб

Мелкий бес

Copyright © 2022 Indo-European Publishing

ISBN: 978-1-64439-813-5

МЕЛКИЙ БЕС

"Я сжечь ее хотел, колдунью злую"

I

После праздничной обедни прихожане расходились по домам. Иные останавливались в ограде, за белыми каменными стенами, под старыми липами и кленами, и разговаривали. Все принаряди-лись по-праздничному, смотрели друг на друга приветливо, и казалось, что в этом городе живут мирно и дружно. И даже весело. Но все это только казалось.

Гимназический учитель Передонов, стоя в кругу своих приятелей, угрюмо посматривая на них маленькими, заплывшими глазами из-за очков в золотой оправе, говорил им:

— Сама княгиня Волчанская обещала Варе, уж это наверное. Как только, говорит, выйдет за него замуж, так я ему сейчас же и выхлопочу место инспектора.

— Да как же ты на Варваре. Дмитриевне женишься?-спросил краснолицый Фаластов: — ведь она же тебе сестра! Разве новый закон вышел, что и на сестрах венчаться можно?

Все захохотали. Румяное, обыкновенно равнодушно-сонное лицо Передонова сделалось свирепым.

— Троюродная... — буркнул он, сердито глядя мимо собеседников.

— Да тебе самому княгиня обещала? — спросил щеголевато одетый, бледный и высокий Рутилов.

— Не мне, а Варе, — ответил Передонов.

— Ну вот, а ты и веришь, — оживленно говорил Рутилов. — Сказать все можно. А ты сам отчего к княгине не явился?

— Пойми, что мы пошли с Варей, да не застали княгини, всего на пять минут опоздали, — рассказывал Передонов,— она в деревню уехала, вернется через три недели, а мне никак нельзя было ждать, сюда надо было ехать к экзаменам.

— Сомнительно что-то, — сказал Рутилов и засмеялся, показывая гниловатые зубы.

Передонов призадумался. Собеседники разошлись. Остался с ним один Рутилов.

— Конечно, — сказал Передонов, — я на всякой могу, на какой захочу. Не одна мне Варвара.

— Само собою, за тебя, Ардальон Борисыч, всякая пойдет, — подтвердил Рутилов.

Они вышли из ограды и медленно проходили по площади, немощеной и пыльной. Передонов сказал:

— Только вот княгиня как же? Она разозлится, если я Варвару брошу.

— Ну, что ж княгиня! — сказал Рутилов.- Тебе с ней не котят крестить. Пусть бы она тебе место сначала дала, — округтиться успеешь. А то как же так, зря, ничего не видя!

— Это верно... — раздумчиво согласился Передонов.

— Ты так Варваре и скажи, — уговаривал Рутилов. — Сперва место, а то, мол, я так не очень-то верю. Место получишь, а там и венчайся, с кем вздумаешь. Вот ты лучше из моих сестер возьми, — три, любую выбирай. Барышни образованные, умные, без лести сказать, не чета Варваре. Она им в подметки не годится.

— Ну-у... — промычал Передонов.

— Верно. Что твоя Варвара? Вот, понюхай.

Рутилов наклонился, оторвал шерстистый стебель белены, скомкал его вместе с листьями и грязно-белыми цветами и, растирая все это пальцами, поднес к носу Передонова. Тот поморщился от неприятного, тяжелого запаха. Рутилов говорил:

— Растереть да бросить, — вот и Варвара твоя. Она и мои сестры — это, брат, две большие разницы. Бойкие барышни, живые, — любую возьми, не даст заснуть. Да и молодые, — самая старшая втрое моложе твоей Варвары.

Все это Рутилов говорил, по обыкновению своему, быстро и весело, улыбаясь, но он, высокий, узкогрудый, казался чахлым и хрупким, и из-под шляпы его, новой и модной, как-то жалко торчали жидкие, коротко остриженные светлые волосы.

— Ну, уж и втрое, — вяло возразил Передонов, снимая и протирая золотые очки.

— Да уж верно! — воскликнул Рутилов. — Смотри, не зевай, пока я жив, а то они у меня тоже с гонором, — потом захочешь, да поздно будет. А только из них каждая за тебя с превеликим удовольствием пойдет.

— Да, в меня здесь все влюбляются, — с угрюмым самохвальством сказал Передонов.

— Ну, вот видишь, вот ты и лови момент, — убеждал Рутилов.

— Мне бы, главное, не хотелось, чтобы она была сухопарая, — с тоскою в голосе сказал Передонов. — Жирненькую бы мне.

— Да уж на этот счет ты не беспокойся,— горячо говорил Рутилов.- Они и теперь барышни пухленькие, а если не совсем вошли в объем, так это только до поры до времени. Выйдут замуж, и они раздобреют, как старшая. Лариса-то у нас, сам знаешь, какая кулебяка стала.

— Я бы женился, — сказал Передонов, — да боюсь, что Варя большой скандал устроит.

— Боишься скандала, так ты вот что сделай, — с хитрою улыбкою сказал Рутилов: — сегодня же венчайся, не то завтра: домой явишься с молодой женой, и вся недолга. Правда, хочешь, я это сварганю, завтра же вечером? С какою хочешь?

Передонов внезапно захохотал, отрывисто и громко.

— Ну, идет? по рукам, что ли? — спросил Рутилов.

Передонов так же внезапно перестал смеяться и угрюмо сказал, тихо, почти шопотом:

— Донесет, мерзавка.

— Ничего не донесет, нечего доносить, — убеждал Рутилов.

— Или отравит, — боязливо шептал Передонов.

— Да уж ты во всем на меня положись, — горячо уговаривал его Рутилов, — я все так тонко обстрою тебе...

— Я без приданого не женюсь, — сердито крикнул Передонов.

Рутилова нисколько не удивил новый скачок в мыслях его угрюмого собеседника. Он возразил все с тем же одушевлением:

— Чудак, да разве они бесприданницы! Ну, что же, идет, что ли? Ну, я побегу, все устрою. Только чур, никому ни гу-гу, слышишь, никому!

Он потряс руку Передонова и побежал от него. Передонов молча смотрел за ним. Барышни Рутиловы припомнились ему, веселые, насмешливые. Нескромная мысль выдавила на его губы поганое подобие улыбки, — оно появилось на миг и исчезло. Смутное беспокойство поднялось в нем.

"С княгиней-то как же? — подумал он. — За теми гроши, и протекции нет, а с Варварой в инспекторы попадешь, а потом и директором сделают".

Он посмотрел вслед суетливо убегающему Рутилову и злорадно подумал: "Пусть побегает".

И эта мысль доставила ему вялое и тусклое удовольствие. Но ему стало скучно оттого, что он — один; он надвинул шляпу на лоб, нахмурил светлые брови и торопливо отправился домой по немощеным, пустым улицам, заросшим лежачею мшанкою с белыми цветами, да жерухою, травою, затоптанною в грязи.

Кто-то позвал его тихим и быстрым голосом;

— Ардальон Борисыч, к нам зайдите.

Передонов поднял сумрачные глаза и сердито посмотрел за изгородь. В саду за калиткою стояла Наталья Афанасьевна Вершина, маленькая, худенькая, темнокожая женщина, вся в черном, чернобровая, черноглазая. Она курила папироску в черешневом темном мундштуке и улыбалась слегка, словно знала такое, чего не говорят, но чему улыбаются. Не столько словами, сколько легкими, быстрыми движениями зазывала она Передонова в свой сад: открыла калитку, посторонилась, улыбалась просительно и вместе уверенно и показывала руками, — входи, мол, чего стоишь.

И вошел Передонов, подчиняясь ее, словно ворожащим, беззвучным движениям. Но он сейчас же остановился на песчаной дорожке, где в глаза ему бросились обломки сухих веток, и посмотрел на часы.

— Завтракать пора, — проворчал он.

Хотя часы служили ему давно, но он и теперь, как всегда при людях, с удовольствием глянул на их большие золотые крышки. Было без двадцати минут двенадцать. Передонов решил, что можно побыть немного. Угрюмо шел он за Вершиною по дорожкам, мимо опустелых кустов черной и красной смородины, малины, крыжовника.

Сад желтел и пестрел плодами да поздними цветами. Было тут много плодовых и простых деревьев да кустов: невысокие раскидистые яблони, круглолистые груши, липы, вишни с гладкими блестящими листьями, слива, жимолость. На бузиновых кустах краснели ягоды. Около забора густо цвела сибирская герань, — мелкие бледно-розовые цветки с пурпуровыми жилками.

Остропестро выставляло из-под кустов свои колючие пурпуровые головки. В стороне стоял деревянный дом, маленький, серенький, в одно жилье, с широкою обеденкою в сад. Он казался милым и уютным. А за ним виднелась часть огорода. Там качались сухие коробочки мака да беложелтые крупные чепчики ромашки, желтые головки подсолнечника никли перед увяданием и между полезными зелиями поднимались зонтики: белые у кокорыша и бледнопурпуровые у цикутного аистника, цвели светложелтые лютики да невысокие молочаи.

— У обедни были? — спросила Вершина.

— Был, — угрюмо ответил Передонов.

4

— Вот и Марта только-что вернулась, — рассказывала Вершина. — Она часто в нашу церковь ходит. Уж я и то смеюсь: для кого это, говорю, вы, Марта, в нашу церковь ходите? Краснеет, молчит. Пойдемте, в беседке посидимте, — сказала она быстро и без всякого перехода от того, что говорила раньше.

Среди сада, в тени развесистых кленов, стояла старенькая серенькая беседка, — три ступеньки вверх, обомшалый помост, низенькие стены, шесть точеных пузатых столбов и шестискатная кровелька.

Марта сидела в беседке, еще принаряженная от обедни. На ней было светлое платье с бантиками, но оно к ней не шло. Короткие рукава обнажали островатые красные локти, сильные и большие руки. Марта была, впрочем, не дурна. Веснушки не портили ее. Она слыла даже за хорошенькую, особенно среди своих, поляков, — их жило здесь не мало.

Марта набивала папиросы для Вершиной. Она нетерпеливо хотела, чтобы Передонов посмотрел на нее и пришел в восхищение. Это желание выдавало себя на ее простодушном лице выражением беспокойной приветливости. Впрочем, оно вытекало не из того, чтобы Марта была влюблена в Передонова: Вершина желала пристроить ее, семья была большая, — и Марте хотелось угодить Вершиной, у которой она жила несколько месяцев, со дня похорон старика-мужа Вершиной, — угодить за себя и за брата-гимназиста, который тоже гостил здесь.

Вершина и Передонов вошли в беседку. Передонов сумрачно поздоровался с Мартою и сел, — выбрал такое место, чтобы спину защищал от ветра столб и чтобы в уши не надуло сквозняком. Он посмотрел на Мартины желтые башмаки с розовыми помпончиками и подумал, что его ловят в женихи. Это он всегда думал, когда видел барышень, любезных с ним. Он замечал в Марте только недостатки, — много веснушек, большие руки и с грубою кожею. Он знал, что ее отец, шляхтич, держал в аренде маленькую деревушку верстах в шести от города. Доходы малые, детей много: Марта кончила прогимназию, сын учился в гимназии, другие дети были еще меньше.

— Пивка позволите вам налить? — быстро спросила Вершина.

На столе стояли стаканы, две бутылки пива, мелкий сахар в жестяной коробке, ложечка мельхиоровая, замоченная пивом.

— Выпью, — отрывисто сказал Передонов.

Вершина посмотрела на Марту. Марта налила стакан,

подвинула его Передонову, и при этом на ее лице играла странная улыбка, не то испуганная, не то радостная. Вершина сказала быстро, точно просыпала слова:

— Положите сахару в пиво.

Марта подвинула к Передонову жестянку с сахаром. Но Передонов досадливо сказал:

— Нет, это — гадость, с сахаром.

— Что вы, вкусно, — однозвучно и быстро уронила Вершина.

— Очень вкусно, — сказала Марта.

— Гадость, — повторил Передонов и сердито поглядел на сахар.

— Как хотите, — сказала Вершина и тем же голосом, без остановки и перехода, заговорила о другом: — Черепнин мне надоедает, — сказала она и засмеялась.

Засмеялась и Марта. Передонов смотрел равнодушно: он не принимал никакого участия в чужих делах, — не любил людей, не думал о них иначе, как только в связи со своими выгодами и удовольствиями. Вершина самодовольно улыбнулась и сказала:

— Думает, что я выйду за него.

— Ужасно дерзкий, — сказала Марта, не потому, что думала это, а потому, что хотела угодить и польстить Вершиной.

— Вчера у окна подсматривал, — рассказывала Вершина. — Забрался в сад, когда мы ужинали. Кадка под окном стояла, мы подставили под дождь, — целая натекла. Покрыта была доской, воды не видно, он влез на кадку да и смотрит в окно. А у нас лампа горит, — он нас видит, а мы его не видим. Вдруг слышим шум. Испугались сначала, выбегаем. А это он провалился в воду. Однако вылез до нас, убежал весь мокрый, — по дорожке так мокрый след. Да мы и по спине узнали.

Марта смеялась тоненьким, радостным смехом, как смеются благонравные дети. Вершина рассказала все быстро и однообразно, словно высыпала, — как она всегда говорила, — и разом замолчала, сидела и улыбалась краем рта, и оттого все ее смуглое и сухое лицо пошло в складки, и черноватые от курева зубы слегка приоткрылись. Передонов подумал и вдруг захохотал. Он всегда не сразу отзывался на то, что казалось ему смешным,— медленны и тупы были его восприятия.

Вершина курила папиросу за папиросою. Она не могла жить без табачного дыма перед ее носом.

— Скоро соседями будем, — объявил Передонов.

Вершина бросила быстрый взгляд на Марту. Та слегка

покраснела, с пугливым ожиданием посмотрела на Передонова и сейчас же опять отвела глаза в сад.

— Переезжаете? — спросила Вершина. — Отчего же?

— Далеко от гимназии,— объяснил Передонов. Вершина недоверчиво улыбалась. Вернее, думала она, что он хочет быть поближе к Марте.

— Да ведь вы там уже давно живете, уже несколько лет, — сказала она.

— Да и хозяйка стерва, — сердито сказал Передонов.

— Будто? — недоверчиво спросила Вершина, и криво улыбнулась.

Передонов немного оживился.

— Наклеила новые обои, да скверно, — рассказывал он.- Не подходит кусок к куску. Вдруг в столовой над дверью совсем другой узор, вся комната разводами да цветочками, а над дверью полосками да гвоздиками. И цвет совсем не тот. Мы было не заметили, да Фаластов пришел, смеется. И все смеются.

— Еще бы, такое безобразие, — согласилась Вершина.

— Только мы ей не говорим, что мы выедем, — сказал Передонов и при этом понизил голос. — Найдем квартиру и поедем, а ей не говорим.

— Само собой, — сказала Вершина.

— А то будет, пожалуй, скандалить, — говорил Передонов, и в глазах его отразилось пугливое беспокойство.- Да еще и плати ей за месяц, за такую-то гадость.

Передонов захохотал от радости, что выедет и за квартиру не заплатит.

— Стребует, — заметила Вершина.

— Пусть требует, я не отдам, — сердито сказал Передонов. — Мы в Питер ездили, так не пользовались это время квартирою.

— Да ведь квартира-то за вами оставалась, — сказала Вершина.

— Что ж такое! Она должна ремонт делать, так разве мы обязаны платить за то время, пока не живем? И главное — она ужасно дерзкая.

— Ну, хозяйка дерзкая оттого, что ваша... сестрица уж слишком пылкая особа, — сказала Вершина с легкою заминкою на слове "сестрица".

Передонов нахмурился и тупо глядел перед собою полусонными глазами. Вершина заговорила о другом. Передонов вытащил из кармана карамельку, очистил ее от бумажки и принялся жевать. Случайно взглянул он на Марту и подумал, что она завидует и что ей тоже хочется карамельки.

"Дать ей или не давать? — думал Передонов. — Не стоит она. Или уж разве дать, — пусть не думают, что мне жалко. У меня много, полны карманы".

И он вытащил горсть карамели.

— На-те, — сказал он и протянул леденцы сначала Вершиной, потом Марте, — хорошие бомбошки, дорогие, тридцать копеек за фунт плачены.

Они взяли по одной. Он сказал:

— Да вы больше берите. У меня много, и хорошие бомбошки, — я худого есть не стану.

— Благодарю вас, я не хочу больше, — сказала Вершина быстро и невыразительно.

И те же слова за нею повторила Марта, но как-то нерешительно. Передонов недоверчиво посмотрел на Марту и сказал:

— Ну, как не хотеть! На-те.

И он взял из горсти одну карамельку себе, а остальные положил перед Мартою. Марта молча улыбнулась и наклонила голову.

"Невежа, — подумал Передонов,— не умеет поблагодарить хорошенько".

Он не знал, о чем говорить с Мартою. Она была ему нелюбопытна, как все предметы, с которыми не были кем-то установлены для него приятные Или неприятные отношения.

Остальное пиво было вылито в стакан Передонову. Вершина глянула на Марту.

— Я принесу, — сказала Марта. Она всегда без слов догадывалась, чего хочет Вершина.

— Пошлите Владю, он в саду, — сказала Вершина.

— Владислав! — крикнула Марта.

— Здесь, — отозвался мальчик так близко и так скоро, точно он подслушивал.

— Пива принеси, две бутылки, — сказала Марта, — в сенях в ларе.

Скоро Владислав подбежал бесшумно к беседке, подал через окно Марте пиво и поклонился Передонову.

— Здравствуйте, — хмуро сказал Передонов, — пива сколько бутылок сегодня выдули?

Владислав принужденно улыбнулся и сказал:

— Я не пью пива.

Это был мальчик лет четырнадцати, с веснусчатым, как у

Марты, лицом, похожий на сестру, неловкий, мешкотный в движениях. Одет он был в блузу сурового полотна.

Марта шопотом заговорила с братом. Оба они смеялись. Передонов подозрительно посматривал на них. Когда при нем смеялись и он не знал, о чем, он всегда предполагал, что это над ним смеются. Вершина забеспокоилась. Уже она хотела окликнуть Марту. Но сам Передонов спросил злым голосом:

— Чему смеетесь?

Марта вздрогнула, повернулась к нему и не знала, что сказать. Владислав улыбался, глядя на Передонова, и слегка краснел.

— Это невежливо, при гостях, — выговаривал Передонов.- Надо мной смеетесь?- спросил он.

Марта покраснела, Владислав испугался.

— Извините, — сказала Марта, — мы вовсе не над вами. Мы о своем.

— Секрет, — сердито сказал Передонов. — При гостях невежливо о секретах разговаривать.

— Да не то, что секрет, — сказала Марта, — а мы тому, что Владя — босиком, и не может войти сюда, — стесняется.

Передонов успокоился, стал выдумывать шутки над Владею, потом угостил и его карамелькою.

— Марта, принесите мой черный платок, — сказала Вершина, — да загляните заодно в кухню, как там пирог.

Марта послушно вышла. Она поняла, что Вершина хочет говорить с Передоновым, и была рада, ленивая, что не к спеху.

— А ты иди подальше, — сказала Вершина Владе, — нечего тебе тут болтаться.

Владя побежал, и слышно было, как песок шуршит под его ногами. Вершина осторожно и быстро посмотрела в бок на Передонова сквозь непрерывно испускаемый ею дым. Передонов сидел молча, глядел прямо перед собою затуманенным взором и жевал карамельку. Ему было приятно, что те ушли,— а то, пожалуй, опять бы засмеялись. Хотя он и узнал наверное, что смеялись не над ним, но в нем осталась досада, — так после прикосновения жгучей крапивы долго остается и возрастает боль, хотя уже крапива и далече.

— Что вы не женитесь ? — вдруг часто и быстро заговорила Вершина. — Чего еще ждете.

Ардальон Борисыч! Варвара ваша вам не пара, извините, прямо скажу.

Передонов провел рукою по слегка растрепанным каштанового цвета волосам и с угрюмою важностью молвил:

— Здесь для меня и нет пары.

9

— Не скажите, — возразила Вершина и криво улыбнулась. — Здесь есть много лучше ее, и за вас всякая пойдет.

Она стряхнула пепел с папиросы решительным движением, словно поставила на чем-то утвердительный знак.

— Всякой мне не надо,— ответил Передонов.

— Не о всякой и речь, — быстро говорила Вершина.- Да вам ведь не за приданым гнаться, была бы девушка хорошая. Вы сами получаете достаточно, слава богу.

— Нет, — возразил Передонов, — мне выгоднее на Варваре жениться. Ей княгиня протекцию обещала. Она даст мне хорошее место,— говорил Передонов с угрюмым одушевлением.

Вершина слегка улыбалась. Все ее морщинистое и темное, словно прокопченное табаком, личико выражало снисходительную недоверчивость. Она спросила:

— Да вам она говорила это, княгиня-то? С ударением на слове "вам".

— Не мне, а Варваре, — признался Передонов, — да это все равно.

— Уж слишком вы полагаетесь на слова вашей сестрицы, — злорадно говорила Вершина. — Ну, а скажите, она много старше вас? Лет на пятнадцать? Или больше? Ведь ей под пятьдесят?

— Ну, где там, — досадливо сказал Передонов, — тридцати еще нет. Вершина засмеялась.

— Скажите, пожалуйста, — с нескрываемою насмешкою в голосе сказала она, — а на вид она гораздо старше вас. Конечно, это не мое дело, а только со стороны жалко, что такой хороший молодой человек должен жить не так, как бы он заслуживал по своей красоте и душевным качествам.

Передонов самодовольно оглядывал себя. Но не было улыбки на его румяном лице, и казалось, что он обижен тем, что не все его понимают, как Вершина. А Вершина продолжала:

— Вы и без протекции далеко пойдете. Неужто не оценит начальство! Что ж вам за Варвару держаться! Да и не из Рутиловых же барышень вам, жену брать: они — легкомысленные, а вам надо жену степенную. Вот бы взяли мою Марту.

Передонов посмотрел на часы.

— Пора домой, — сказал он и стал прощаться.

Вершина была уверена, что Передонов уходит потому, что она задела его за живое, и что он из нерешительности только не хочет говорить теперь о Марте.

II

Варвара Дмитриевна Малошина, сожительница Передонова, ждала его, неряшливо одетая, но тщательно набеленная и нарумяненная.

Пеклись к завтраку пирожки с вареньем: Передонов их любил. Варвара бегала по кухне вперевалку, на высоких каблуках, и торопилась все к его приходу приготовить. Варвара боялась, что служанка, — рябая, толстая девица Наталья, — украдет пирожок, а то и больше. Потому Варвара не выходила из кухни и, по обыкновению, бранила служанку. На ее морщинистом лице, хранившем следы былой красивости, неизменно лежало брюзгливо-жадное выражение[1],[2].

---

[1] Настоящие 13 отрывков составляют лишь часть дополнений и разночтений, выявленных нами сверкой печатного текста "Мелкого беса" с текстом рукописным, хранящимся в Институте русской литературы Академии Наук СССР, в архиве Ф. К. Сологуба. Здесь нами даются лишь те впервые публикуемые материалы романа, которые имеют характер законченных эпизодов — глав, или, будучи лишь вариантами известного ранее текста, дают дополнительные данные для социологического понимания произведения и его персонажей. Ред.

[2] Наташке и хотелось украсть сладкий пирог и потихоньку съесть его, да нельзя было: раз — что Варвара торчит около нее, да и только, не выжить ее ничем; а другое — если и уйдет и без нее снимать со сковороды, так она потом посчитает по следам на сковороде: сколько нет, столько пирожков потребует, — никак украсть нельзя ни одного. И Ната злилась. А Варвара, по обыкновению своему, ругалась, придираясь к служанке за разные неисправности и за недостаточную, по ее мнению, расторопность. На ее морщинистом, желтом лице, хранившем следы былой красивости, неизменно лежало брюзгливо-хищное выражение. — Тварь ленивая, — кричала Варвара дребезжащим голосом, — да что ты, обалдела, что ли, Наташка! Только что поступила, да уж ничего не хочешь делать, — ничевуха поганая. — Да кто у вас и живет, — грубо отвечала Наташа. И точно, у Варвары прислуга не заживалась: своих служанок Варвара кормила плохо, ругала беспрерывно, жалованье старалась затянуть, а если нападала на не очень бойкую, то толкала, щипала и била по щекам. — Молчать, стерва! — закричала Варвара. — Чего мне молчать, — известно, у вас, барышня, никто не живет, — все вам нехороши. А сами-то вы, небось, хороши больно. Не в пору привередливы. — Как ты смеешь, скотина? — Да и не смевши скажу. Да и кто у такой облаедки жить станет, кому охота! Варвара разозлилась, завизжала, затопала ногами. Наташка не уступала. Поднялся неистовый крик. — Кормить не кормите, а работы требуете, — кричала она. — На

Как всегда при возвращении домой, Передонова охватили недовольство и тоска. Он вошел в столовую шумно, швырнул шляпу на подоконник, сел к столу и крикнул:

— Варя, подавай!

Варвара носила кушанья из кухни, проворно ковыляя в узких из щегольства башмаках, и прислуживала Передонову сама. Когда она принесла кофе, Передонов наклонился к дымящемуся стакану и понюхал. Варвара встревожилась и пугливо спросила его:

— Что ты, Ардальон Борисыч? Пахнет чем-нибудь кофе?

Передонов угрюмо взглянул на нее и сказал сердито:

— Нюхаю, не подсыпано ли яду.

— Да что ты, Ардальон Борисыч!- испуганно сказала Варвара. — Господь с тобой, с чего ты это выдумал?

— Омегу набуровила!- ворчал он.

— Что мне за корысть травить тебя, — убеждала Варвара, — полно тебе петрушку валять!

Передонов долго еще нюхал, наконец успокоился и сказал:

— Уж если есть яд, так тяжелый запах непременно услышишь, только поближе нюхнуть, в самый пар.

Он помолчал немного и вдруг вымолвил злобно и насмешливо:

— Княгиня!

помойную яму не напасешься хламу, – отвечала Варвара. – Еще кто помойная яма. Туда же, всякая дрянь... – Дрянь, да из дворян, а ты – моя прислуга. Стерва этакая, вот я тебе по морде дам, – кричала Варвара. – Я и сама сдачи дать умею! – грубо ответила Наташка, презрительно посматривая на маленькую Варвару с высоты своего роста. – По морде! Это что тебя-то самое барин по мордасам лощит, так ведь я – не полюбовница, меня за уши не выдерешь. В это время со двора в открытое окно послышался крикливый, пьяный бабий голос: – Эй, ты, барыня, ай барышня? как звать-то тебя? Где твой соколик? – А тебе что за дело, лихорадка? – закричала Варвара, подбегая к окну. Внизу стояла домовая хозяйка, Иринья Степановна, сапожникова жена, простоволосая, в грязном ситцевом платье. Она с мужем жила во флигельке, на дворе, а дом сдавали. Варвара в последнее время часто вступала с нею в брань, – хозяйка ходила вечно полупьяная и задирала Варвару, догадываясь, что хотят съезжать. Теперь они опять сцепились ругаться. Хозяйка была спокойнее, Варвара выходила из себя. Наконец хозяйка повернулась спиной и подняла юбку. Варвара немедленно ответила тем же. От таких сцен и вечного крика у Варвары делались потом мигрени, но она уже привыкла к беспорядочной и грубой жизни и не могла воздержаться от непристойных выходок. Давно уже она перестала уважать и себя, и других.

Варвара заволновалась.

— Что княгиня? Что такое княгиня?

— А то княгиня, — говорил Передонов, — нет, пусть она сперва даст место, а уж потом и я женюсь. Ты ей так и напиши.

— Ведь ты знаешь, Ардальон Борисыч, — заговорила Варвара убеждающим голосом, — что княгиня обещает только, когда я выйду замуж. А то ей за тебя неловко просить.

— Напиши, что мы уж повенчались, — быстро сказал Передонов, радуясь выдумке. Варвара опешила было, но скоро нашлась и сказала:

— Что же врать, — ведь княгиня может справиться. Нет, ты лучше назначь день свадьбы. Да и платье пора шить.

— Какое платье? — угрюмо спросил Передонов.

— Да разве в этом затрапезе венчаться? — крикнула Варвара. — Давай же денег, Ардальон Борисыч, на платье-то.

— Себе в могилу готовишь? — злобно спросил Передонов.

— Скотина ты, Ардальон Борисыч! — укоризненно воскликнула Варвара.

Вдруг Передонову захотелось подразнить Варвару. Он спросил:

— Варвара, знаешь, где я был?

— Ну, где? — беспокойно спросила Варвара.

— У Вершиной, — сказал он и захохотал.

— Нашел себе компанию, — злобно крикнула Варвара, — нечего сказать!

— Видел Марту, — продолжал Передонов.

— Вся в веснушках, — с возрастающею злобою говорила Варвара, — и рот до ушей, хоть лягушке пришей.

— Да уж красивее тебя, — сказал Передонов. — Вот возьму да и женюсь на ней.

— Женись только на ней, — закричала Варвара, красная и дрожащая от злости, — я ей глаза кислотой выжгу!

— Плевать я на тебя хочу, — спокойно сказал Передонов.

— Не проплюнешь! — кричала Варвара.

— А вот и проплюну, — сказал Передонов.

Встал и с тупым и равнодушным видом плюнул ей в лицо.

— Свинья! — сказала Варвара довольно спокойно, словно плевок освежил ее.

И принялась обтираться салфеткою. Передонов молчал. В последнее время он стал с Варварою грубее обыкновенного. Да и раньше он обходился с нею дурно. Ободренная его молчанием, она заговорила погромче:

— Право, свинья. Прямо в морду попал.

В передней послышался блеющий, словно бараний голос.

13

— Не ори, — сказал Передонов, — гости.

— Ну, это Павлушка, — ухмыляясь, отвечала Варвара.

Вошел с радостным громким смехом Павел Васильевич Володин, молодой человек, весь, и лицом и ухватками, удивительно похожий на барашка: волосы, как у барашка, курчавые, глаза выпуклые и тупые, — все, как у веселого барашка, — глупый молодой человек. Он был столяр, обучался раньше в ремесленной школе, а теперь служил учителем ремесла в городском училище.

— Ардальон Борисыч, дружище! — радостно закричал он:
— ты дома, кофеек распиваешь, а вот и я, тут как тут.

— Наташка, неси третью ложку! — крикнула Варвара.

Слышно было из кухни, как Наталья звенела единственною оставшеюся чайною ложкою: остальные были спрятаны.

— Ешь, Павлушка, — сказал Передонов, и видно было, что ему хочется накормить Володина. — А я, брат, уж теперь скоро в инспекторы пролезу, — Варе княгиня обещала.

Володин заликовал и захохотал.

— А, будущий инспектор кофеек распивает! — закричал он, хлопая Передонова по плечу.

— А ты думаешь, легко в инспекторы вылезть ? Донесут — и крышка.

— Да что доносить-то? — ухмыляясь, спросила Варвара.

— Мало ли что. Скажут, что я Писарева читал, — и ау!

— А вы, Ардальон Борисыч, этого Писарева на заднюю полочку, — посоветовал Володин, хихикая.

Передонов опасливо глянул на Володина и сказал:

— У меня, может быть, никогда и не было Писарева. Хочешь выпить, Павлушка?

Володин выпятил нижнюю губу, сделал значительное лицо знающего себе цену человека и сказал, по-бараньи наклоняя голову:

— Если за компанию, то я всегда готов выпить, а так — ни-ни.

А Передонов тоже всегда готов был выпить. Выпили водки, закусили сладкими пирожками.

Вдруг Передонов плеснул остаток кофе из стакана на обои. Володин вытаращил свои бараньи глазки и огляделся с удивлением. Обои были испачканы, изодраны. Володин спросил:

— Что это у вас обои?

Передонов и Варвара захохотали.

— На зло хозяйке, — сказала Варвара.- Мы скоро выедем. Только вы не болтайте.

— Отлично! — крикнул Володин и радостно захохотал.

Передонов подошел к стене и принялся колотить по ней подошвами. Володин по его примеру тоже лягал стену. Передонов сказал:

— Мы всегда, когда едим, пакостим стены,— пусть помнит.

— Каких лепех насажал! — с восторгом восклицал Володин.

— Иришка-то как обалдеет, — сказала Варвара с сухим и злым смехом.

И все трое, стоя перед стеною, плевали на нее, рвали обои и колотили их сапогами. Потом, усталые и довольные, отошли.

Передонов нагнулся и поднял кота. Кот был толстый, белый, некрасивый. Передонов теребил его, — дергал за уши, за хвост, тряс за шею. Володин радостно хохотал и подсказывал Передонову, что еще можно сделать.

— Ардальон Борисыч, дунь ему в глаза! Погладь его против шерсти!

Кот фыркал и старался вырваться, но не смел показать когтей, — за это его жестоко били. Наконец забава Передонову наскучила, и он бросил кота.

— .Слушай, Ардальон Борисыч, что я тебе хотел сказать, — заговорил Володин. — Всю дорогу думал, как бы не забыть, и чуть не забыл.

— Ну? — угрюмо спросил Передонов.

— Вот ты любишь сладкое, — радостно говорил Володин, — а я такое кушанье знаю, что ты пальчики оближешь.

— Я сам все вкусные кушанья знаю, — сказал Передонов.

Володин сделал обиженное лицо.

— Может быть, — сказал он, — вы, Ардальон Борисыч, знаете все вкусные кушанья, которые делают у вас на родине, но как же вы можете знать все вкусные кушанья, которые делаются у меня на родине, если вы никогда на моей родине не были?

И, довольный убедительностью своего возражения, Володин засмеялся, заблеял.

— На твоей родине дохлых кошек жрут, — сердито сказал Передонов.

— Позвольте, Ардальон Борисыч, — визгливым и смеющимся голосом говорил Володин, — это, может быть, на вашей родине изволят кушать дохлых кошек, этого мы не будем касаться, а только ерлов вы никогда не кушали.

— Нет, не кушал, — признался Передонов.

— Что же это за кушанье такое? — спросила Варвара.

— А это вот что, — стал объяснять Володин,— знаете вы кутью?

— Ну, кто кутьи не знает, — ухмыляясь, ответила Варвара.

— Так вот, пшенная кутья, с изюмцем, с сахарцем, с миндалем, — это и есть ерлы.

И Володин подробно рассказал, как варят на его родине ерлы. Передонов слушал тоскливо. Кутья, — что ж, его в покойники, что ли, хочет записать Павлушка?

Володин предложил:

— Если вы хотите, чтоб все было, как следует, вы дайте мне материал, а я вам и сварю.

— Пусти козла в огород, — угрюмо сказал Передонов.

"Еще подсыплет чего-нибудь", — подумал он. Володин опять обиделся.

— Если вы думаете, Ардальон Борисыч, что я у вас стяну сахарцу, так вы ошибаетесь, — мне вашего сахарцу не надо.

— Ну, что там валять петрушку, — перебила Варвара. — Ведь вы знаете, у него все привереды. Приходите и варите.

— Сам и есть будешь, — сказал Передонов.

— Это почему же? — дребезжащим от обиды голосом спросил Володин.

— Потому, что гадость.

— Как вам угодно, Ардальон Борисыч,— пожимая плечами, сказал Володин, — а только я вам хотел угодить, а если вы не хотите, то как хотите.

— А как тебя генерал-то отбрил? — спросил Передонов.

— Какой генерал? — ответил вопросом Володин и покраснел и обиженно выпятил нижнюю губу.

— Да слышали, слышали, — говорил Передонов.

Варвара ухмылялась.

— Позвольте, Ардальон Борисыч, — горячо заговорил Володин, — вы слышали, да, может быть, не дослышали. Я вам расскажу, как все это дело было.

— Ну, рассказывай, — сказал Передонов.

— Это было дело третьего дня, — рассказывал Володин,— об эту самую пору. У нас в училище, как вам известно, производится в мастерской ремонт. И вот, изволите видеть, приходит Верига с нашим инспектором осматривать, а мы работаем в задней комнате. Хорошо. Я не касаюсь, зачем Верига пришел, что ему надо, — это не мое дело. Положим, я знаю, что он — предводитель дворянства, а к нашему училищу касательства не имеет, — но я этого не трогаю. Приходит — и пусть, мы им не мешаем, работаем себе помаленьку, — вдруг они к нам входят, и Верига, изволите видеть, в шапке.

— Это он тебе неуважение оказал, — угрюмо сказал Передонов.

— Изволите видеть, — обрадованно подхватил Володин, —

16

и у нас образ висит, и мы сами без шапок, а он вдруг является этаким мамелюком. Я ему и изволил сказать, тихо, благородно: ваше превосходительство, говорю, потрудитесь вашу шапочку снять, потому, говорю, как здесь образ. Правильно ли я сказал? — спросил Володин и вопросительно вытаращил глаза.

— Ловко, Павлушка, — крикнул Передонов,— так ему и надо.

— Конечно, что им спускать, — поддержала и Варвара. — Молодец, Павел Васильевич.

Володин с видом напрасно обиженного человека продолжал:

— А он вдруг изволил мне сказать: всякий сверчок знай свой шесток. Повернулся и вышел. Вот как все дело было, и больше никаких.

Володин чувствовал себя все-таки героем. Передонов в утешение дал ему карамельку.

Пришла и еще гостья, Софья Ефимовна Преполовенская, жена лесничего, полная, с добродушно-хитрым лицом и плавными движениями. Ее посадили завтракать. Она лукаво спросила Володина:

— Что это вы, Павел Васильевич, так зачастили к Варваре Дмитриевне?

— Я не к Варваре Дмитриевне изволил притти, — скромно ответил Володин, — а к Ардальону Борисычу.

— Уж не влюбились ли вы в кого-нибудь?- посмеиваясь, спрашивала Преполовенская.

Всем известно было, что Володин искал невесты с приданым, сватался ко многим и получал отказ. Шутка Преполовенской показалась ему неуместною. Дрожащим голосом, напоминая всею своею повадкою разобиженного баранчика, он сказал:

— Если я влюбился, Софья Ефимовна, то это ни до кого не касается, кроме меня самого и той особы, а вы таким манером выходите в сторонке.

Но Преполовенская не унималась.

— Смотрите, — говорила она, — влюбите вы в себя Варвару Дмитриевну, кто тогда Ардальону Борисычу сладкие пирожки станет печь?

Володин выпятил губы, поднял брови и уже не знал, что сказать.

— Да вы не робейте, Павел Васильевич, — продолжала Преполовенская, — чем вы не жених! И молоды, и красивы.

— Может быть, Варвара Дмитриевна и не захотят, — сказал Володин, хихикая.

— Ну, как не захотят, — ответила Преполовенская, — уж больно вы скромны некстати.

— А, может быть, и я не захочу, — сказал Володин, ломаясь. — Я, может быть, я не хочу на чужих сестрицах жениться. У меня, может быть, на родине своя двоюродная племянница растет.

Уже он начал верить, что Варвара не прочь за него выйти. Варвара сердилась. Она считала Володина дураком; да и получал он вчетверо меньше, чем Передонов. Преполовенской же хотелось женить Передонова на своей сестре, дебелой поповне. Поэтому она старалась поссорить Передонова с Варварою.

— Что вы меня сватаете, — досадливо сказала Варвара, — вот вы лучше вашу меньшуху за Павла Васильевича сватайте.

— Зачем же я стану его от вас отбивать! — шутливо возразила Преполовенская.

Шутки Преполовенской дали новый оборот медленным мыслям Передонова; да и ерлы крепко засели в его голове. С чего это Володин выдумал такое кушанье? Передонов не любил размышлять. В первую минуту он всегда верил тому, что ему скажут. Так поверил он и влюбленности Володина в Варвару. Он думал: вот округят с Варварой, а там, как поедут на инспекторское место, отравят его в дороге ерлами и подменят Володиным: его похоронят как Володина, а Володин будет инспектором. Ловко придумали!

Вдруг в передней послышался шум. Передонов и Варвара испугались: Передонов неподвижно уставил на дверь прищуренные глаза. Варвара подкралась к двери в залу, едва приоткрыла ее, заглянула, потом так же тихо, на цыпочках, балансируя руками и растерянно улыбаясь, вернулась к столу. Из передней доносились визгливые крики и шум, словно там боролись. Варвара шептала:

— Ершиха — пьяная-распьяная, Наташка ее не пускает, а она в залу так и прет.

— Как же быть? — испуганно спросил Передонов.

— Надо перейти в залу, — решила Варвара, — чтоб она сюда не залезла.

Пошли в залу, а двери за собой плотно закрыли. Варвара вышла в прихожую со слабою надеждою задержать хозяйку или посадить ее в кухню. Но нахальная баба ворвалась-таки в залу. Она, подбочась, остановилась у порога и сыпала ругательные слова в виде общего приветствия. Передонов и Варвара суетились около нее и старались усадить ее на стул поближе к прихожей да подальше от столовой. Варвара вынесла ей из кухни на подносе водки, пива, пирожков. Но хозяйка не садилась, ничего не брала и рвалась в столовую, да только никак не могла признать, где дверь. Она была красная, растрепанная, грязная, и от нее далеко пахло водкою. Она кричала:

— Нет, ты меня за свой стол посади. Что ты мне выносишь на подносе! Я на скатертке хочу. Я — хозяйка, так ты меня почти. Ты не гляди, что я — пьяная. Зато я — честная, я — своему мужу жена.

Варвара, трусливо и нагло ухмыляясь, сказала:

— Да уж мы знаем.

Ершова подмигнула Варваре, хрипло захохотала и ухарски щелкнула пальцами. Она становилась все более дерзкою.

— Сестра! — кричала она, — знаем мы, какая ты есть сестра. А отчего к тебе директорша не ходит? а? что?

— Да ты не кричи, — сказала Варвара. Но Ершова закричала еще громче:

— Как ты можешь мне указывать! Я в своем дому, что хочу, то и делаю. Захочу — и сейчас вас выгоню вон, и чтобы духу вашего не пахло. Но только я к вам милостива. Живите, ничего, только чтоб не фордыбачить.

Меж тем Володин и Преполовенская скромненько посиживали у окна да помалкивали. Преполовенская легонечко усмехалась, посматривала искоса на буянку, а сама притворялась, что глядит на улицу. Володин сидел с обиженно-значительным выражением на лице.

Ершова на время пришла в благодушное настроение и дружелюбно сказала Варваре, пьяно и весело улыбаясь ей и похлопывая ее по плечу:

— Нет, ты меня послушай-ка, что я тебе скажу, — ты меня за свой стол посади, да барского разговорцу мне поставь. Да поставь ты мне сладких жамочек, почти хозяйку домовую, так-то, милая ты моя девушка.

— Вот тебе пирожки, — сказала Варвара.

— Не хочу пирожков, хочу барских жамочек, — закричала Ершова, размахивая руками и блаженно улыбаясь, — скусные жамочки господа жрут, и-их скусные!

— Нет у меня никаких тебе жамочек, — отвечала Варвара, делаясь смелее оттого, что хозяйка становилась веселее, — вот, дают тебе пирожки, так и жри.

Вдруг Ершова разобрала, где дверь в столовую. Она неистово взревела:

— Дай дорогу, ехидна!

Оттолкнула Варвару и кинулась к двери. Ее не успели

удержать. Наклонив голову, сжав кулаки, ворвалась она в столовую, с треском распахнув дверь. Там она остановилась близ порога, увидела испачканные обои и пронзительно засвистала. Она подбоченилась, лихо отставила ногу и неистово крикнула:

— А, так вы и в самом деле хотите съезжать!

— Что ты, Иринья Степановна, — дрожащим голосом говорила Варвара, — мы и не думаем, полно тебе петрушку валять.

— Мы никуда не уедем, — подтверждал Передонов, — нам и здесь хорошо.

Хозяйка не слушала, подступала к оторопелой Варваре и размахивала кулаками у ее лица. Передонов держался позади Варвары. Он бы и убежал, да любопытно было посмотреть, как хозяйка и Варвара подерутся.

— На одну ногу стану, за другую дерну, пополам разорву! — свирепо кричала Ершова.

— Да что ты, Иринья Степановна, — уговаривала Варвара, — перестань, у нас гости.

— А подавай сюда гостей! — закричала Ершова, — гостей-то твоих мне и нужно!

Ершова, шатаясь, ринулась в залу и, вдруг переменив совершенно и речь и все свое обращение, смиренно сказала Преполовенской, низко кланяясь ей, причем едва не свалилась на пол:

— Барыня милая, Софья Ефимовна, простите вы меня, бабу пьяную. А только, что я вам скажу, послушайте-ка. Вот вы к ним ходите, а знаете, что она про вашу сестрицу говорит? И кому же? Мне, пьяной сапожнице! Зачем? Чтобы я всем рассказала, вот зачем!

Варвара багрово покраснела и сказала:

— Ничего я тебе не говорила.

— Ты не говорила? Ты, касть поганая? — закричала Ершова, подступая к Варваре со сжатыми кулаками.

— Ну, замолчи, — смущенно пробормотала Варвара.

— Нет, не замолчу, — злорадно крикнула Ершова и опять обратилась к Преполовенской. — Что она с вашим мужем будто живет, ваша сестра, вот что она мне говорила, паскудная.

Софья сверкнула сердитыми и хитрыми глазами на Варвару, встала и сказала с притворным смехом:

— Благодарю покорно, не ожидала.

— Врешь! — злобно взвизгнула на Ершову Варвара.

Ершова сердито гукнула, топнула и махнула рукою на Варвару и сейчас же снова обратилась к Преполовенской:

— Да и барин-то про вас, матушка-барыня, что говорит! Что вы будто раньше таскались, а потом замуж вышли! Вот они какие есть, самые мерзкие люди! Плюньте вы им в морды, барыня хорошая, ничем с такими расподлыми людишками возжаться.

Преполовенская покраснела и молча пошла в прихожую. Передонов побежал за нею, оправдываясь.

— Она врет, вы ей не верьте. Я только раз сказал при ней, что вы — дура, да и то со злости, а больше, ей-богу, ничего не говорил, — это она сама сочинила.

Преполовенская спокойно отвечала:

— Да что вы, Ардальон Борисыч! ведь я вижу, что она пьяная, сама не помнит, что мелет. Только зачем вы все это позволяете в своем доме?

— Вот поди, знай, — ответил Передонов, — что с нею сделаешь!

Преполовенская, смущенная и сердитая, надевала кофту. Передонов не догадался помочь ей. Еще он бормотал что-то, но уже она не слушала его. Тогда Передонов вернулся в залу. Ершова принялась крикливо упрекать его. Варвара выбежала на крыльцо и утешала Преполовенскую:

— Ведь вы знаете, какой он дурак, — что говорит сам не знает.

— Ну, полноте, что вы беспокоитесь, — отвечала ей Преполовенская. — Мало ли что пьяная баба сболтнет.

Около дома, на дворе, куда выходило крыльцо, росла крапива, густая, высокая. Преполовенская слегка улыбнулась, и последняя тень недовольства сбежала с ее белого и полного лица. Она попрежнему стала приветлива и любезна с Варварою. Обида будет отомщена и без ссоры. Вместе пошли они в сад пережидать хозяйкино нашествие.

Преполовенская все посматривала на крапиву, которая и в саду обильно росла вдоль заборов. Она сказала наконец:

— Крапивы-то у вас сколько. Вам она не нужна?

Варвара рассмеялась и ответила:

— Ну вот, на что мне она!

— Коли вам не жалко, надо у вас нарвать, а то у нас нету, — сказала Преполовенская.

— Да на что она вам? — с удивлением спросила Варвара.

— Да уж надо, — сказала Преполовенская, посмеиваясь.

— Душечка, скажите, на что? — взмолилась любопытная Варвара.

Преполовенская, наклонившись к Варварину уху, шепнула:

21

— Крапивой натирать — с тела не спадешь. От крапивы-то и моя Геничка такая толстуха.

Известно было, что Передонов отдает предпочтение жирным женщинам, а тощих порицает. Варвару сокрушало, что она тонка и все худеет. Как бы нагулять побольше жиру? — вот в чем была одна из главнейших ее забот. У всех спрашивала она: не знаете ли средства? Теперь Преполовенская была уверена, что Варвара по ее указанию будет усердно натираться крапивою, и так сама себя накажет.

III

Передонов и Ершова вышли на двор. Он бормотал:
— Вот поди ж ты.

Она кричала во все горло и была веселая. Они собирались плясать. Преполовенская и Варвара пробрались через кухню в горницы и сели у окна смотреть, что будет на дворе.

Передонов и Ершова обнялись и пустились в пляс по траве кругом груши. Лицо у Передонова попрежнему оставалось тупым и не выражало ничего. Механически, как на неживом, прыгали на его носу золотые очки и короткие волосы на его голове. Ершова повизгивала, покрикивала, помахивала руками и вся шаталась.

Она крикнула Варваре в окно:
— Эй, ты, фря, выходи плясать! Ай гнушаешься нашей компанией?

Варвара отвернулась.
— Чорт с тобой! Уморилась! — крикнула. Ершова, повалилась на траву и увлекла с собою Передонова.

Они посидели обнявшись, потом опять заплясали. И так несколько раз повторялось: то попляшут, то отдохнут под грушею, на скамеечке или прямо на траве.

Володин искренно веселился, глядя из окна на пляшущих. Он хохотал, строил уморительные гримасы, корчился, сгибал колени вверх и вскрикивал:
— Эк их разбирает! Потеха!

— Стерва проклятая! — сердито сказала Варвара.

— Стерва, — согласился Володин, хохоча, — погоди ж, хозяюшка любезная, я тебе удружу. Давайте пачкать и в зале. Теперь уже все равно сегодня не вернется, упаточится там на травке, пойдет спать.

Он залился блеющим смехом и запрыгал бараном. Преполовенская подстрекала:

— Конечно, пачкайте, Павел Васильевич, что ей в зубы смотреть. Если и придет, так ей можно будет сказать, что это она сама с пьяных глаз так отделала.

Володин, прыгая и хохоча, побежал в залу и принялся шаркать подошвами по обоям.

— Варвара Дмитриевна, дайте веревочку, — закричал он.

Варвара, ковыляя, словно утка, пошла через залу в спальню и принесла оттуда конец веревки, измочаленный и узловатый. Володин сделал петлю, поставил среди залы стул и подвесил петлю на крюк для лампы.

— Это для хозяйки! — кричал он — Чтоб было на чем повеситься со злости, когда вы уедете.

Обе дамы визжали от хохота.

— Дайте бумажки клочок, — кричал Володин, — и карандашик.

Варвара порылась еще в спальне и вынесла оттуда обрывок бумажки и карандаш. Володин написал: "для хозяйки" и прицепил бумажку к петле. Все это делал он с потешными ужимками. Потом он снова принялся неистово прыгать вдоль стен, попирая их подошвами и весь сотрясаясь при этом. Визгом его и блеющим хохотом был наполнен весь дом. Белый кот, испуганно прижав уши, выглядывал из спальни и, невидимому, не знал, куда бы ему бежать.

Передонов отвязался наконец от Ершовой и возвратился дамой один, — Ершова и точно утомилась и пошла домой спать. Володин встретил Передонова радостным хохотом и криком:

— И в зале напачкали! Ура!

— Ура! — закричал Передонов и захохотал громко и отрывисто, словно выпаливая свой смех.

Закричали "ура" и дамы. Началось общее веселье. Передонов крикнул:

— Павлушка, давай плясать!

— Давай, Ардальоша, — глупо хихикая, ответил Володин.

Они плясали под петлею, и оба нелепо вскидывали ноги. Пол вздрагивал под тяжкими стопами Передонова.

— Расплясался Ардальон Борисыч, — заметила Преполовенская, легонечко улыбаясь.

— Уж и не говорите, у него все причуды, — ворчливо ответила Варвара, любуясь однако Передоновым.

Она искренно думала, что он — красавец и молодец. Самые глупые поступки его казались ей подобающими. Он не был ей ни смешон, ни противен.

— Отпевайте хозяйку! — закричал Володин. — Давайте подушку!

— Чего ни придумают! — смеясь говорила Варвара.

Она выкинула из спальни подушку в грязной ситцевой наволочке. Подушку положили на пол за хозяйку, и стали ее отпевать дикими, визгливыми голосами. Потом позвали Наталью, заставили ее вертеть аристон, а сами, все четверо, танцовали кадриль, нелепо кривляясь и высоко вскидывая ноги.

После пляски Передонов расщедрился. Одушевление, тусклое и угрюмое, светилось на его заплывшем лице. Им овладела решимость, почти механическая, — может быть, следствие усиленной мышечной деятельности. Он вытащил бумажник, отсчитал несколько кредиток и, с лицом, гордым и самохвальным, бросил их по направлению к Варваре.

— Бери, Варвара! — крикнул он: — шей себе подвенечное платье.

Кредитки разлетелись по полу. Варвара живо подобрала их. Она нисколько не обиделась на такой способ дарения. Преполовенская злобно думала: "Ну, мы еще посмотрим, чья возьмет", — и ехидно улыбалась. Володин, конечна, не догадался помочь Варваре поднять деньги.

Скоро Преполовенская ушла. В сенях она встретилась с новою гостьею, Грушиною.

Марья Осиповна Грушина, молодая вдова, имела как-то преждевременно опустившуюся наружность. Она была тонка, и сухая кожа ее вся покрылась морщинками, мелкими и словно, запыленными. Лицо не лишенное приятности, — а зубы грязные и черные. Руки тонкие, пальцы длинные и цепкие, под ногтями грязь. На беглый взгляд она не то чтоб казалась очень грязною, а производила такое впечатление, словно она никогда не моется, а только выколачивается вместе со своими платьями. Думалось, что если ударить по ней несколько раз камышевкою, то поднимется до самого неба пыльный столб.

Одежда на ней висела мятыми складками, словно сейчас только вынутая из туго завязанного узла, где долго лежала скомканная. Жила Грушина пенсиею, мелким комиссионерством и отдачею денег под залог недвижимостей. Разговоры вела попреимуществу нескромные и привязывалась к мужчинам, желая найти жениха. В ее доме постоянно занимал комнату кто-нибудь из холостых чиновников.

Варвара встретила Грушину радостно: было до нее дело. Грушина и Варвара сейчас же принялись говорить о прислуге и зашептались. Любопытный Володин подсел к ним и слушал.

Передонов угрюмо и одиноко сидел за столом и мял руками конец скатерти.

Варвара жаловалась Грушиной на свою Наталью. Грушина указала ей новую прислугу, Клавдию, и расхвалила ее. Решили ехать за нею сейчас же, на Самородину-речку, где она жила пока у акцизного чиновника, на-днях получившего перевод в другой город. Варвару остановило только имя. Она с недоумением спросила:

— Клавдия? А ейкать-то ее как же я стану? Клашка, что ли?

Грушина посоветовала:

— А вы ее зовите Клавдюшкой.

Варваре это понравилось. Она повторяла:

— Клавдюшка, дюшка.

И смеялась скрипучим смехом. Надо заметить, что дюшками в нашем городе называют свиней. Володин захрюкал. Все захохотали.

— Дюшка, дюшенька, — лепетал меж приступами смеха Володин, корча глупое лицо и выпячивая губы.

И он хрюкал и дурачился до тех пор, пока ему не сказали, что он надоел. Тогда он отошел с обиженным лицом, сел рядом с Передоновым и, по-бараньи склонив свой крутой лоб, уставился на испачканную пятнами скатерть.

Заодно по дороге на Самородину-речку Варвара решила купить и материю для подвенечного платья. Она всегда ходила по магазинам вместе с Грушиною: та помогала ей сделать выбор и сторговаться.

Крадучись от Передонова, Варвара напихала Грушиной в глубокие карманы для ее детей разного кушанья, сладких пирожков, гостинцев. Грушина догадалась, что ее услуги сегодня на что-то очень понадобятся Варваре.

Узкие башмаки и высокие каблуки не давали Варваре много ходить. Она скоро уставала. Поэтому она чаще ездила на извозчиках, хотя больших расстояний в нашем городе не было. В последнее время она зачастила к Грушиной. Извозчики уж заприметили это; их и всех-то было десятка два. Сажая Варвару, уж и не спрашивали, куда везти.

Уселись на дрожки и поехали к господам, у которых жила Клавдия, осведомляться о ней. На улицах было почти везде грязно, хотя дождь прошел еще вчера вечером. Дрожки только изредка продребезжат по каменной настилке и опять вязнут в липкой грязи на немощенных улицах.

Зато Варварин голос дребезжал непрерывно, часто сопровождаемый сочувственною болтовнёю Грушиной.

— Мой-то гусь опять был у Марфушки, — сказала Варвара.

Грушина ответила с сочувственною злостью:

— Это они его ловят. Еще бы, жених-то хоть куда, особенно ей-то, Марфушке. Ей такого и во сне не снилось.

— Уж не знаю, право, как и быть, — жаловалась Варвара, — ершистый такой стал, что просто страх. Поверите ли, голова кругам идет. Женится, а я на улицу ступай.

— Что вы, голубушка, Варвара Дмитриевна, — утешала Грушина, — не думайте этого. Никогда он ни на ком, кроме вас, не женится. Он к вам привык.

— Уйдет иногда к ночи, а я заснуть не могу,— говорила Варвара. — Кто его знает, может быть, венчается где-нибудь. Иногда всю ночь промаешься. Все на него зарятся: и Рутиловские три кобылы, — ведь они всем на шею вешаются, — и Женька толсторожая.

И долго жаловалась Варвара, и по всему ее разговору Грушина видела, что у нее еще что-то есть, какая-то просьба, и заранее радовалась заработку.

Клавдия понравилась. Жена акциозного ее хвалила. Ее наняли и велели приходить сегодня же вечером, так как акцизный уезжал сегодня.

Наконец приехали к Грушиной. Грушина жила в собственном домике, довольно неряшливо, с тремя малыми своими ребятишками, обтрепанными, грязными, глупыми и злыми, как ошпаренные собачонки. Откровенный разговор только теперь начался.

— Мой-то дурак Ардальошка, — заговорила Варвара, — требует, чтобы я опять княгине написала. А чего я ей попусту писать стану! Она и не ответит или ответит неладное. Знакомство-то не больно великое.

Княгиня Волчанская, у которой Варвара когда-то жила домашнею портнихою для простых работ, могла бы оказать Передонову покровительство: ее дочь была замужем за тайным советником Щепкиным, важною в учебном ведомстве особою. Она уже писала Варваре в ответ на ее просьбы в прошлом году, что не станет просить за Варварина жениха, а за мужа — другое дело, при случае можно будет попросить. То письмо Передонова не удовлетворило: там дана только неясная надежда, а не сказано прямо, что непременно княгиня выхлопочет Варварину мужу инспекторское место. Чтобы разъяснить это недоумение, ездили нынче в Петербург; Варвара сходила к княгине, потом повела к ней Передонова, но нарочно оттянула это посещение, так что уже не застали княгиню: Варвара поняла, что княгиня в лучшем случае ограничится только советом повенчаться поскорее да несколькими неопределенными обещаниями при случае попросить, — обещаниями, которые были бы совсем недостаточны для Передонова. И Варвара решила не показывать княгиню Передонову.

— Уж я на вас, как на каменную гору, надеюсь,— сказала Варвара,— помогите мне, голубушка Марья Осиповна.

— Как же я могу помочь, душечка Варвара Дмитриевна? — спросила Грушина. — Уж вы знаете, я для вас все готова сделать, что только можно. Поворожить не хотите ли?

— Ну, что ваша ворожка, знаю я, — сказала со смехом Варвара, — нет, вы мне иначе должны помочь.

— Как же? — с тревожно-радостным ожиданием спросила Грушина.

— Очень просто, — сказала, ухмыляясь, Варвара, — вы напишите письмо, будто бы от княгини, под ее руку, а я покажу Ардальону Борисычу.

— Ой, голубушка, что вы, как это можно! — заговорила Грушина, притворяясь испуганною, — как узнают все это дело, что мне тогда будет?

Варвара нисколько не смутилась ее ответом, вытащила из кармана измятое письмо и сказала:

— Вот я и письмо княгинино взяла вам для образца.

Грушина долго отнекивалась. Варвара ясно видела, что Грушина согласится, но что ей хочется получить за это побольше. А Варваре хотелось дать поменьше. И она осторожно увеличивала посулы, наобещала разных мелких подарков, шелковое старое платье, и наконец Грушина увидела, что уж больше Варвара ни за что не даст. Жалобные слова так и сыпались с Варварина языка. Грушина сделала вид, что соглашается только из жалости, и взяла письмо[3].

---

[3]   На другой день, после обеда, пока Передонов спал, Варвара отправилась к Преполовенским. Крапивы, целый мешок, послала она раньше, с своей новой служанкой Клавдией. Страшно было, но все же Варвара пошла. В гостиной у Преполовенских сидели в круг преддиванного овального стола Варвара, хозяйка и ее сестра Женя, высокая, полная, краснощекая девица с медленными движениями и обманчиво-невинными глазами. – Вот, – говорила Софья, – видите, какая она У нас толстуха краснощекая, – а все потому, что ее мать крапивой стегала. Да и я стегаю. Женя ярко покраснела и засмеялась. – Да, – сказала она ленивым, низким голосом, – как я начну худеть, сейчас меня жаленцей попотчуют, – я и раздобрею опять. – Да ведь вам больно? – с опасливым удивлением спросила Варвара. – Что ж такое, больно, да здорово, – отвечала Женя, – у нас уж такая примета; и сестрицу стегали, когда она была в девицах. – А не страшно разве? –

спрашивала Варвара. – Что ж делать, меня не спрашивают, – спокойно отвечала Женя, – высекут, да и вся недолга. Не своя воля. Софья внушительно и неторопливо сказала: – Чего бояться, вовсе не так уж больно, ведь я по себе знаю. – И хорошо действует? – еще раз спросила Варвара. – Ну вот еще, – с досадой сказала Софья, – не видите разве, – живой пример перед глазами. Сперва немного опадешь с тела, а со следующего дня и начнешь жиреть. Наконец убеждения и уговоры двух сестриц победили последние Варварины сомнения. – Ну, ладно, – сказала она ухмыляясь, – валяйте. Посмотрим, что будет. А никто не увидит? – Да некому, вся прислуга отправлена, – сказала Софья. Варвару повели в спальню. На пороге она было начала колебаться, но Женя втолкнула ее, – сильная была девица, – и заперла дверь. Занавесы были опущены, в спальне полутемно. Ни откуда не слышалось ни звука. На двух стульях лежало несколько пучков крапивы, обернутых по стеблям платками, чтобы держать не обжигаться. Варваре стало страшно. – Нет уж, – нерешительно начала она, – у меня что-то голова болит, лучше завтра... Но Софья прикрикнула: – Ну, раздевайтесь живее, нечего привередничать. Варвара мешкала и начала пятиться к дверям. Сестрицы бросились на нее и раздели насильно. Не успела она опомниться, как лежала в одной рубашке на постели. Женя захватила обе ее руки своею сильною рукою, а другою взяла от Софьи пучок крапивы и принялась стегать им Варвару. Софья держала крепко Варварины ноги и повторяла: – Да вы не ерзайте, – экая ерза какая! Варвара крепилась недолго, – и завизжала от боли. Женя секла ее долго и сильно переменила несколько пучков. Чтобы Варварин визг не был далеко слышен, она локтем прижала ее голову к подушкам. Наконец Варвару отпустили. Она поднялась, рыдая от боли. Сестры стали утешать ее. Софья сказала: – Ну, чего ревете. Экая важность: пощиплет и перестанет. Это еще мало, надо повторить будет через несколько дней. – Ой, голубушка, что вы! – жалобно воскликнула Варвара, – и раз-то намучилась. – Ну, где там намучились, – унимала ее Софья. – Конечно, надо повторять время от времени. Нас ведь обоих с детства стегали, да и нередко. А то и пользы не будет. – Жамочная крапива! – посмеиваясь, говорила Женя. Выспавшись после обеда, Передонов отправился в Летний сад поиграть в ресторане на биллиарде. На улице встретил он Преполовенскую: проводив Варвару, она шла к своей приятельнице Вершиной рассказать по секрету об этом приключении. Было по дороге, пошли вместе. Уже заодно Передонов пригласил ее с мужем на вечер сыграть в стуколку по маленькой. Софья свела разговор на то, отчего он не женится. Передонов угрюмо молчал. Софья делала намеки на свою сестру, – таких-то ведь пышек и любит Ардальон Борисыч. Ей казалось, что он соглашается: он смотрел так же сумрачно, как всегда, и не спорил. – Я ведь знаю ваш вкус, – говорила Софья, – вы егастых недолюбливаете. Вам надо выбрать себе под пару, девицу в теле.

IV

⁴В биллиардной было дымно накурено. Передонов, Рутилов, Фаластов, Володин и Мурин, — помещик громадного роста, с глупою наружностью, владелец маленького имения, человек оборотливый и денежный, — все пятеро, окончив игру, собирались уходить.

Вечерело. На грязном досчатом столе возвышалось много опорожненных пивных бутылок. Игроки, много за игрою выпившие, раскраснелись и пьяно галдели. Рутилов один сохранял обычную чахлую бледность. Он и пил меньше других, да и после обильной выпивки только бы еще больше побледнел.

Грубые слова носились в воздухе. Никто на это не обижался: по дружбе.

Передонов проиграл, как почти всегда. Он плохо играл на биллиарде. Но он сохранял на своем лице невозмутимую угрюмость и расплачивался с неохотою. Мурин громко крикнул:

— Пли!

И прицелился в Передонова кием. Передонов крикнул от страха и присел. В его голове мелькнула глупая мысль, что Мурин хочет его застрелить. Все захохотали. Передонов досадливо пробормотал:

— Терпеть не могу таких шуток.

Мурин уже раскаивался, что испугал Передонова: его сын учился в гимназии, и потому он считал своею обязанностью всячески угождать гимназическим учителям. Теперь он стал извиняться перед Передоновым и угощал его вином и сельтерскою.

Передонов угрюмо сказал:

— У меня нервы немного расстроены. Я директором нашим недоволен.

Передонов боялся говорить, – еще подденут пожалуй, – и молча сердито посматривал на Софью.

⁴ Дорогой Передонов рассказал Володину, что Женя, Софьина сестра, – любовница Преполовенского. Володин немедленно этому поверил: он зол был на Женю, которая недавно ему отказала. – Надо бы на нее в консисторию донести, – говорил Передонов, – ведь она из духовных, епархиалка. Вот донести бы, так отправят ее в монастырь на покаяние, а там высекут! Володин думал: не донести ли? Но решился быть великодушным, – бог с нею. А то еще и его притянут, скажут: докажи.

— Проигрался будущий инспектор, — блеющим голосом закричал Володин, — жаль денежек!

— Несчастлив в игре — счастлив в любви, — сказал Рутилов, посмеиваясь и показывая гниловатые зубы.

Передонов и без того был не в духе из-за проигрыша и от испуга, да еще его принялись дразнить Варварою.

Он крикнул:

— Женюсь, а Варьку вон!

Приятели хохотали и поддразнивали:

— А вот и не посмеешь.

— А вот посмею. Завтра же пойду свататься.

— Пари! идет? — предложил Фаластов,— на десять рублей.

Но Передонову жаль стало денег, — проиграешь, пожалуй, так платить придется. Он отвернулся и угрюмо отмалчивался.

У ворот из сада расстались и разошлись в разные стороны. Передонов и Рутилов пошли вместе. Рутилов принялся уговаривать Передонова сейчас же венчаться на одной из его сестер.

— Я все наладил, не беспокойся, — твердил он.

— Оглашения не было, — отговаривался Передонов.

— Я все наладил, говорю тебе, — убеждал Рутилов. — Попа такого нашел: он знает, что вы не родня.

— Шаферов нет, — сказал Передонов.

— Ну вот, нет. Шаферов достанем сейчас же, пошлю за ними, они и приедут прямо в церковь. Или сам за ними заеду. А раньше нельзя было, сестрица твоя узнала бы и помешала.

Передонов замолчал и тоскливо озирался по сторонам, где темнели редкие, молчаливые дома за дремотными садишками да шаткими изгородями.

— Ты только постой у ворот, — убедительно говорил Рутилов, — я тебе любую выведу, которую хошь. Ну, послушай, я тебе сейчас докажу. Ведь дважды два — четыре, так или нет?

— Так, — отвечал Передонов.

— Ну вот, дважды два — четыре, что тебе следует жениться на моей сестре.

Передонов был поражен.

"А ведь и правда, — подумал он, — конечно, дважды два — четыре". И он с уважением посмотрел на рассудительного Рутилова. "Придется венчаться! С ним не сговоришь".

Приятели в это время подошли к Рутиловскому дому и остановились у ворот.

— Нельзя же нахрапом, — сердито сказал Передонов.

— Чудак, ждут не дождутся, — воскликнул Рутилов.

— Да я-то, может быть, не хочу.

— Ну вот, не хочешь, чудород! Что ж, ты век бобылем жить станешь? — уверенно возразил Рутилов. — Или в монастырь собираешься? Или еще Варя не опротивела? Нет, ты подумай только, какую она рожу скорчит, если ты молодую жену приведешь.

Передонов отрывисто и коротко захохотал, но сейчас же нахмурился и сказал:

— Да и они, может быть, не хотят.

— Ну, как не хотят, чудак! — отвечал Рутилов. — Уж я даю тебе слово.

— Они гордые, — придумывал Передонов.

— Да тебе-то что! Еще лучше.

— Насмешницы.

— Да ведь не над тобой, — убеждал Рутилов.

— Почем я знаю!

— Да уж ты мне поверь, я тебя не обману. Они тебя уважают. Ведь ты не Павлушка какой-нибудь, чтоб над тобой смеяться.

— Да, поверь тебе, — недоверчиво сказал Передонов. — Нет, я хочу сам уверяться, что они надо мной не смеются.

— Вот чудак, — с удивлением сказал Рутилов,— да как же они смеют смеяться? Ну, как же ты, однако, хочешь увериться?

Передонов подумал и сказал:

— Пусть выйдут сейчас же на улицу.

— Ну, ладно, это можно, — согласился Рутилов.

— Все трое, — продолжал Передонов.

— Ну, ладно.

— И пусть каждая скажет, чем она мне угождать будет.

— Зачем же это? — с удивлением спросил Рутилов.

— Вот я и вижу, что они хотят, а то вы меня за нос поведете,— объяснил Передонов.

— Никто тебя за нос не поведет.

— Они надо мной, может быть, посмеяться хотят, — рассуждал Передонов, — а вот пусть выйдут, потом уж они коли захотят смеяться, так и я буду над ними смеяться.

Рутилов подумал, передвинул шляпу на затылок и опять на лоб и наконец сказал:

— Ну, погоди, пойду скажу им. Вот-то чудодей! Только ты во двор войди пока, а то еще кого-нибудь чорт понесет по улице, увидят.

— Наплевать, — сказал Передонов, но все же вошел за Рутиловым в калитку.

Рутилов отправился в дом к сестрам, а Передонов остался ждать на дворе.

31

В гостиной, угловой к воротам горнице, сидели все четыре сестры, все на одно лицо, все похожие на брата, все миловидные, румяные, веселые: замужняя Лариса, спокойная, приятная, полная; вертлявая да быстрая Дарья, самая высокая и тонкая из сестер; смешливая Людмила и Валерия, маленькая, нежная, хрупкая на вид. Они лакомились орехами да изюмом и, очевидно, чего-то ждали, а потому волновались и смеялись более обычного, вспоминали последние городские сплетни и осмеивали знакомых и незнакомых.

Уже с утра они были готовы ехать под венец. Оставалось только надеть приличное к венцу платье да приколоть фату и цветы. О Варваре сестры не вспоминали в своих разговорах, как-будто ее и на свете нет. Но уже одно то, что они, беспощадные насмешницы, перемывая косточки всем, не обмолвились во весь день ни одним словечком только о Варваре, одно это доказывало, что неловкая мысль о ней гвоздем сидит в голове каждой из сестриц.

— Привел! — объявил Рутилов, входя в гостиную, — у ворот стоит.

Сестры взволнованно поднялись и все разом заговорили и засмеялись.

— Только есть заковычка, — сказал Рутилов, посмеиваясь.

— Что, что такое? — спросила Дарья. Валерия досадливо нахмурила свои красивые, темные брови.

— Уж не знаю, говорить ли? — спросил Рутилов.

— Ну, скорее, скорее! — торопила Дарья.

С некоторым смущением Рутилов рассказал о том, чего желает Передонов. Барышни подняли крик и взапуски принялись бранить Передонова. Но мало-по-малу их негодующие крики заменились шутками и смехом, Дарья сделала угрюмо-ожидающее лицо и сказала:

— Вот он так стоит у ворот. Вышло похоже и забавно.

Барышни стали выглядывать из окна к воротам. Дарья приоткрыла окно и крикнула:

— Ардальон Борисыч, а из окошка сказать можно?

Послышался угрюмый голос:

— Нельзя.

Дарья поспешно захлопнула окно. Сестры расхохотались звонко и неудержимо и убежали из гостиной в столовую, чтобы Передонов не услышал. В этом веселом семействе умели от самого сердитого настроения переходить к смеху и шуткам, и веселое слово зачастую решало дело.

Передонов стоял и ждал. Ему было грустно и страшно. Подумывал он убежать, да не решился и на это. Откуда-то очень издалека доносилась музыка: должно быть, предводителева дочь играла на рояле. Слабые, нежные звуки лились в вечернем тихом, темном воздухе, наводили грусть, рождали сладкие мечты.

Сначала мечты Передонова приняли эротическое направление. Он представлял барышень Рутиловых в самых соблазнительных положениях. Но чем дальше продолжалось ожидание, тем больше Передонов испытывал раздражение, — зачем заставляют его ждать. И музыка, едва задев его мертвенно-грубые чувства, умерла для него.

А вокруг спустилась ночь, тихая, шуршащая зловещими подходами и пошептами. И еще темнее казалось везде оттого, что Передонов стоял в пространстве, освещенном лампою в гостиной, свет от которой двумя полосами ложился на двор, расширяясь к соседскому забору, за которым виднелись темные бревенчатые стены. В глубине двора подозрительно темнели и шептались о чем-то деревья Рутиловского сада. На улицах по мосткам где-то недалеко долго слышались чьи-то замедленные, тяжелые шаги. Передонов начал уже бояться, что, пока он тут стоит, на него нападут и ограбят, а то так и убьют. Он прижался к самой стене, в тень, чтобы его не видели, и робко ждал.

Но вот по освещенным полосам на дворе пробежали длинные тени, захлопали двери, послышались за дверью на крыльце голоса. Передонов оживился. "Идут!" — радостно подумал он, и приятные мечты о красотках-сестрицах опять лениво зашевелились в его голове, — паскудные детища его скудного воображения.

Сестры стояли в сенях. Рутилов вышел на двор к воротам и огляделся, не идет ли кто по улице.

Никого не было ни видно, ни слышно.

— Никого нет, — громким шопотом сказал он сестрам в сложенные трубою руки.

Он остался сторожить на улице. Вместе с ним вышел на улицу и Передонов.

— Ну вот, сейчас они тебе скажут, — сказал Рутилов.

Передонов стоял у самой калитки и смотрел в щель меж калиткою и приворотным столбом. Лицо его было угрюмо и почти испуганно, и всякие мечты и думы погасли в его голове и сменились тяжелым, беспредметным вожделением.

Дарья первая подошла к приотворенной калитке.

— Ну, чем же вам угодить? — спросила она.

Передонов угрюмо молчал. Дарья сказала:

— Я вам блины буду превкусные печь, горячие, только не подавитесь.

Людмила из-за ее плеча крикнула:

— А я каждое утро буду по городу ходить, все сплетни собирать, а потом вам рассказывать. Превесело.

Между веселыми лицами двух сестер показалось на миг капризное, тонкое Валерочкино лицо, и послышался ее хрупкий голосок:

— А я ни за что не скажу, чем вам угожу,— догадывайтесь сами.

Сестры побежали, заливаясь хохотом. Голоса их и смех затихли за дверьми. Передонов отвернулся от калитки. Он был не совсем доволен. Он думал: болтнули что-то и ушли. Дали бы лучше записочки. Но уже поздно тут стоять и ждать.

— Ну, видел? — спросил Рутилов. — Которую же тебе?

Передонов погрузился в размышление. Конечно, сообразил он наконец, надо выбирать самую молоденькую. Что же ему на перестарке жениться!

— Веди Валерию, — решительно сказал он.

Рутилов отправился домой, а Передонов опять вошел во двор.

Людмила выглядывала тайком в окно, стараясь услышать, что говорят, но ничего не услышала. Вот прозвучали шаги по мосткам на дворе. Сестры притихли и сидели взволнованные и смущенные. Вошел Рутилов и объявил:

— Валерию выбрал. Ждет, — стоит у ворот.

Сестры зашумели, засмеялись. Валерия слегка побледнела.

— Вот, вот, — повторяла она, — очень я хочу, очень мне надо.

Ее руки дрожали. Ее стали наряжать, — все три сестры хлопотали около нее. Она, как всегда, жеманилась и медлила. Сестры ее торопили. Рутилов неустанно болтал, радостно и возбужденно. Ему нравилось, что все это дело он так ловко устроил.

— А извозчиков ты приготовил? — озабоченно спросила Дарья.

Рутилов отвечал с досадою:

— Да разве можно? Весь город сбежался бы. Варвара бы его за волосы оттащила к себе.

— Так как же мы?

— А так, до площади дойдем попарно, а там и наймем. Очень просто. Сперва ты с невестой, да Лариса с женихом, — да и то не сразу, а то еще увидит кто в городе. А я с Людмилой за

34

Фаластовым заеду, они вдвоем поедут, а я еще Володина прихвачу.

Передонов, оставшись один, погрузился в сладкие мечтания. Ему грезилась Валерия в обаянии брачной ночи, раздетая, стыдливая, но веселая. Вся тоненькая, субтильная.

Мечтал, а сам таскал из кармана завалявшиеся там карамельки и сосал их.

Потом пришло ему на память, что Валерия — кокетка. Ведь она, подумал он, потребует нарядов, обстановки. Уж тогда, пожалуй, деньги придется не откладывать каждый месяц, а и прикопленное растрачивать. А жена-то станет привередничать, а за кухней, пожалуй, и не доглядит. А еще на кухне подсыплют ему яду, — Варя со злости подкупит кухарку. "Да и вообще, — думал Передонов, — уж слишком тонкая штучка — Валерия. К такой не знаешь, как и подступиться. Как ее обругаешь? Как ее толканешь? Как на нее плюнешь? Изойдет слезами, осрамит на весь город. Нет, страшно с нею связываться. Вот Людмила, так та проще. Не взять ли ее?"

Передонов подошел к окну и стукнул палкою в раму. Через полминуты Рутилов высунулся из окна.

— Чего тебе? — спросил он с беспокойством,

— Передумал, — буркнул Передонов.

— Ну! — испуганно крикнул Рутилов.

— Веди Людмилу, — сказал Передонов.

Рутилов отошел от окна.

— Чорт очкастый,— проворчал он и пошел к сестрам.

Валерия обрадовалась.

— Твое счастье, Людмила, — весело сказала она.

Людмила принялась хохотать, — упала в кресло, откинулась на спинку и хохотала, хохотала.

— Что ему сказать-то? — спрашивал Рутилов,— согласна, что ли?

Людмила от смеха не могла сказать ни слова и только махала руками.

— Да, согласна, конечно, — сказала за нее Дарья. — Скажи ему скорее, а то еще уйдет сдуру, не дождется.

Рутилов вышел в гостиную и сказал шопотом в окно:

— Погоди, сейчас будет готова.

— Да живее, — сердито сказал Передонов,— что там копаются!

Людмилу проворно наряжали. Минут через пять она была уже совсем готова.

Передонов думал о ней. Она — веселая, сдобная. Только уж очень любит хохотать. Засмеет, пожалуй. Страшно. Дарья, хоть

35

и бойкая, а все же посолиднее и потише. А тоже красивая. Лучше взять ее. Он опять стукнул в окно.

— Стучит опять, — сказала Лариса, — уж не за тобой ли, Дарья?

— Вот чорт-то! — выругался Рутилов и побежал к окну.

— Чего еще? — сердитым шопотом спросил он, — опять передумал, что ли?

— Веди Дарью, — отвечал Передонов.

— Ну, подожди, — свирепо прошептал Рутилов.

Передонов стоял и думал о Дарье, — и опять недолгое любование ею в воображении сменилось страхом. Уж очень она быстрая и дерзкая. Затормошит. Да и чего тут стоять и ждать? — подумал он: — еще простудишься. Во рву на улице, в траве под забором, может быть, кто-нибудь прячется, вдруг выскочит и укокошит. И тоскливо стало Передонову. Ведь они бесприданницы, — думал он. Протекции у них в учебном ведомстве нет. Варвара нажалуется княгине. А на Передонова и так директор зубы точит.

Досадно стало Передонову на самого себя. С чего он тут путается с Рутиловым? Словно Рутилов очаровал его. Да, может быть, и в самом деле очаровал его. Надо поскорее зачураться.

Передонов закружился на месте, плевал во все стороны и бормотал:

— Чур-чурашки, чурки-болвашки, буки-букашки, веди-таракашки. Чур меня. Чур меня. Чур, чур, чур. Чур-перечур-расчур.

На лице его изображалось строгое внимание, как при совершении важного обряда. И после этого необходимого действия он почувствовал себя в безопасности от Рутиловского навождения. Решительно застучал он палкой в окно, сердито бормоча:

— Донести бы, — заманивают. Нет, не хочу сегодня жениться, — объявил он высунувшемуся к нему Рутилову.

— Да что ты, Ардальон Борисыч, ведь уже все готово, — пытался убеждать Рутилов.

— Не хочу, — решительно сказал Передонов, — пойдем ко мне в карты играть.

— Вот чорт-то! — выругался Рутилов. — Не хочет венчаться, струсил, — объявил он сестрам. — Но я еще уломаю дурака. Зовет к себе в карты играть.

Сестры закричали все разом, браня Передонова.

— И ты пойдешь к этому прохвосту? — с досадою спросила Валерия.

— Ну да, пойду и возьму с него штраф. И он еще от нас не

36

уйдет, — говорил Рутилов, стараясь сохранить уверенный тон, но чувствуя себя очень неловко.

Досада на Передонова быстро заменилась у девиц смехом. Рутилов ушел. Сестры побежали к окнам.

— Ардальон Борисыч! — крикнула Дарья, — что ж вы такой нерешительный? Так нельзя.

— Кисляй Кисляевич! — с хохотом крикнула Людмила.

Передонову стало досадно. По его мнению, сестры должны бы плакать от печали, что он их отверг. "Притворяются!" — подумал он, молча уходя со двора. Девицы перебежали к окнам на улицу и кричали вслед Передонову насмешливые слова пока он не скрылся в темноте.

V

Передонова томила тоска. Уже и карамелек не было в кармане, и это его опечалило и раздосадовало. Рутилов почти всю дорогу говорил один, — продолжал выхвалять сестер. Передонов только однажды вступил в разговор. Он сердито спросил:

— У быка есть рога?

— Ну, есть, так что же из того? — сказал удивленный Рутилов.

— Ну, а я не хочу быть быком, — объяснил Передонов.

Раздосадованный Рутилов сказал:

— Ты, Ардальон Борисыч, и не будешь никогда быком, потому что ты — форменная свинья.

— Врешь! — угрюмо сказал Передонов.

— Нет, не вру, и могу доказать, — злорадно сказал Рутилов.

— Докажи, — потребовал Передонов.

— Погоди, докажу, — с тем же злорадством в голосе ответил Рутилов.

Оба замолчали. Передонов пугливо ждал, и томила его злость на Рутилова. Вдруг Рутилов спросил:

— Ардальон Борисыч, а у тебя есть пятачок?

— Есть, да тебе не дам, — злобно ответил Передонов.

Рутилов захохотал.

— Коли у тебя есть пятачок, так как же ты не свинья! — крикнул он радостно.

Передонов в ужасе хватился за нос.

— Врешь, какой у меня пятачок, у меня человечья харя, — бормотал он.

Рутилов хохотал. Передонов, сердито и трусливо посматривая на Рутилова, сказал:

— Ты меня сегодня нарочно над дурманом водил да и одурманил, чтобы с сестрами округить. Мало мне одной ведьмы, на трех разом венчаться!

— Чудород, да как же я-то не одурманился?- спросил Рутилов.

— Ты средство знаешь, — говорил Передонов. — Ты, может быть, через рот дышал, а в нос не пускал, или слова такие говорил, а я ничего не знаю, как надо против волшебства. Я не чернокнижник. Пока не зачурался, все одурманенный стоял.

Рутилов хохотал.

— Как же ты чурался? — спрашивал он.

Но уже Передонов молчал.

— Что ты за Варвару так уцепился? — говорил Рутилов. — Ты думаешь, хорошо тебе будет, если ты через нее получишь место? Она тебя оседлает.

Это было непонятно Передонову.

Ведь она для себя старается, — думал он. — Ей самой будет лучше, когда он будет начальником и будет получать много денег. Значит, не он ей, а она ему должна быть благодарна. Да и во всяком случае с нею ему удобнее, чем с кем бы то ни было другим.

Передонов привык к Варваре. Его тянуло к ней, — может быть, вследствие приятной для него привычки издеваться над нею. Другую такую ведь и на заказ бы не найти.

Было уже поздно. У Передонова в квартире горели лампы, окна ярко выделялись в уличной темноте.

Вокруг чайного стола сидели гости: Грушина, — она же теперь ежеденничала у Варвары, — Володин, Преполовенская, ее муж, Константин Петрович, высокий человек лет под сорок, матово-бледный, черноволосый и необычайно молчаливый. Варвара принарядилась, — надела белое платье. Пили чай, беседовали. Варвару, как всегда, беспокоило, что Передонов долго не возвращался. Володин с веселым блеющим хохотом рассказал, что Передонов пошел куда-то с Рутиловым. Это увеличило Варварино беспокойство.

Наконец явился Передонов с Рутиловым. Их встретили криком, смехом, глупыми, нескромными шутками.

— Варвара, а где же водка? — сердито крикнул Передонов.

Варвара метнулась из-за стола, виновато ухмыляясь, и быстро принесла водку в большом, грубо граненом графине.

— Выпьем, — угрюмо пригласил Передонов.

38

— Подожди, — сказала Варвара, — Клавдюшка закуску принесет. Копа, шевелись, — крикнула она в кухню.

Но уже Передонов разливал водку по рюмкам и бормотал:

— Чего ждать, время не ждет.

Выпили и закусили пирожками с черносмородинным вареньем. У Передонова, чтобы занимать гостей, только и было в запасе, что карты да водка. Так как за карты сесть еще нельзя было, — чай надо было пить, — то оставалась водка.

Меж тем принесли и закуску, так что можно было и еще выпить. Клавдия, уходя, не затворила двери, и Передонов забеспокоился.

— Вечно двери настежь, — ворчал он.

Он боялся сквозняка, — простудиться можно. Поэтому в квартире всегда было душно и смрадно.

Преполовенская взяла яйцо.

— Хорошие яйца, — сказала она, — где вы их достаете?

Передонов сказал:

— Это еще что яйца, а вот в нашем имении у отца курица по два крупных яйца в день круглый год несла.

— Что ж такое, — ответила Преполовенская, — эка невидаль, нашли чем хвастать! У нас в деревне была курица, несла в день по два яйца и по ложке масла.

— Да, да, и у нас тоже, — сказал Передонов, не замечая насмешки. — Если носят другие, так и она несла. У нас выдающаяся была.

Варвара засмеялась.

— Петрушку валяют, — сказала она.

— Уши вянут, такой вздор вы несете, — сказала Грушина.

Передонов свирепо посмотрел на нее и ответил с ожесточением:

— А коли вянут, оборвать их надо.

Грушина смутилась.

— Ну, уж вы, Ардальон Борисыч, всегда такое скажете! — жалобно сказала она.

Остальные сочувственно смеялись. Володин, щуря глаза и потряхивая лбом, смешливо объяснял:

— Если у вас уши вянут, то вам их оборвать надо, а то нехорошо, коли они у вас завянут и так мотаться будут, туда-сюда, туда-сюда.

Володин показал пальцами, как будут мотаться вялые уши. Грушина прикрикнула на него:

— Ну уж вы, туда же, сами ничего придумать не умеете, на готовенькое прохаживаетесь! Володин обиделся и сказал с достоинством:

— Я и сам могу, Марья Осиповна, а только как мы в компании приятно время проводим, то отчего же не поддержать чужую шутку! А если это вам не нравится, то как вам будет угодно,— как вы к нам изволите, так и мы к вам изволим.

— Резонно, Павел Васильевич, — со смехом одобрил его Рутилов.

— Уж Павел Васильевич за себя постоит, — с лукавою усмешкою сказала Преполовенская.

Варвара отрезала кусок булки и, заслушавшись затейливых речей Володина, держала нож в руке. Острие сверкало. Передонову стало страшно,— а ну, как вдруг зарежет. Он крикнул:

— Варвара, положи нож!

Варвара вздрогнула

— Чего кричишь, испугал! — сказала она и положила нож. — Ведь вы знаете, у него все привереды, — объяснила она молчаливому Преполовенскому, видя, что он поглаживает бороду и собирается что-то сказать.

— Это бывает, — сладостным и грустным голосом заговорил Преполовенский, — у меня был один знакомый, так тот иголок боялся, все боялся, что его уколют и иголка уйдет во внутренности. И ужасно боялся, представьте, как увидит иголку...

И, раз начавши говорить, уже он не мог остановиться и все на разные лады пересказывал одно и то же, пока его не перебил кто-то, заговорив о другом. Тогда он опять погрузился в молчание.

Грушина перевела разговор на эротические темы. Она рассказала, как ее ревновал покойник-муж и как она ему изменила. Потом рассказала слышанную от столичного знакомого историю о любовнице некоего высокопоставленного лица, как она ехала по улице и встретила своего покровителя.

— Она ему и кричит: здравствуй, Жанчик! Это на улице-то! — рассказывала Грушина.

— А вот я на вас донесу, — сердито сказал Передонов: — разве можно про таких знатных лиц такие глупости болтать?

Грушина испуганно залепетала:

— Да ведь я что ж, — мне так рассказывали. За что купила, за то и продаю.

Передонов сердито молчал и пил чай с блюдечка, налегая на стол локтями. Он думал, что в доме будущего инспектора не подобает непочтительно говорить о вельможах. Он злился на Грушину. Еще досадовал его и был ему подозрителен Володин:

что-то уж слишком часто называл он Передонова будущим инспектором. Один раз Передонов даже сказал Володину:

— Что, брат, завидно, небось! Да, вот ты не будешь инспектором, а я буду.

На это Володин, придав своему лицу внушительное выражение, возразил:

— Всякому свое, Ардальон Борисыч, — вы в своем деле специалист, а я в своем.

— А Наташа-то наша, — сообщила Варвара, — от нас прямо к жандармскому поступила.

Передонов вздрогнул, и лицо его выразило ужас.

— Врешь? — вопросительно сказал он.

— Ну вот, чего мне врать, — ответила Варвара, — хоть сам поди к нему, спроси.

Это неприятное известие подтвердила и Грушина. Передонов был ошеломлен. Наскажет чего и не было, а жандармский на ус намотает и, пожалуй, напишет в министерство. Это скверно.

В это самое время глаза Передонова остановились на полочке над комодом. Там стояло несколько переплетенных книг: тонкие — Писарева и потолще — "Отечественные Записки". Передонов побледнел и сказал:

— Книги-то эти надо спрятать, а то донесут.

Раньше эти книги Передонов держал на виду, чтобы показать, что у него свободные мнения,- хотя на самом деле он не имел ни мнений, ни даже охоты к размышлениям. И эти книги он только держал, а не читал. Давно уже не прочел он ни одной книги, — говорил, что некогда, — газет не выписывал, новости узнавал из разговоров. Впрочем, и узнавать ему нечего было, — ничто во внешнем мире его не занимало. Над подписчиками на газеты он даже издевался, как над расточителями денег и времени. Дорого, подумаешь, было для него его время!

Он пошел к полочке, бормоча:

— Уж у нас такой город, сейчас донесут. Помоги-ка, Павел Васильевич, — сказал он Володину.

Володин подошел к нему с серьезным и понимающим лицом и осторожно принимал книги, которые передавал ему Передонов. Себе взял Передонов пачку книг поменьше, Володину дал побольше и пошел в залу, а Володин за ним.

— Куда же вы их спрячете, Ардальон Борисыч? — спросил он.

— А вот увидишь, — с обычною угрюмостью ответил Передонов.

41

— Что же это вы потащили, Ардальон Борисыч? — спросила Преполовенская.

— Строжайше запрещенные книги, — ответил Передонов на ходу. — Донесут, коли увидят.

В зале Передонов присел на корточки перед печкою, свалил книги на железный лист, — и Володин сделал то же, — и принялся с усилием запихивать книгу за книгою в неширокое отверстие. Володин сидел на корточках рядом с ним, немного позади, и подавал ему книги, сохраняя глубокомысленное и понимающее выражение на своем бараньем лице с выпяченными из важности губами и склоненным от избытка понимания крутым лбом. Варвара заглядывала на них через дверь. Со смехом сказала она:

— Пошел валять петрушку!

Но Грушина остановила ее:

— Ой, голубушка, Варвара Дмитриевна, вы так не говорите, — за это большие неприятности могут быть, коли узнают. Особенно, если учитель. Начальство страсть как боится, что учителя мальчишек бунтовать научат.

Напились чаю и уселись играть в стуколку, все семеро вокруг ломберного стола в зале. Передонов играл с азартом, но плохо. Каждое двадцатое число ему приходилось уплачивать дань своим соучастникам в игре, особенно Преполовенскому; этот получал и за себя и за жену. В выигрыше чаще всего были Преполовенские. У них были условленные знаки, — постукивание, покашливание, — посредством которых они обменивались известиями о своих картах. Сегодня Передонову сразу не повезло. Он спешил отыграться, а Володин медлил сдавать и тщательно уравнивал карты.

— Павлушка, сдавай, — нетерпеливо крикнул Передонов.

Володин, чувствуя себя в игре особою, равною всем остальным, сделал значительное лицо и спросил:

— То есть как это Павлушка? По дружбе или как?

— По дружбе, по дружбе, — небрежно ответил Передонов, — только сдавай скорее.

— Ну, если по дружбе, то я рад, я очень рад, — говорил Володин с радостным и глупым смехом, сдавая карты, — ты хороший человек, Ардаша, и я тебя очень даже люблю. А если бы не по дружбе, то это был бы другой разговор. А если по дружбе, то я рад. Я тебе туза сдал за это, — сказал Володин и открыл козыря.

Туз точно, оказался у Передонова, но не козырный, и подвел его под ремиз.

— Сдал! — сердито ворчал Передонов,— туз, да не тот. Под

42

руку говоришь. Надо было козырного, а ты что сдал? На что мне тиковый пуз?

— На что тебе тиковый пуз, у тебя свое пузо растет,— подхватил со смехом Рутилов.

— Будущий инспектор язычком заплетается, — пуз, пуз, карапуз.

Рутилов непрерывно болтал, сплетничал, рассказывал анекдоты, иногда весьма щекотливого содержания. Чтобы подразнить Передонова, он стал уверять, что гимназисты плохо себя ведут, особенно те, которые живут на квартирах: курят, пьют водку, ухаживают за девицами. Передонов верил. И Грушина поддерживала. Ей эти рассказы доставляли особое удовольствие: она сама хотела было, после смерти мужа, держать у себя на квартире трех-четырех гимназистов, но директор не разрешил ей, несмотря на ходатайство Передонова, — о Грушиной в городе была дурная слава. Теперь она принялась бранить хозяек тех квартир, где жили гимназисты.

— Они взятки дают директору, — заявила она.

— Хозяйки все стервы, — убежденно сказал Володин, — вот хоть моя. У нас с нею был такой уговор, когда я комнату нанимал, что она будет давать мне вечером три стакана молока. Хорошо, месяц, другой так мне и подавали.

— И ты не опился? — спросил Рутилов со смехом.

— Зачем же опиваться! — обиженно возразил Володин. — Молоко — полезный продукт. Я и привык три стакана выпивать на ночь. Вдруг вижу, приносят мне два стакана. Это, спрашиваю, почему же? Прислуга говорит: Анна Михайловна, говорит, просят извинить, что коровка у них, говорит, нынче мало молока дает. А мне-то что за дело! Уговор дороже денег. У них совсем коровка не даст молочка, так мне и кушать не дадут? Ну, я говорю, если нет молока, то скажите Анне Михайловне, что я прошу дать мне стакан воды. Я привык кушать три стакана, мне двух стаканов мало.

— Павлушка у нас герой, — сказал Передонов. — Расскажи-ка, брат, как ты с генералом сцепился.

Володин охотно повторил рассказ. Но теперь его подняли насмех. Он обиженно выпятил нижнюю губу.

За ужином все напились до-пьяна, даже и женщины. Володин предложил еще попачкать стены. Все обрадовались: немедленно, еще не кончив есть, принялись за дело и неистово забавлялись. Плевали на обои, обливали их пивом, пускали в стены и в потолок бумажные стрелы, запачканные на концах маслом, лепили на потолок чертей из жеваного хлеба. Потом

43

придумали рвать полоски из обоев на азарт, — кто длиннее вытянет. На этой игре Преполовенские еще выиграли рубля полтора.

Володин проиграл. От этого проигрыша и опьянения он внезапно загрустил и стал жаловаться на свою мать. Он сделал укоризненное лицо и, толкая зачем-то вниз рукою, говорил:

— И зачем она меня родила? И что она тогда думала? Какая теперь моя жизнь! Она мне не мать, а только родительница. Потому как настоящая мать заботится о своем детище, а моя только родила меня и отдала на казенное воспитание с самых малых лет.

— Зато вы обучились, вышли в люди, — сказала Преполовенская.

Володин уставился вниз лбом, покачивая головою, и говорил:

— Нет, уж какая моя жизнь, — самая последняя жизнь. И зачем она меня родила? она тогда думала?

Вчерашние ерлы вдруг опять припомнились Передонову. "Вот, — думал он про Володина,— на свою мать жалуется, зачем она его родила,— не хочет быть Павлушкой. Видно, и в самом деле завидует. Может быть, уже и подумывает жениться на Варваре и влезть в мою шкуру",— думал Передонов и тоскливо смотрел на Володина.

Хоть бы женить его на ком-нибудь.

Ночью, в спальне, Варвара говорила Передонову:

— Ты думаешь, все эти девки, что за тобою вяжутся, молоденькие, так и хорошенькие? Они все дряни, я их всех красивее.

Она поспешно разделась и, нахально ухмыляясь, показала Передонову свое слегка раскрашенное, стройное, красивое и гибкое тело.

Хотя Варвара шаталась от опьянения и лицо ее во всяком свежем человеке возбудило бы отвращение своим дрябло-похотливым выражением, но тело у нее было прекрасное, как тело у нежной нимфы, с приставленною к нему, силою каких-то презренных чар, головою увядающей блудницы. И это восхитительное тело для этих двух пьяных и грязных людишек являлось только источником низкого соблазна. Так это и часто бывает, — и воистину в нашем веке надлежит красоте быть попранной и поруганной.

Передонов угрюмо хохотал, глядя на свою голую подругу.

Всю эту ночь ему снились дамы всех мастей голые и гнусные.

Варвара поверила, что натирание крапивою, которое она

44

себе сделала по совету Преполовенской, ей помогло. Ей казалось, что она сразу начала полнеть. У всех знакомых она спрашивала:

— Правда, ведь я пополнела?

И она думала, что уж теперь непременно Передонов, увидев, как она полнеет, и получив к тому же поддельное письмо, женится на ней.

Далеко не так приятны были ожидания Передонова. Уже он давно убедился, что директор ему враждебен, — и на самом деле директор гимназии считал Передонова ленивым, неспособным учителем. Передонов думал, что директор приказывает ученикам его не почитать, — что было, понятно, вздорною выдумкою самого Передонова. Но это вселяло в Передонова уверенность, что надо от директора защищаться. Со злости на директора он не раз начинал поносить его в старших классах. Многим гимназистам такие разговоры нравились.

Теперь, когда Передонов захотел стать инспектором, директоровы неприязненные отношения к нему являлись особенно неприятными. Положим, если княгиня захочет, то ее протекция превозможет директоровы козни. Но все же они не безопасны.

И другие были в городе люди, — как заметил в последние дни Передонов, — которые враждебны ему и хотели бы помешать его назначению на инспекторскую должность. Вот Володин: недаром он все повторяет слова "будущий инспектор". Ведь бывали же случаи, что люди присваивали себе чужое имя и жили себе в свое удовольствие. Конечно, заменить самого Передонова Володину трудненько, — да ведь у дурака, такого, как Володин, могут быть самые нелепые затеи. И еще Рутиловы, Вершина со своею Мартою, сослуживцы из зависти — все рады ему повредить. А как повредить? Ясное дело, опорочат его в глазах у начальства, выставят человеком неблагонадежным.

Итак, у Передонова явились две заботы: доказать свою благонадежность и обезопасить себя от Володина, — женить его на богатой.

И вот однажды Передонов спросил Володина:

— Хочешь, к Адаменковой барышне тебя посватаю? Или все еще по Марте скучаешь? Целый месяц утешиться не можешь?

— Что ж мне по Марте скучать! — ответил Володин. — Я ей честь честью сделал предложение, а коли ежели она не хочет, то что же мне! Я и другую найду, — разве уж для меня и невест не найдется? Да этого добра везде сколько угодно.

— Да, а вот Марта натянула тебе нос, — подразнил Передонов.

— Не знаю уж, какого жениха они ждут,— обидчиво сказал Володин, — хоть бы приданое большое было, а то ведь гроши дадут. Это она в тебя, Ардальон Борисыч, втюрилась.

Передонов посоветовал:

— А я бы на твоем месте ей ворота дегтем вымазал.

Володин захихикал, но сейчас же успокоился и сказал:

— Ежели поймают, так неприятность может выйти.

— Найми кого-нибудь, зачем самому, — сказал Передонов.

— И следует, ей-богу, следует, — с одушевлением сказал Володин. — Потому как ежели она в законный брак не хочет вступать, а между прочим к себе в окно молодых людей пускает, то уж это что ж! Уж это значит — ни стыда, ни совести нет у человека.

VI

На другой день Передонов и Володин отправились к девице Адаменко. Володин принарядился, — надел новенький свой узенький сюртучок, чистую крахмальную рубашку, пестрый шейный платок, намазал волосы помадою, надушился, — и взыграл духом.

Надежда Васильевна Адаменко с братом жила в городе в собственном кирпичном красном домике; недалеко от города было у нее имение, отданное в аренду. В позапрошлом году кончила она учение в здешней гимназии, а ныне занималась тем, что лежала на кушетке, читала книжки всякого содержания да школила своего брата, одиннадцатилетнего гимназиста, который спасался от ее строгостей только сердитым заявлением:

— При маме лучше было. Мама в угол только ставила.

С Надеждою Васильевною жила ее тетка, существо безличное и дряхлое, не имевшее никакого голоса в домашних делах. Знакомства вела Надежда Васильевна со строгим разбором. Передонов бывал у нее редко, и только малое знакомство его с нею могло быть причиною предположения, что эта барышня может выйти замуж за Володина.

Теперь она удивилась неожиданному посещению, но

46

приняла незванных гостей любезно. Гостей надо было занимать, — и Надежде Васильевне казалось, что самый приятный и удобный разговор для учителя русского языка — разговор о состоянии учебного дела, о реформе гимназий, о воспитании детей, о литературе, о символизме, о русских журналах. Всех этих тем она коснулась, но не получала в ответ ничего, кроме озадачивших ее отповедей, обнаруживших, что ее гостям эти вопросы не любопытны. Она увидела, что возможен только один разговор — городские сплетни. Но Надежда Васильевна все-таки сделала еще одну попытку.

— А вы читали "Человек в футляре" Чехова? — спросила она. — Не правда ли, как метко?

Так как с этим вопросом она обратилась к Володину, то он приятно осклабился и спросил:

— Это что же, статья или роман?

— Рассказ, — объяснила Надежда Васильевна.

— Господина Чехова, вы изволили сказать? — осведомился Володин.

— Да, Чехова, — сказала Надежда Васильевна и усмехнулась.

— Это где же помещено? — продолжал любопытствовать Володин.

— В "Русской Мысли", — ответила барышня любезно.

— В каком номере? — допрашивал Володин.

— Не помню хорошенько, в каком-то летнем, — все так же любезно, но с некоторым удивлением ответила Надежда Васильевна.

Маленький гимназист высунулся из-за двери.

— Это в майской книжке было напечатано, — сказал он, придерживаясь рукою за дверь и обводя гостей и сестру веселыми синими глазами.

— Вам еще рано романы читать, — сердито сказал Передонов, — учиться надо, а не скабрезные истории читать.

Надежда Васильевна строго посмотрела на брата.

— Как это мило — за дверьми стоять и слушать, — сказала она и, подняв обе руки, сложила кончики мизинцев под прямым углом.

Гимназист нахмурился и скрылся. Он пошел в свою комнату, стал там в угол и принялся глядеть на часы; два мизинца углом — это знак стоять в углу десять минут. "Нет, — досадливо думал он, — при маме лучше было: мама только зонтик ставила в угол".

А в гостиной меж тем Володин утешал хозяйку обещанием достать непременно майский номер "Русской Мысли" и прочесть рассказ господина Чехова. Передонов слушал с выражением явной скуки на лице. Наконец он сказал:

— Я тоже не читал. Я не читаю пустяков. В повестях и романах все глупости пишут.

Надежда Васильевна любезно улыбнулась и сказала:

— Вы очень строго относитесь к современной литературе. Но пишутся же теперь и хорошие книги.

— Я все хорошие книги раньше прочел, — заявил Передонов. — Не стану же я читать того, что теперь сочиняют.

Володин смотрел на Передонова с уважением. Надежда Васильевна легонько вздохнула и — делать нечего — принялась пустословить и сплетничать, как умела. Хоть и не люб ей был такой разговор, но она поддерживала его с ловкостью и веселостью бойкой и выдержанной девицы.

Гости оживились. Ей было нестерпимо скучно, а они думали, что она с ними исключительно любезна, и приписывали это обаянию прелестной наружности Володина.

Когда они ушли, Передонов на улице поздравлял Володина с успехом. Володин радостно смеялся и прыгал. Он уже забыл всех отвергнувших его девиц.

— Не лягайся, — говорил ему Передонов, — распрыгался, как баран. Погоди еще, натянут тебе нос.

Но говорил он это в шутку, а сам вполне верил в успех задуманного сватовства.

Грушина чуть не каждый день забегала к Варваре, Варвара бывала у нее еще чаще, так что они почти и не расставались. Варвара волновалась, а Грушина медлила, — уверяла, что очень трудно скопировать буквы, чтобы вышло совсем похоже.

Передонов все еще не хотел назначить дня для свадьбы. Опять он требовал, чтобы ему сначала место дали инспекторское. Помня, как много у него готовых невест, он не раз, как и прошлою зимою, грозил Варваре:

— Вот сейчас пойду венчаться. Вернусь утром с женой, а тебя — вон. Последний раз ночуешь.

И с этими словами уходил — играть на биллиарде. Оттуда иногда к вечеру приходил домой, а чаще кутил в каком-нибудь грязном притоне с Рутиловым и Володиным. В такие ночи Варвара не могла заснуть. Поэтому она страдала мигренями. Хорошо еще, если он вернется в час, в два ночи, — тогда она вздохнет свободно. Если же он являлся только утром, то Варвара встречала день совсем больная.

Наконец Грушина изготовила письмо и показала его Варваре. Долго рассматривали, сличали с прошлогодним княгининым письмом. Грушина уверяла: похоже так, что сама княгиня не узнала бы подделки. Хоть на самом деле сходства было мало, но Варвара поверила. Да она же и понимала, что Передонов не мог помнить мало знакомого ему почерка настолько точно, чтобы заметить подделку.

— Ну вот, — радостно сказала она, — наконец-то. А то я уже ждала, ждала, да и жданки потеряла. А только как же конверт, — если он спросит, что я скажу?

— Да уж конверта нельзя подделать, — штемпеля, — сказала Грушина, посмеиваясь, поглядывая на Варвару лукавыми, разными глазами: правый — побольше, левый — поменьше.

— Так как же?

— Душечка Варвара Дмитриевна, да вы скажите ему, что конверт в печку бросили. На что же вам конверт?

Варварины надежды оживились. Она говорила Грушиной:

— Только бы женился, тогда уж я не стану для него бегать. Нет, я буду сидеть, а он пусть для меня побегает.

В субботу после обеда Передонов шел поиграть на биллиарде. Мысли его были тяжелы и печальны. Он думал: "Скверно жить среди завистливых и враждебных людей. Но что же делать, — не могут же все быть инспекторами! Борьба за существование!"

На углу двух улиц он встретил жандармского штаб-офицера. Неприятная встреча!

Подполковник Николай Вадимович Рубовский, невысокий плотный человек с густыми бровями, веселыми серыми глазами и прихрамывающею походкою, отчего его шпоры неровно и звонко призвякивали, был весьма любезен и за то любим в обществе. Он знал всех людей в городе, все их дела и отношения, любил слушать сплетни, но сам был скромен и молчалив, как могила, и никому не делал ненужных неприятностей.

Остановились, поздоровались, побеседовали. Передонов насупился, оглянулся по сторонам и опасливо сказал:

— У вас, я слышал, наша Наташа живет, так вы ей не верьте, что она про меня говорит, это она врет.

— Я от прислуги сплетен не собираю, — с достоинством сказал Рубовский.

— Она — сама скверная, — продолжал Передонов, не обращая внимания на возражение Рубовского, — у нее любовник есть, поляк; она, может быть, нарочно к вам и поступила, чтоб у вас что-нибудь стащить секретное.

— Пожалуйста, не беспокойтесь об этом, — сухо возразил подполковник, — у меня планы крепостей не хранятся.

49

Упоминание о крепостях озадачило Передонова. Ему казалось, что Рубовский намекает на то, что может посадить Передонова в крепость.

— Ну, что крепость, — пробормотал он, — до этого далеко, а только вообще про меня всякие глупости говорят, так это больше из зависти. Вы ничему такому не верьте. Это они доносят, чтоб от себя отвести подозрение, а я и сам могу донести.

Рубовский недоумевал.

— Уверяю вас, — сказал он, вздергивая плечами и бряцая шпорами, — я ни от кого не получал на вас доноса. Вам, видно, кто-нибудь в шутку погрозил, — да ведь мало ли что говорится иногда.

Передонов не верил. Он думал, что жандармский скрытничает, — и стало ему страшно.

Каждый раз, как Передонов проходил мимо Вершинского сада, Вершина останавливала его и своими ворожащими движениями и словами заманивала в сад.

И он входил, невольно подчиняясь ее тихой ворожбе. Может быть, ей скорее Рутиловых удалось бы достичь своей цели, — ведь Передонов одинаково далек был от всех людей, и почему бы ему было не связаться законным браком с Мартою? Но, видно, вязко было то болото, куда залез Передонов, и никакими чарами не удавалось перебултыхнуть его в другое.

Вот и теперь, когда, расставшись с Рубовским, Передонов шел мимо, Вершина, одетая, как всегда вся в черном, заманила его.

— Марта и Владя домой на день едут, — сказала она, ласково глядя сквозь дым своей папироски на Передонова коричневыми глазами, — вот бы и вы с ними погостить в деревне. За ними работник в тележке приехал.

— Тесно, — сказал Передонов угрюмо.

— Ну вот, тесно, — возразила Вершина, — отлично разместитесь. Да и потеснитесь не беда, что ж, недалеко, шесть верст проехать.

В это время из дома выбежала Марта спросить что-то у Вершиной. Хлопоты перед отъездом немного расшевелили ее лень, и лицо ее было живее и веселее обычного. Опять, уже обе, стали звать Передонова в деревню.

— Разместитесь удобно, — уверяла Вершина, — вы с Мартой на заднем сиденье, а Владя с Игнатием на переднем. Вот посмотрите, и тележка на дворе.

Передонов вышел за Вершиною и Мартою во двор, где стояла тележка, а около нее возился, укладывая что-то, Владя.

Тележка была поместительная. Но Передонов, угрюмо осмотрев ее, объявил:

— Не поеду. Тесно. Четверо, да еще вещи.

— Ну, если вы думаете, что тесно, — сказала Вершина, — то Владя и пешком может итти.

— Конечно, — сказал Владя, улыбаясь сдержанно и ласково, — пешком дойду в полтора часа отлично. Вот сейчас зашагаю, так раньше вас буду.

Тогда Передонов объявил, что будет трясти, а он не любит тряски. Вернулись в беседку. Все

уже было уложено, но работник Игнатий еще ел на кухне, насыщаясь неторопливо и основательно.

— Как учится Владя? — спросила Марта.

Другого разговора с Передоновым она не умела придумать, а уже Вершина не раз упрекала ее, что она не умеет занять Передонова.

— Плохо, — сказал Передонов, — ленится, ничего не слушает.

Вершина любила поворчать. Она стала выговаривать Владе. Владя краснел и улыбался, пожимался плечами, как от холода, и подымал, по своей привычке, одно плечо выше другого.

— Что же, только год начался, — сказал он, — я еще успею.

— С самого начала надо учиться, — тоном старшей, но слегка от этого краснея, сказала Марта.

— Да и шалит, — жаловался Передонов, — вчера так развозились, точно уличные мальчишки. Да и груб, мне дерзость сказал в четверг.

Владя вдруг вспыхнул и заговорил горячо, но не переставая улыбаться:

— Никакой дерзости, а я только правду сказал, что вы в других тетрадках ошибок по пяти прозевали, а у меня все подчеркнули и поставили два, а у меня лучше было написано, чем у тех, кому вы три поставили.

— И еще вы мне дерзость сказали, — настаивал Передонов.

— Никакой дерзости, а я только сказал, что инспектору скажу, — запальчиво говорил Владя, — что же мне зря двойку...

— Владя, не забывайся, — сердито сказала Вершина, — чем бы извиниться, а ты опять повторяешь.

Владя вдруг вспомнил, что Передонова нельзя раздражать, что он может стать Марте женихом. Он сильнее покраснел, в смущении передернул пояс на своей блузе и робко сказал:

— Извините. Я только хотел попросить, чтобы вы поправили.

— Молчи, молчи, пожалуйста, — прервала его Вершина, — терпеть не могу таких рассуждений, терпеть не могу, — повторила она и еле заметно дрогнула всем своим сухоньким телом. — Тебе делают замечание, ты молчи.

И Вершина высыпала на Владю не мало укоризненных слов, дымя папироскою и криво улыбаясь, как она всегда улыбалась, о чем бы ни шла речь.

— Надо будет отцу сказать, чтобы наказал тебя, — кончила она.

— Высечь надо, — решил Передонов и сердито посмотрел на обидевшего его Владю.

— Конечно, — подтвердила Вершина, — высечь надо.

— Высечь надо, — сказала и Марта и покраснела.

— Вот поеду сегодня к вашему отцу, — сказал Передонов, — и скажу, чтобы вас при мне высекли, да хорошенько.

Владя молчал, смотрел на своих мучителей, поеживался плечами и улыбался сквозь слезы. Отец у него крут. Владя старался утешить себя, думая, что это — только угрозы. Неужели, думал он, в самом деле захотят испортить ему праздник? Ведь праздник — день особенный, отмеченный и радостный, и все праздничное совсем несоизмеримо со всем школьным, будничным.

А Передонову нравилось, когда мальчики плакали, — особенно, если это он так сделал, что они плачут и винятся. Владино смущение и сдержанные слезы на его глазах, и робкая, виноватая его улыбка — все это радовало Передонова. Он решил ехать с Мартою и Владею.

— Ну, хорошо, я поеду с вами, — сказал он Марте.

Марта обрадовалась, но как-то испуганно. Конечно, она хотела, чтобы Передонов ехал с ними, — или, вернее, Вершина хотела этого за нее и приворожила ей своими быстрыми наговорами это желание. Но теперь, когда Передонов сказал, что едет, Марте стало неловко за Владю, — жалко его.

Жутко стало и Владе. Неужели это для него Передонов едет? Ему захотелось умилостивить Передонова. Он сказал:

— Если вы думаете, Ардальон Борисыч, что тесно будет, то я могу пешком пойти.

Передонов посмотрел на него подозрительно и сказал:

— Ну да, если вас отпустить одного, вы еще убежите куда-нибудь. Нет уж, мы вас лучше свезем к отцу, пусть он вам задаст.

Владя покраснел и вздохнул. Ему стало так неловко и тоскливо, и досадно на этого мучительного и угрюмого человека. Чтобы все-таки смягчить Передонова, он решился устроить ему сиденье поудобнее.

— Ну, уж я так сделаю, — казал он, — что вам отлично будет сидеть.

И он поспешно отправился к тележке. Вершина посмотрела вслед за ним, криво улыбаясь и дымя, и сказала Передонову тихо:

— Они все боятся отца. Он у них очень строгий.

Марта покраснела.

Владя хотел было взять с собою в деревню удочку, новую, английскую, купленную на сбереженные деньги, хотел взять еще кое-что, да это все занимало бы в тележке не мало места. И Владя унес обратно в дом все свои пожитки.

Было не жарко. Солнце склонялось. Дорога, омоченная утренним дождем, не пылила. Тележка ровно катилась по мелкому щебню, унося из города четырех седоков; сытая серая лошадка бежала, словно не замечая их тяжести, и ленивый, безмолвный работник Игнатий управлял ее бегом при помощи заметных лишь опытному взору движений вожжами.

Передонов сидел рядом с Мартою. Ему расчистили так много места, что Марте совсем неудобно было сидеть. Но он не замечал этого. А если бы и заметил, то подумал бы, что так и должно: ведь он — гость.

Передонов чувствовал себя очень приятно. Он решил поговорить с Мартою любезно, пошутить, позабавить ее. Он начал так:

— Ну, что, скоро бунтовать будете?

— Зачем бунтовать? — спросила Марта.

— Вы, поляки, ведь все бунтовать собираетесь, да только напрасно.

— Я и не думаю об этом, — сказала Марта, — да и никто у нас не хочет бунтовать.

— Ну да, это вы только так говорите, а вы русских ненавидите.

— И не думаем, — сказал Владя, повертываясь к Передонову с передней скамейки, где сидел рядом с Игнатием.

— Знаем мы, как вы не думаете. Только мы вам не отдадим вашей Польши. Мы вас завоевали. Мы вам сколько благодеяний сделали, да, видно, как волка ни корми, он все в лес смотрит.

Марта не возражала. Передонов помолчал немного и вдруг сказал:

— Поляки — безмозглые.

Марта покраснела.

— Всякие бывают и русские и поляки, — сказала она.

— Нет, уж это так, это верно, — настаивал Передонов. — Поляки — глупые. Только форсу задают. Вот жиды — те умные.

— Жиды — плуты, а вовсе не умные, — сказал Владя.

— Нет, жиды — очень умный народ. Жид русского всегда надует, а русский жида никогда не надует.

— Да и не надо надувать, — сказал Владя, — разве в том только и ум, чтобы надувать да плутовать?

Передонов сердито глянул на Владю.

— А ум в том, чтобы учиться, — сказал он, — а вы не учитесь.

Владя вздохнул и опять отвернулся и стал смотреть на ровный бег лошади. А Передонов говорил:

— Жиды во всем умные, и в ученьи, и во всем. Если бы жидов пускали в профессора, то все профессора из жидов были бы. А польки все — неряхи.

Он посмотрел на Марту и, с удовольствием заметив, что она сильно покраснела, сказал из любезности:

— Да вы не думайте, я не про вас говорю. Я знаю, что вы будете хорошая хозяйка.

— Все польки — хорошие хозяйки, — ответила Марта.

— Ну, да, — возразил Передонов, — хозяйки, сверху чисто, а юбки грязные. Ну, да за что у вас Мицкевич был. Он выше нашего Пушкина. Он у меня на стене висит. Прежде там Пушкин висел, да я его в сортир вынес, — он камер-лакеем был.

— Ведь вы — русский, — сказал Владя, — что ж вам наш Мицкевич? Пушкин — хороший, и Мицкевич — хороший.

— Мицкевич — выше, — повторил Передонов. — Русские — дурачье. Один самовар изобрели, а больше ничего.

Передонов посмотрел на Марту, сощурил глаза и сказал:

— У вас много веснушек. Это некрасиво.

— Что же делать, — улыбаясь, промолвила Марта.

— И у меня веснушки, — сказал Владя, поворачиваясь на своем узеньком сиденье и задевая безмолвного Игнатия.

— Вы мальчик, — сказал Передонов, — это ничего, мужчине красота не нужна, а вот у вас, — продолжал он, оборачиваясь к Марте, — нехорошо. Этак вас никто и замуж не возьмет. Надо огуречным рассолом лицо мыть.

Марта поблагодарила за совет.

Владя, улыбаясь, смотрел на Передонова.

— Вы что улыбаетесь ? — сказал Передонов, — вот погодите, приедем, так будет вам дера отличная.

Владя, повернувшись на своем месте, внимательно смотрел на Передонова, стараясь угадать, шутит ли он, говорит ли взаправду. А Передонов не выносил, когда на него пристально смотрели.

— Чего вы на меня глазеете? — грубо спросил он. — На мне узоров нет. Или вы сглазить меня хотите?

Владя испугался и отвел глаза.

— Извините, — сказал он робко, — я так, не нарочно.

— А вы разве верите в глаз? — спросила Марта.

— Сглазить нельзя, это суеверие, — сердито сказал Передонов, — а только ужасно невежливо уставиться и рассматривать.

Несколько минут продолжалось неловкое молчание.

— Ведь вы — бедные, — вдруг сказал Передонов.

— Да, не богатые, — ответила Марта, — да все-таки уж и не так бедны. У нас у всех есть кое-что отложено.

Передонов недоверчиво посмотрел на нее и сказал:

— Ну, да, я знаю, что вы — бедные. Босые ежеденком дома ходите.

— Мы это не от бедности, — живо сказал Владя.

— А что же, от богатства, что ли? — спросил Передонов и отрывисто захохотал.

— Вовсе не от бедности, — сказал Владя, краснея, — это для здоровья очень полезно, закаляем здоровье и приятно летом.

— Ну, это вы врете, — грубо возразил Передонов. — Богатые босиком не ходят. У вашего отца много детей, а получает гроши. Сапог не накупишься.[5]

---

[5] В таких разговорах приехали в деревню. Дом, где жил арендатор, Мартин и Владин отец, был низенький и широкий, с высокою серою кровлею и прорезными ставнями у окон. Он был не новый, но прочный и, прячась за рядом березок, казался уютным и милым, — по крайней мере, таким казался он Владе и Марте. А Передонову не нравились березки перед домом, он бы их вырубил или поломал. Навстречу приехавшим выбежали с радостными криками трое босоногих детей, лет восьми – десяти: девочка и два мальчика, синеглазые и с веснусчатыми лицами. На пороге дома гостей встретил и сам хозяин, плечистый, сильный и большой поляк с длинными полуседыми усами и угловатым лицом. Это лицо напоминало собою одну из тех сводных светописей, где сразу отпечатаны на одной пластинке несколько сходных лиц. В таких снимках утрачиваются все особые черты каждого человека и остается лишь то общее, что повторяется во всех или во многих лицах. Так и в лице Нартановича, казалось, не было никаких особых примет, а было лишь то, что есть в каждом польском лице. За это кто-то из городских шутников прозвал Нартановича: сорок четыре пана. Сообразно с этим Нартанович так и держал себя: был любезен, даже слишком любезен

55

в обращении, никогда притом не утрачивал шляхетского своего гонора и говорил лишь самое необходимое, как бы из боязни в лишних разговорах обнаружить что-нибудь лишь ему одному принадлежащее. Очевидно он рад был гостю и приветствовал его с деревенскою преувеличенностью. Когда он говорил, звуки его голоса вдруг возникали, – громкие, как бы назначенные спорить с шумом ветра, – заглушали все, что только что звучало, и вдруг обрывались и падали. И после того голоса у всех других людей казались слабыми, жалкими. В одной из горниц, темноватых и низковатых, где хозяин легко доставал потолок рукою, быстро накрыли на стол. Юркая баба собрала водок и закусок. – Прошу, – сказал хозяин, делая неправильные ударения по непривычке к разговору, – чем бог послал. Передонов торопливо выпил водки, закусил и принялся жаловаться на Владю. Нартанович свирепо смотрел на сына и угощал Передонова немногословно, но настоятельно. Однако Передонов решительно отказался есть еще что-нибудь. – Нет, – сказал он, – я к вам по делу, вы меня сперва послушайте. – А, по делу, – закричал хозяин, – то есть резон. Передонов принялся чернить Владю со всех сторон. Отец все более свирепел. – О, лайдак! – восклицал он медленно и с внушительными ударениями, – выкропить тебе надо. Вот я тебе задам такие холсты. Вот ты получишь сто горячих. Владя заплакал. – Я ему обещал, – сказал Передонов, – что нарочно приеду к вам, чтоб вы его при мне наказали. – За то вас благодарю, – сказал Нартанович, – я осмагаю розгами, ленюха этакого, вот-то будет помнить, лайдак! Свирепо глядя на Владю, Нартанович поднялся, – и казалось Владе, что он – громадный и вытеснил весь воздух из горницы. Он схватил Владю за плечо и потащил его в кухню. Дети прижались к Марте и в ужасе смотрели на рыдающего Владю. Передонов пошел за Нартановичем. – Что ж вы стоите, – сказал он Марте – идите и вы, посмотрите да помогите, – свои дети будут. Марта вспыхнула и, обнимая руками всех троих ребятишек, проворно побежала с ними из дому, подальше, чтобы не слышать того, что будет на кухне Когда Передонов вошел в кухню, Владя раздевался. Отец стоял перед ним и медленно говорил грозные слова: – Ложись на скамейку, – сказал он, когда Владя разделся совсем. Владя послушался. Слезы струились из его глаз, но он старался сдержаться. Отец не любил коика мольбы, – хуже будет, если кричать. Передонов смотрел на Владю, на его отца, осматривал кухню и, не видя нигде розок, начал беспокоиться. Неужели это делает Нартанович только для виду: попугает сына да и отпустит его ненаказанным. Недаром Владя странно ведет себя, совсем не так, как ожидал Передонов: не мечется, не рыдает, не кланяется отцу в ноги (ведь все поляки низкопоклонные), не молит о прощении, не бросается с своими мольбами к Передонову. Для того ли приехал сюда Передонов, чтобы посмотреть только на приготовления к наказанию? Меж тем Нартанович, не торопясь, привязал сына к скамейке, – руки затянул над головой ремнем, ноги в щиколотках обвел каждую отдельно веревкой и притянул их к скамейке порознь, раздвинув их, одну к одному краю скамьи, другую – к другому, и еще веревкой привязал его по пояснице. Теперь Владя не мог уже пошевелиться и лежал, дрожа от ужаса, уверенный, что отец засечет его до полусмерти, так как прежде, за малые вины, наказывал не привязывая. Покончив с этим делом, Нартанович сказал: – Ну, теперь розог наломать, да и стегать лайдака, если то не будет противно пану видеть, как твою шкуру стегают. Нартанович искоса взглянул на угрюмого Передонова, усмехнулся, поводя своими длинными усами, и подошел к окну. Под окном росла береза. – И ходить не треба, – сказал Нартанович, ломая прутья. Владя закрыл глаза. Ему казалось, что он сейчас потеряет сознание. – Слухай, ленюх, – крикнул отец над его головою страшным голосом, – для первого раза на году дам тебе двадцать, а за тем разом больше ж получишь. Владя почувствовал облегчение: это – наименьшее количество, которое признавал отец, и такое-то наказание Владе было не в диковинку. Отец принялся стегать его длинными и крепкими прутьями. Владя стиснул зубы и не кричал. Кровь проступала мелкими, как роса, каплями. – Вот-то хорошо, – сказал отец, окончив наказание,-твердый хлопец! И он принялся развязывать сына. Передонову казалось, что Владе не очень больно. – Для этого-то не стоило и привязывать, – сказал он сердито, – это с него, как с гуся вода. Нартанович посмотрел на Передонова своими спокойными синими глазами и сказал: – В другой раз милости просим, – то лепше ему будет. А сегодня же достаточно. Владя надел рубашку и, плача, поцеловал у отца руку. – Целуй розгу, смаганец, – крикнул отец, – и одевайся. Владя оделся и побежал босиком в сад, – выплакаться на воле. Нартанович повел Передонова по дому и по службам показывать хозяйство. Передонову это нисколько не было занятно. Хотя он часто думал, что вот накопит денег и купит себе именье, но теперь, глядя на все, что ему показывали, он видел только грубые и неопрятные предметы, не чувствовал их жизни и не понимал их связи и значения в хозяйстве. Через полчаса сели ужинать. Позвали и Владю. Передонов придумывал шутки над Владей. Выходило грубо и глупо. Владя краснел, чуть не плакал, но другие не смеялись, – и это огорчало Передонова. И ему было досадно, зачем давеча Владя не кричал. Больно же ведь ему было, – недаром кровца брызгала, – а молчал, стервеныш. Заядлый полячишка! – думал Передонов. И уж он начал думать, что не стоило и приезжать. Рано утром Передонов поднялся и сказал, что сейчас уезжает. Напрасно уговаривали его погостить весь день, – он решительно отказался. – Я только по делу и приезжал, – угрюмо говорил он. Нартанович слегка усмехался, поводя своими длинными сивыми усами, и говорил зычным голосом: – Что то за шкода, что за шкода! Передонов опять несколько раз принимался дразнить Владю. А Владя радовался, что Передонов уезжает. Теперь,

VII

Варвара ничего не знала о том, куда отправился Передонов. Она провела жестоко беспокойную ночь.

Но и вернувшись утром в город, Передонов не пошел домой, а велел везти себя в церковь, — в это время начиналась обедня. Ему казалось теперь опасным не бывать часто в церкви, — еще донесут, пожалуй.

Встретив при входе в ограду миловидного маленького гимназиста с румяным, простодушным лицом и непорочными голубыми глазами, Передонов сказал:

— А, Машенька, здравствуй, раздевоня.

Миша Кудрявцев мучительно покраснел. Передонов уже несколько раз дразнил его, называя Машенькою, — Кудрявцев не понимал, за что, и не решался пожаловаться. Несколько товарищей, глупых малышей, толпившихся тут же, засмеялись на слова Передонова. Им тоже весело было дразнить Мишу.

Церковь во имя пророка Илии, старая, построенная еще при царе Михаиле, стояла на площади против гимназии. Поэтому по праздникам к обедне и всенощной гимназисты обязаны были сюда собираться и стоять с левой стороны, у придела святой Екатерины великомученицы, рядами, — а сзади помещался один из помощников классных наставников, для

после вчерашней кары, уж он знал, что можно дома делать что хочешь, отец не забранит. На приставанья Передонова он охотно ответил бы какою-нибудь дерзостью. Но за последние дни Вершина не раз повторяла ему, что если он хочет добра Марте, то не должен сердить Передонова. И вот он усердно заботился о том, чтоб Передонову еще удобнее было сидеть, чем вчера. Передонов смотрел на его хлопоты, стоя на крыльце, и спрашивал: — Что, брат, влетело? — Влетело, — отвечал Владя, стыдливо улыбаясь. — До новых веников не забудете? — Не забуду. — Хорошо всыпало? — Хорошо. И так продолжался разговор все время, пока запрягалась тележка. Владя начал уже думать, что не всегда возможно быть любезным до конца. Но Передонов уехал, — и Владя вздохнул свободно. С ним отец обходился сегодня так, как будто вчера ничего и не было. Владин день прошел весело. За обедом Нартанович сказал Марте: — Глупый этот у них учитель. Своих детей не имеет, чужих сечь ездит. Смагач! — На первый-то раз можно было и не сечь, — сказала Марта. Нартанович посмотрел на нее строго и сказал внушительно: — В ваши лета человека выхлестать завсе не лишнее, — имей это в памяти. Да он и заслужил. Марта покраснела... Владя сказал, сдержанно улыбаясь: — До свадьбы заживет. — А ты, Марта, — сказал Нартанович, — после обеда получишь хлосты. Отца не учи. Двадцать горяченьких дам.

надзора. Тут же рядом, поближе к середине храма, становились учителя гимназии, инспектор и директор, со своими семьями. Собирались обыкновенно почти все православные гимназисты, кроме немногих, которым разрешено было посещать свои приходские церкви с родителями.

Хор из гимназистов пел хорошо, и потому церковь посещалась первогильдейным купечеством, чиновниками и помещичьими семьями Простого народа бывало не много, тем более, что обедню здесь служили, сообразно с желанием директора, позже, чем в других церквах.

Передонов стал на привычное свое место. Певчие отсюда все были ему видны. Щуря глаза, он смотрел на них и думал, что они стоят беспорядочно и что он подтянул бы их, если бы он был инспектором гимназии. Вот смуглый Крамаренко, маленький, тоненький, вертлявый, все оборачивается то туда, то сюда, шепчет что-то, улыбается, — и никто-то его не уймет. Точно никому и дела нет.

"Безобразие, — думал Передонов: — эти певчие всегда негодяи; у черномазого мальчишки звонкий, чистый дискант, — так уж он думает, что и в церкви можно шептать и улыбаться".

И хмурился Передонов.

Рядом с ним стал пришедший попозже инспектор народных училищ, Сергей Потапович Богданов, старик с коричневым глупым лицом, на котором постоянно было такое выражение, как будто он хотел объяснить кому-то что-то такое, чего еще и сам никак не мог понять. Никого так легко нельзя было удивить или испугать, как Богданова: чуть услышит что-нибудь новое или тревожное, и уже лоб его наморщивается от внутреннего болезненного усилия, и изо рта вылетают беспорядочные, смятенные восклицания.

Передонов наклонился к нему и сказал шопотом:

— У вас учительница одна в красной рубашке ходит.

Богданов испугался. Белая еретица его трусливо затряслась на подбородке.

— Что, что вы говорите? — сипло зашептал он, — кто, кто такая?

— Да вот горластая-то, толстуха-то эта, как ее, не знаю, — шептал Передонов.

— Горластая, горластая, — растерянно припоминал Богданов, — Это Скобочкина, да.

— Ну, да, — подтвердил Передонов.

— А как же, как же так! — восклицал шопотом Богданов, — Скобочкина в красной рубашке, а! Да вы сами видели?

59

— Видел, да она, говорят, и в школе так щеголяет. А то и хуже бывает: сарафан наденет, совсем как простая девка ходит.

— А, скажите! Надо, надо узнать. Так нельзя, нельзя. Уволить за это следует, уволить, — лепетал Богданов. — Она всегда такая была.

Обедня кончилась. Выходили из церкви. Передонов сказал Крамаренку:

— Ты, Черныш-огарыш, зачем в церкви улыбался? Вот погоди, ужо отцу скажу.

Передонов говорил иногда "ты" гимназистам не из дворян; дворянам же он всегда говорил "вы". Он узнавал в канцелярии, кто какого сословия, и его память цепко держалась за эти различия.

Крамаренко посмотрел на Передонова с удивлением и молча пробежал мимо. Он принадлежал к числу тех гимназистов, которые находили Передонова грубым, глупым и несправедливым и за то ненавидели и презирали его. Таких было большинство. Передонов думал, что это — те, кого директор подговаривает против него, если не сам, то через сыновей.

К Передонову подошел — уже за оградою — Володин с радостным хихиканьем, — лицо, как у именинника, блаженное, котелок на затылке, тросточка наперехват.

— Знаешь, что я тебе скажу, Ардальон Борисыч, — зашептал он радостно, — я уговорил Черепнина и он на-днях вымажет Марте дегтем ворота.

Передонов помолчал, соображая что-то, и вдруг угрюмо захохотал. Володин так же быстро перестал осклабляться, принял скромный вид, поправил котелок и, поглядывая на небо и помахивая тросточкою, сказал:

— Хорошая погодка, а к вечеру, пожалуй, дождик соберется. Ну, и пусть дождичек, мы с будущим инспектором дома посидим.

— Не очень-то мне дома сидеть можно, — сказал Передонов, — у меня нынче дела, надо в город ходить.

Володин сделал понимающее лицо, хотя, конечно, не знал, какие это нашлись вдруг у Передонова дела. А Передонов думал, что ему необходимо будет сделать несколько визитов. Вчерашняя случайная встреча с жандармским офицером навела его на мысль, которая показалась ему весьма дельною: обойти всех значительных в городе лиц и уверить их в своей благонадежности. Если это удастся, тогда, в случае чего, у Передонова найдутся заступники в городе, которые засвидетельствуют его правильный образ мыслей.

— Куда же вы, Ардальон Борисыч? — спросил Володин, видя, что Передонов сворачивает с того пути, по которому всегда возвращался, — разве вы не домой?

— Нет, я домой, — ответил Передонов, — только я нынче боюсь по той улице ходить.

— Почему же?

— Там дурману много растет и запах тяжелый; это на меня сильно действует, одурманивает. У меня нынче нервы слабы. Все неприятности.

Володин опять придал своему лицу понимающее и сочувственное выражение.

По дороге Передонов сорвал несколько шишек от чертополоха и сунул их в карман.

— Это для чего же вы собираете? — осклабясь, спросил Володин.

— Для кота, — хмуро ответил Передонов.

— Лепить в шкуру будете? — деловито осведомился Володин.

— Да.

Володин захихикал.

— Вы без меня не начинайте, — сказал он, — занятно.

Передонов пригласил его зайти сейчас, но Володин сказал, что у него есть дело: он вдруг почувствовал, что как-то неприлично все не иметь дела; слова Передонова о своих делах подстрекали его, и он сообразил, что хорошо бы теперь самостоятельно зайти к барышне Адаменко и сказать ей, что у него есть новые и очень изящные рисунки для рамочек, так не хочет ли она посмотреть. Кстати, думал Володин, Надежда Васильевна угостит его кофейком.

Так Володин и сделал. И еще придумал одну замысловатую штуку: предложил Надежде Васильевне заниматься с ее братом ручным трудом. Надежда Васильевна подумала, что Володин нуждается в заработке, и немедленно согласилась. Условились заниматься три раза в неделю по два часа, за тридцать рублей в месяц. Володин был в восторге: и денежки, и возможность частых встреч с Надеждою Васильевною.

Передонов вернулся домой мрачный, как всегда. Варвара, бледная от бессонной ночи, заворчала:

— Мог бы вчера сказать, что не придешь.

Передонов, дразня ее, рассказал, что ездил к Марте. Варвара молчала. У нее в руках было княгинино письмо. Хоть и поддельное, а все-таки...

За завтраком она сказала, ухмыляясь:

— Пока ты там возжался с Марфушкой, здесь я без тебя ответ получила от княгини.

— А ты разве ей писала? — спросил Передонов.

Лицо его оживилось отблеском тусклого ожидания.

— Ну вот, валяет петрушку, — отвечала Варвара со смехом, — ведь сам же велел писать.

— Ну, что же она пишет? — спросил Передонов тревожно.

— Вот письмо, читай сам.

Варвара порылась в карманах, словно искала засунутое куда-то письмо, потом достала его и подала Передонову. Он оставил еду и с жадностью накинулся на письмо. Прочел и обрадовался. Вот, наконец, ясное и положительное обещание. Никаких сомнений у него не явилось. Он наскоро кончил завтрак и пошел показывать письмо знакомым и приятелям.

Угрюмо-одушевленный, он быстро вошел в Вершинский сад. Вершина, как почти всегда, стояла у калитки и курила. Она обрадовалась: раньше его надо было заманивать, теперь сам зашел. Вершина подумала:

"Вот что значит проехался-то с барышней, побыл с нею,— вот и прибежал! Уж не хочет ли свататься?" — тревожно и радостно думала она.

Передонов тотчас же разочаровал ее, — показал письмо.

— Вот вы все сомневались, — сказал он, — а вот сама княгиня пишет. Вот почитайте, сами увидите.

Вершина недоверчиво посмотрела на письмо, быстро несколько раз пыхнула на него табачным дымом, криво усмехнулась и спросила тихо и быстро:

— А где же конверт?

Передонов вдруг испугался. Он подумал, что Варвара могла и обмануть его письмом, — взяла да сама написала. Надо потребовать от нее конверт, как можно скорее.

— Я не знаю, — сказал он, — надо спросить.

Он поспешно простился с Вершиною и быстро пошел назад, к своему дому. Необходимо было как можно скорее удостовериться в происхождении этого письма, — внезапное сомнение так мучительно.

Вершина, стоя у калитки, смотрела за ним, криво улыбаясь, и торопливо дымила папироскою, словно спеша окончить к сроку заданный сегодня урок.[6]

С испуганным и отчаянным лицом Передонов прибежал

---

[6] Передонов быстро шел, почти бежал. Встречные городовые раздражали, пугали его. Что им надо! – думал он, – точно соглядатаи.

домой и крикнул еще в передней голосом, хриплым от волнения:

— Варвара, где же конверт?

— Какой конверт? — спросила Варвара дрогнувшим голосом.

Она смотрела на Передонова нахально, но покраснела бы, если бы не была раскрашена.

— Конверт, от княгини, что письмо сегодня принесли, — объяснил Передонов, испуганно и злобно глядя на Варвару.

Варвара напряженно засмеялась.

— Вот, я сожгла, на что мне его? — сказала она. — Что же, собирать, что ли, конверты, коллекцию составлять? Так ведь денег за конверты не платят. Это только за бутылки в кабаке деньги назад дают.

Передонов, мрачный, ходил по горницам и ворчал:

— Княгини тоже бывают всякие. Знаем мы. Может быть, эта здесь живет княгиня.

Варвара притворялась, что не догадывается о его подозрениях, но жестоко трусила.

Когда к вечеру Передонов проходил мимо Вершинского сада, Вершина остановила его.

— Нашли конверт? — спросила она.

— Да Варя говорит, что сожгла его, — ответил Передонов.

Вершина засмеялась, и белые тонкие облачка от табачного дыма заколебались перед нею в тихом и нежарком воздухе.

— Странно, — сказала она, — как это так ваша сестрица неосторожна, — деловое письмо, и вдруг без конверта! Все ж таки по штемпелю видно было бы, когда послали письмо и откуда.

Передонов жестоко досадовал. Напрасно Вершина звала его зайти в сад, напрасно обещала погадать на картах, — Передонов ушел.

Но все же он показывал приятелям это письмо и хвастался. И приятели верили.

А Передонов не знал, верить или не верить. На всякий случай решился он со вторника начать оправдательные свои посещения к значительным в городе особам. С понедельника нельзя, — тяжелый день.

VIII

Как только Передонов ушел играть на биллиарде, Варвара поехала к Грушиной. Долго они толковали и, наконец, решили поправить дело вторым письмом. Варвара знала, что у Грушиной есть знакомые в Петербурге. При их посредстве не трудно переслать туда и обратно письмо, которое изготовят здесь.

Грушина, как и в первый раз, долго и притворно отказывалась.

— Ой, голубушка Варвара Дмитриевна, — говорила она, — я и от одного-то письма вся дрожу, все боюсь. Увижу пристава близко дома, так вся и сомлею, — думаю: за мной идут, в тюрьму сажать хотят.

Битый час уговаривала ее Варвара, насулила подарков, дала вперед немного денег. Наконец Грушина согласилась. Решили сделать так: сначала Варвара скажет, что написала княгине ответ, благодарность. Потом через несколько дней придет письмо, будто бы от княгини. В том письме еще определеннее будет написано, что есть места в виду, что если скоро повенчается, то теперь же можно будет одно из них выхлопотать Передонову. Это письмо напишет здесь Грушина, как и первое, — запечатают его, налепят марку в семь копеек, Грушина вложит его в письмо своей подруге, а та в Петербурге опустит его в почтовый ящик.

И вот Варвара и Грушина пошли в лавочку на самый дальний конец города и купили там пачку конвертов, узких, с цветным подбоем, и цветной бумаги. Выбрали и бумагу и конверты такие, каких не осталось больше в лавке, — предосторожность, придуманная Грушиною для сокрытия подделки. Узкие конверты выбрали для того, чтобы подделанное письмо легко входило в другое.

Вернувшись домой, к Грушиной, сочинили и письмо от княгини. Когда, через два дня, письмо было готово, его надушили шипром. Остальные конверты и бумагу сожгли, чтобы не осталось улик.

Грушина написала своей подруге, в какой именно день опустить письмо, — рассчитали, чтобы оно пришло в воскресенье, тогда почтальон принесет его при Передонове, и это будет лишним доказательством неподдельности письма.

Во вторник Передонов постарался пораньше вернуться из гимназии. Случай ему помог: последний урок его был в классе, дверь которого выходила в коридор близ того места, где висели часы и бодрствовал трезвонящий в положенные сроки сторож, бравый запасный унтер-офицер. Передонов послал сторожа в учительскую за классным журналом, а сам переставил часы на четверть часа вперед, — никто этого не заметил.

Дома Передонов отказался от завтрака и сказал, чтобы обед сделали позже, — ему-де нужно ходить по делам.

— Путают, путают, а я распутывай, — сердито сказал он, думая о кознях, которые строят ему враги.

Надел мало употребляемый им фрак, в котором уже было ему тесно и неловко: тело с годами добрело, фрак садился. Досадовал, что нет ордена. У других есть, — даже у Фаластова из городского училища есть, — а у него нет. Все директоровы штуки: ни разу не хотел представить. Чины идут, этого директор не может отнять, — да что в них, коли никто не видит. Ну, да вот при новой форме будет видно. Хорошо, что там погоны будут по чину, а не по классу должности. Это важно будет, — погоны, как у генерала, и одна большая звездочка. Сразу всякий увидит, что идет по улице статский советник. "Надо поскорее заказать новую форму", — думал Передонов.

Он вышел на улицу и только тогда стал думать, с кого бы начать.

Кажется, самые необходимые в его положении люди — исправник и прокурор окружного суда. С них бы и следовало начать. Или с предводителя дворянства. Но начинать с них Передонову стало страшно. Предводитель Верига — генерал, метит в губернаторы. Исправник, прокурор — это страшные представители полиции и суда.

"Для начала, — думал Передонов, — надо выбрать начальство попроще и там осмотреться, принюхаться, — видно будет, как относятся к нему, что о нем говорят". Поэтому, решил Передонов, всего умнее начать с городского головы. Хотя он — купец и учился всего только в уездном училище, но все же он везде бывает, и у него все бывают, и он пользуется в городе уважением, а в других городах и даже в столице у него есть знакомые, довольно важные.

И Передонов решительно направился к дому городского головы.

Погода стояла пасмурная. Листья с деревьев падали покорные, усталые. Передонову было немного страшно.

В доме у городского головы пахло недавно натертыми паркетными полами и еще чем-то, еле заметно, приятно-сьестным. Было тихо и скучно. Дети хозяиновы, сын-гимназист и девочка-подросток, — "она у меня под гувернанткой ходит", говорил отец, — чинно пребывали в своих покоях. Там было уютно, покойно и весело, окна смотрели в сад, мебель стояла удобная, игры разнообразные в горницах и в саду, детские звенели голоса.

В лицевых же на улицу покоях верхнего жилья, там, где принимались гости, все было зытянуто и жестко. Мебель красного дерева словно была увеличена во много раз по образцу игрушечной. Обыкновенным людям на ней сидеть было неудобно, — сядешь, словно на камень повалишься. А грузный хозяин — ничего, сядет, примнет себе место и сидит с удобством. Навещавший голову почасту архимандрит подгородного монастыря называл эти кресла и диваны душеспасительными, на что голова отвечал:

— Да, не люблю я этих дамских нежностей, как в ином доме: сядешь на пружины и затрясешься, — сам трясешься и мебель трясется, — что тут хорошего? А впрочем, и доктора мягкой мебели не одобряют.

Городской голова, Яков Аникиевич Скучаев, встретил Передонова на пороге своей гостиной. Это был мужчина толстый, высокий, черноволосый, коротко стриженый; держался он с достоинством и любезностью, не чуждой некоторой презрительности в отношении к людям малоденежным.

Усевшись торчком в широком кресле и ответив на первые любезные хозяиновы вопросы, Передонов сказал:

— А я к вам по делу.

— С удовольствием. Чем могу служить? — любезно осведомился хозяин.

В хитрых черных глазах его вспыхнул презрительный огонек. Он думал, что Передонов пришел просить денег в долг, и решил, что больше полутораста рублей не даст. Многие в городе чиновники должны были Скучаеву более или менее значительные суммы. Скучаев никогда не напоминал о возврате долга, но зато не оказывал дальнейшего кредита неисправным должникам. В первый же раз он давал охотно, по мере своей свободной наличности и состоятельности просителя.

— Вы, Яков Аникиевич, как городской голова — первое лицо в городе, — сказал Передонов, — так мне надо поговорить с вами.

Скучаев принял важный вид и слегка поклонился, сидя в кресле.

— Про меня в городе всякий вздор мелют, — угрюмо говорил Передонов,— чего и не было, наплетут.

— На чужой роток не накинешь платок,— сказал хозяин, — а впрочем, в наших палестинах, известно, кумушкам что и делать, как не язычки чесать.

— Говорят, что я в церковь не хожу, а это неправда, — продолжал Передонов, — я хожу. А что на Ильин день не был, так у меня тогда живот болел, а то я всегда хожу.

— Это точно, — подтвердил хозяин, — это могу сказать, случалось вас видеть. А впрочем, ведь я не всегда в вашу церковь хожу. Я больше в монастырь езжу. Так уж это у нас в роду повелось.

— Всякий вздор мелют, — говорил Передонов. — Говорят, будто бы я гимназистам гадости

рассказываю. А это вздор. Конечно, иногда расскажешь на уроке что-нибудь смешное, чтоб оживить. У вас у самого сын — гимназист. Ведь он вам ничего такого про меня не рассказывал?

— Это точно, — согласился Скучаев, — ничего такого не было. А впрочем, ведь они, мальчишки, прехитрый народ: чего не надо, того и не скажут. Оно, конечно, мой еще мал, сболтнул бы по глупости, однако ничего такого не сказывал.

— Ну, а в старших классах они сами все знают, — сказал Передонов, — да я и там худых слов не говорю.

— Уж это такое дело, — отвечал Скучаев, — известно, гимназия — не базарная площадь.

— А у нас уж такой народ, — жаловался Передонов, — того наблекочут, чего и не было. Так вот я к вам: вы — городской голова.

Скучаев был весьма польщен тем, что к нему пришли. Он не совсем понимал, для чего это и в чем тут дело, но из политики не показывал и вида, что не понимает.

— И еще про меня худо говорят. — продолжал Передонов, — что я с Варварой живу. Говорят, что она мне не сестра, а любовница. А она мне, ей-богу, сестра, только дальняя, четвероюродная, на таких можно венчаться. Я с нею и повенчаюсь.

— Так-с, так-с, конечно, — сказал Скучаев, — а впрочем, венец делу конец.

— А раньше нельзя было, — говорил Передонов, — у меня важные причины были. Никак нельзя. А я бы давно повенчался. Уж вы мне поверьте.

Скучаев приосанился, нахмурился и, постукивая пальцами, пухлыми и белыми, по темной скатерти на столе, сказал:

— Я вам верю. Если так, то это, действительно, другой разговор. Теперь я вам верю. А то, признаться сказать, сомнительно было, как это вы с вашей, с позволения сказать, подругой не венчавшись живете. Оно сомнительно, знаете, потому, ребятенки — острый народ; они перенимают, если что худое. Доброму их трудно научить, а худое само. Так оно, точно, сомнительно было. А впрочем, кому какое дело, — я так об этом сужу. А что вы пожаловали, так это мне лестно, потому что мы хоть и лыком шиты, дальше уездного училища свету не видали, ну, а все-таки почтен доверием общества, третий срок головой хожу, так мое слово у господ горожан чего-нибудь да стоит.

Скучаев говорил и все больше запутывался в своих мыслях, и ему казалось, что никогда не кончится ползущая с его языка канитель. И он оборвал свою речь и тоскливо подумал:

"А впрочем, ровно бы из пустого в порожнее переливаем. Беда с этими учеными, — думал он, — не поймешь, чего он хочет. В книгах-то ему все ясно, ученому человеку, а вот как из книги нос вытащит, так и завязнет и других завязит".

Он с тоскливым недоумением уставился на Передонова, острые глаза его потухли, тучное тело осунулось, он казался уж не тем бодрым деятелем, как давеча, а просто глуповатым стариком.

Передонов тоже помолчал немного, как бы завороженный хозяиновыми словами, потом сказал, щуря глаза с неопределенно-хмурым выражением:

— Вы — городской голова, так вы можете сказать, что все это — вздор.

— То есть, насчет чего же? — осторожно осведомился Скучаев.

— А вот, — объяснил Передонов, — если в округ донесут, что я в церковь не хожу или там другое что, так вот, если приедут и спрашивать будут.

— Это мы можем, — сказал голова, — это уж вы, во всяком случае, будьте благонадежны. Если что, так уж мы за вас постоим, — отчего же за хорошего человека слова не замолвить. Хоть адрес вам от думы поднесем, если понадобится. Это мы все можем. Или, примерно, звание почетного гражданина, — отчего же, понадобится, все можно.

— Так уж я буду на вас надеяться, — сказал Передонов угрюмо, как бы отвечая на что-то не совсем приятное для него, — а то директор все меня притесняет.

— С-с, скажите! — воскликнул Скучаев, с соболезнованием покачивал головою, — не иначе, как так надо полагать, что по наговорам. Николай Власьевич, кажется, основательный господин, даром никого не обидит. Как же, по сыну вижу. Серьезный господин, строгий, поблажки не дает и различек не делает, одно слово — основательный господин. Не иначе, что по наговорам. С чего же у вас с ним контры?

— Мы с ним во взглядах не сходимся, — объяснил Передонов. — И у меня в гимназии есть завистники. Все хотят быть инспекторами. А мне княгиня Волчанская обещала выхлопотать инспекторское место. Вот они и злятся от зависти.

— Так-с, так-с, — осторожно сказал Скучаев. — А впрочем, что же это мы сухопутный разговор делаем. Надо закусить да выпить.

Скучаев нажал пуговку электрического звонка около висячей лампы.

— Удобная штука, — сказал он Передонову. — А вам бы в другое ведомство перейти следовало. Вы нам, Дашенька, соберите, — сказал он вошедшей на звонок миловидной девице атлетического сложения, — закусочки какой-нибудь да кофейку горяченького, понимаете?

— Слушаю,— ответила Дашенька, улыбаясь, и ушла, ступая удивительно, по ее сложению, легко.

— В другое ведомство, — опять обратился Скучаев к Передонову. — Хотя бы в духовное, например. Если взять духовный сан, то священник из вас вышел бы серьезный, обстоятельный. Я могу посодействовать. У меня есть преосвященные хорошие знакомые.

Скучаев назвал несколько епархиальных и викарных епископов.

— Нет, я не хочу в попы, — отвечал Передонов, — я ладану боюсь. Меня тошнит от ладана и голова болит.

— В таком разе в полицию тоже хорошо, — советовал Скучаев. — Поступите, например, в становые. На вас, позвольте узнать, какой чин?

— Я — статский советник, — важно сказал Передонов.

— Вот как! — воскликнул Скучаев, — скажите, какие вам большие чины дают. И это за то, что ребят обучаете? Скажите, что значит наука! А впрочем, хотя по нынешним временам иные господа нападают на науку, а без науки не проживешь. Вот я сам хоть только в уездном учился, а сына в университет направляю. Через гимназию, известно, почти силком редеть, прутом, а там и сам пойдет. Я его, знаете, сечь никогда не секу, а только как заленится или так в чем проштрафится, возьму за плечи, поведу к окну, — там у нас в саду березы стоят. Покажу ему березу, — это, говорю, видишь? Вижу, папенька, вижу, говорит, больше не буду. И точно, помогает, заправится мальчуган, будто его и на самом деле постегали. Ох, дети, дети! — вздыхая, закончил Скучаев.

У Скучаева Передонов просидел часа два. После делового разговора последовало обильное угощение.

Скучаев угощал,— как и все, что делал,— весьма степенно, словно важным делом занимался. Притом он старался делать это с какими-нибудь хитрыми коленцами. Подавали глинтвейн в больших стаканах, совсем как кофе, и хозяин называл его кофейком. Рюмки для водки подали с отбитыми и обточенными донышками, чтоб их нельзя было поставить на стол.

— Это у меня называется: налей да выпей, — объяснил хозяин.

Пришел еще купец Тишков, седой, низенький, веселый и молодцеватый, в длинном сюртуке и сапогах бутылками. Он пил много водки, говорил под рифму всякий вздор очень весело и быстро и, очевидно, был весьма доволен собою.

Передонов сообразил наконец, что пора итти домой, и стал прощаться.

— Не торопитесь, — говорил хозяин, — посидите.

— Посидите, компанию поддержите, — сказал Тишков.

— Нет, мне пора, — отвечал озабоченно Передонов.

— Ему пора, ждет сестра,— сказал Тишков и подмигнул Скучаеву.

— У меня дела, — сказал Передонов.

— У кого дела, тому от нас хвала, — немедленно же отвечал Тишков.

Скучаев проводил Передонова до передней.. На прощанье обнялись и поцеловались. Передонов остался доволен этим посещением.

"Голова за меня", — уверенно думал он.

Вернувшись к Тишкову, Скучаев сказал:

— Зря болтают на человека.

— Зря болтают, правды не знают, — тотчас же подхватил Тишков, молодцевато наливая себе рюмку английской горькой.

Видно было, что он не думает о том. что ему говорят, а только ловит слова для рифмования.

— Он ничего, парень душевный, и выпить не дурак, — продолжал Скучаев, наливая и себе и не обращая внимания на рифмачество Тишкова.

— Если выпить не дурак, значит парень так и сяк, — бойко крикнул Тишков и опрокинул рюмку в рот.

— А что с мамзелью вяжется, так это что же! — говорил Скучаев.

— От мамзели клопы в постели, — ответил Тишков.

— Кто богу не грешен, царю не виноват!

— Все грешим, все любить хотим.

— А он хочет грех венцом прикрыть.

— Грех венцом прикроют, подерутся и завоют.

Так разговаривал Тишков всегда, если речь шла не о деле его собственном. Он бы смертельно надоел всем, но к нему привыкли и уже не замечали его бойко произносимых скороговорок; только на свежего человека иногда напустят его. Но Тишкову было все равно, слушают его или нет; он не мог не схватывать чужих слов для рифмачества и действовал с неуклонностью хитро придуманной машинки-докучалки. Долго глядя на его расторопные, отчетливые движения, можно было подумать, что это не живой человек, что он уже умер, или и не жил никогда, и ничего не видит в живом мире и не слышит ничего, кроме звенящих мертво слов.

IX

На другой день Передонов пошел к прокурору Авиновицкому.

Опять была пасмурная погода. Ветер налетал порывами и нес по улицам пыльные вихри. Близился вечер, и все освещено было просеянным сквозь облачный туман, печальным, как бы не солнечным светом. Тоскою веяло затишье на улицах, и казалось, что ни к чему возникли эти жалкие здания, безнадежно-обветшалые, робко намекающие на таящуюся в их стенах нищую и скучную жизнь. Люди попадались, — и шли они медленно, словно ничто ни к чему их не побуждало, словно едва одолевали они клонящую их к успокоению дремоту. Только дети, вечные, неустанные сосуды божьей радости над землею, были живы и бежали, и играли, — но уже и на них налегла косность, и какое-то безликое и незримое чудище, угнездясь за их плечами, заглядывало порою глазами, полными угроз, на их внезапно тупеющие лица.

Среди этого томления на улицах и в домах, под этим отчуждением с неба, по нечистой и бессильной земле, шел Передонов и томился неясными страхами, — и не было для него утешения в возвышенном и отрады в земном, — потому что и теперь, как всегда, смотрел он на мир мертвенными глазами, как некий демон, томящийся в мрачном одиночестве страхом и тоскою.

Его чувства были тупы, и сознание его было растлевающим

71

и умертвляющим аппаратом. Все доходящее до его сознания претворялось в мерзость и грязь. В предметах ему бросались в глаза неисправности и радовали его. Когда он проходил мимо прямостоящего и чистого столба, ему хотелось покривить его или испакостить. Он смеялся от радости, когда при нем что-нибудь пачкали. Чисто вымытых гимназистов он презирал и преследовал. Он называл их ласкомойками. Неряхи были для него понятнее. У него не было любимых предметов, как не было любимых людей, — и потому природа могла только в одну сторону действовать на его чувства, только угнетать их. Также и встречи с людьми. Особенно с чужими и незнакомыми, которым нельзя сказать грубость. Быть счастливым для него значило ничего не делать и, замкнувшись от мира, ублажать свою утробу.

А вот теперь приходится поневоле, — думал он, — итти и объясняться. Какая тягость! Какая докука! И еще если бы можно было напакостить там, куда он идет, а то нет ему и этого утешения.

Прокуроров дом усилил и определил в Передонове его тягостные настроения в чувстве тоскливого страха. И точно, этот дом имел сердитый, злой вид. Высокая крыша хмуро опускалась над окнами, пригнетенными к земле. И дощатая обшивка, и крыша были когда-то выкрашены ярко и весело, но от времени и дождей окраска стала хмурою и серою. Ворота, громадные и тяжелые, выше самого дома, как бы приспособленные для отражения вражьих нападении, постоянно были на запоре. За ними гремела цепь, и глухим басом лаяла собака на каждого прохожего.

Кругом тянулись пустыри, огороды, кривились лачуги какие-то. Против прокуророва дома — длинная шестиугольная площадь, посредине углубленная, заросшая травою, вся немощенная. У самого дома торчал фонарный столб, единственный на всей площади.

Передонов медленно, неохотно поднялся по четырем пологим ступенькам на крыльцо, покрытое дощатою двускатною кровелькою, и взялся за почернелую медную ручку от звонка. Звонок раздался где-то близко, с резким и продолжительным дребезжанием. Невдолге послышались крадущиеся шаги. Кто-то подошел к двери на цыпочках и остановился там тихо-тихо. Должно быть, смотрел в какую-нибудь незаметную щель. Потом загремел железный крюк, дверь открылась, — на пороге стояла черноволосая, угрюмая, рябая девица с подозрительно-озирающими все глазами.

— Вам кого ? — спросила она.

Передонов сказал, что пришел к Александру Алексеевичу по делу. Девица его впустила. Переступая порог, Передонов зачурался про себя. И хорошо, что поспешил: не успел еще он снять пальто, как уже в гостиной послышался резкий, сердитый голос Авиновицкого. Голос у прокурора всегда был устрашающий, — иначе он и не говорил. Так и теперь, сердитым и бранчивым голосом он еще из гостиной кричал приветствие и выражение радости по тому поводу, что наконец-то Передонов собрался к нему.

Александр Алексеевич Авиновицкий был мужчина мрачной наружности, как бы уж от природы приспособленный для того, чтобы распекать и разносить. Человек несокрушимого здоровья, — он купался ото льда до льда, — казался, он, однако, худощавым, так сильно зарос он бородою черною с синеватым отливом. Он на всех наводил если не страх, то чувство неловкости, потому что, не уставая, кого-нибудь громил, кому-нибудь грозил Сибирью да каторгою.[7]

— Я по делу, — сказал Передонов смущенно.

— С повинной? человека убили? поджог устроили? почту ограбили? — сердито закричал Авиновицкий, пропуская Передонова в зал. — Или сами стали жертвой преступления, что более чем возможно в нашем городе? Город у нас скверный, а полиция в нем еще хуже. Удивляюсь еще я, отчего на этой вот площади каждое утро мертвые тела не валяются. Ну-с, прошу садиться. Так какое же дело? преступник вы или жертва?

— Нет, — сказал Передонов, — я ничего такого не сделал. Это директор рад бы меня упечь, а я ничего такого.

— Так вы повинной не приносите? — спросил Авиновицкий.

— Нет, я ничего такого, — боязливо бормотал Передонов.

— Ну, а если вы ничего такого, — со свирепыми ударениями на словах сказал прокурор, — так я вам предложу чего-нибудь этакое.

Он взял со стола колокольчик и позвонил. Никто не шел. Авиновицкий схватил колокольчик в обе руки, поднял неистовый трезвон, потом бросил колокольчик на пол, застучал ногами и закричал диким голосом.

---

[7] Знал он о горожанах поразительно много, – и действительно, если бы каждая незаконная проделка могла быть уличена с достаточной для преданья суду ясностью, то город имел бы случай увидеть на скамье подсудимых таких лиц, которые пользовались общим уважением. Любопытных было бы несколько судебных дел!

— Маланья! Маланья! Черти, дьяволы, лешие!

Послышались неторопливые шаги, вошел гимназист, сын Авиновицкого, черноволосый коренастый мальчик, лет тринадцати, с весьма уверенными и самостоятельными повадками. Он поклонился Передонову, поднял колокольчик, поставил его на стол и уже потом сказал спокойно:

— Маланья на огород пошла.

Авиновицкий мгновенно успокоился и, глядя на сына с нежностью, столь не идущею к его обросшему и сердитому лицу, сказал:

— Так ты, сынок, добеги до нее, скажи, чтоб она собрала нам выпить и закусить.

Мальчик неторопливо пошел из горницы. Отец смотрел за ним с горделивою и радостною улыбкою. Но уже когда мальчик был в дверях, Авиновицкий вдруг свирепо нахмурился и закричал страшным голосом так, что Передонов вздрогнул:

— Живо!

Гимназист побежал, и слышно стало, как захлопали стремительно открытые и с треском закрытые двери. Отец послушал, радостно улыбнулся толстыми, красными губами, потом опять заговорил сердитым голосом:

— Наследник. Хорош, а? Что из него будет, а? Как вы полагаете? Дураком может быть, но подлецом, трусом, тряпкой — никогда.

— Да, что ж, — пробормотал Передонов.

— Ныне люди пошли — пародия на человеческую породу, — гремел Авиновицкий. — Здоровье пошлостью считают. Немец фуфайку выдумал. Я бы этого немца в каторжные работы послал. Вдруг бы на моего Владимира фуфайку! Да он у меня в деревне все лето сапог ни разу не надел, а ему — фуфайку! Да он у меня избани на мороз нагишом выбежит, да на снегу поваляется, а ему — фуфайку. Сто плетей проклятому немцу!

От немца, выдумавшего фуфайку, перешел Авиновицкий к другим преступникам.

— Смертная казнь, милостивый государь, не варварство! — кричал он. — Наука признала, что есть врожденные преступники. Этим, батенька, все сказано. Их истреблять надо, а не кормить на государственный счет. Он — злодей, а ему на всю жизнь обеспечен теплый угол в каторжной тюрьме. Он убил, поджег, растлил, а плательщик налогов отдувается своим карманом на его содержание. Нет-с, вешать много справедливее и дешевле.

В столовой накрыт был круглый стол белою с красною

каемкою скатертью и на нем расставлены тарелки с жирными колбасами и другими снедями, солеными, копчеными, маринованными и графины и бутылки разных калибров и форм со всякими водками, настойками и наливками. Все было по вкусу для Передонова и даже некоторая неряшливость убранства была ему мила.

Хозяин продолжал громить. По поводу съестного обрушился на лавочников, а затем заговорил почему-то о наследственности.

— Наследственность — великое дело! — свирепо кричал, он. — Из мужиков в баре выводить — глупо, смешно, нерасчетливо и безнравственно. Земля скудеет, города наполняются золоторотцами, неурожаи, невежество, самоубийства — это вам нравится? Учите мужика, сколько хотите, но не давайте ему чинов за это. А то крестьянство теряет лучших членов и вечно останется чернью, быдлом, а дворянство тоже терпит ущерб от прилива некультурных элементов. У себя в деревне он был лучше других, а в дворянское сословие он вносит что-то грубое, нерыцарское, неблагородное. На первом плане у него нажива, утробные интересы. Нет-с, батенька, касты были мудрое устройство.

— Да вот и у нас в гимназии директор всякую шушеру пускает, — сердито сказал Передонов, — даже есть крестьянские дети, а мещан даже много.[8]

— Хорошее дело, нечего сказать! — крикнул хозяин.

— Есть циркуляр, чтоб всякой швали не пускать, а он по-своему, — жаловался Передонов, — почти никому не отказывает. У нас, говорит, дешевая жизнь в городе, а гимназистов, говорит, и так мало. Что ж что мало? И еще бы пусть было меньше. А то одних тетрадок не напоправляешься. Книги некогда прочесть. А они нарочно в сочинениях сомнительные слова пишут, — все с Гротом приходится справляться.

— Выпейте ерофеичу, — предложил Авиновицкий. — Какое же у вас до меня дело?

— У меня враги есть, — пробормотал Передонов, уныло рассматривая рюмку с желтою водкою, прежде чем выпить ее.

— Без врагов свинья жила, — отвечал Авиновицкий, — да и ту зарезали. Кушайте, хорошая была свинья.

Передонов взял кусок ветчины и сказал:

— Про меня распускают всякую ерунду.

---

[8] И во всей-то гимназии теперь 177 гимназистов, а мещан 28, да крестьян 8, дворян да чиновников только 105.

— Да, уж могу сказать, по части сплетен хуже нет города! — свирепо закричал хозяин. — Уж и город! Какую гадость ни сделай, сейчас все свиньи о ней захрюкают.

— Мне княгиня Волчанская обещала инспекторское место выхлопотать, а тут вдруг болтают. Это мне повредить может. А все из зависти. Тоже и директор распустил гимназию: гимназисты, которые на квартирах живут, курят, пьют, ухаживают за гимназистками. Да и здешние такие есть. Сам распустил, а вот меня притесняет. Ему, может быть, наговорили про меня. А там и дальше пойдут наговаривать. До княгини дойдет.

Передонов длинно и нескладно рассказывал о своих опасениях. Авиновицкий слушал сердито и по временам восклицал гневно:

— Мерзавцы! Шельмецы! Иродовы дети!

— Какой же я нигилист? — говорил Передонов, — даже смешно. У меня есть фуражка с кокардою, а только я ее не всегда надеваю, — так и он шляпу носит. А что у меня Мицкевич висит, так я его за стихи повесил, а не за то, что он бунтовал. А я и не читал его "Колокола".

— Ну, это вы из другой оперы хватили, — бесцеремонно сказал Авиновицкий. — "Колокол" Герцен издавал, а не Мицкевич.

— То другой "Колокол", — сказал Передонов, — Мицкевич тоже издавал "Колокол".

— Не знаю-с. Это вы напечатайте. Научное открытие. Прославитесь.

— Этого нельзя напечатать, — сердито сказал Передонов. — Мне нельзя запрещенные книги читать. Я и не читаю никогда. Я — патриот.

После долгих сетований, в которых изливался Передонов, Авиновицкий сообразил, что кто-то пытается шантажировать Передонова и с этой целью распускает о нем слухи с таким расчетом, чтобы запугать его и тем подготовить почву для внезапного требования денег. Что эти слухи не дошли до Авиновицкого, он объяснил себе тем, что шантажист ловко действует в самом близком к Передонову кругу, — ведь ему же и нужно воздействовать лишь на Передонова. Авиновицкий спросил:

— Кого подозреваете?

Передонов задумался. Случайно подвернулась на память Грушина, смутно припомнился недавний разговор с нею, когда он оборвал ее рассказ угрозою донести. Что это он погрозил доносом Грушиной, спуталось у него в голове в тусклое представление о доносе вообще. Он ли донесет, на него ли донесут — было неясно, и Передонов не хотел сделать усилия припомнить точно, — ясно было одно, что Грушина — враг. И, что хуже всего, она видела, куда он прятал Писарева. Надо будет перепрятать. Передонов сказал:

— Вот Грушина тут есть такая.

— Знаю, шельма первостатейная, — кратко решил Авиновицкий.

— Она все к нам ходит, — жаловался Передонов, — и все вынюхивает. Она жадная, ей все давай. Может быть, она хочет, чтоб я ей деньгами заплатил, чтоб она не донесла, что у меня Писарев был. А может быть, она хочет за меня замуж. Но я не хочу платить, и у меня есть другая невеста, — пусть доносит, я не виноват. А только мне неприятно, что выйдет история, и это может повредить моему назначению.

— Она — известная шарлатанка, — сказал прокурор. — Она тут гаданьем занялась было, дураков морочила, да я сказал полиции, что это надо прекратить. На этот раз были умны, послушались.

— Она и теперь гадает, — сказал Передонов, — на картах мне раскладывала, все дальняя дорога выходила да казенное письмо.

— Она знает, кому что сказать. Вот, погодите, она будет петли метать, а потом и пойдет деньги вымогать. Тогда вы прямо ко мне. Я ей всыплю сто горячих, — сказал Авиновицкий любимую свою поговорку.

Не следовало принимать ее буквально, — это обозначало просто изрядную головомойку.

Так обещал Авиновицкий свою защиту Передонову. Но Передонов ушел от него, волнуемый неопределенными страхами; их укрепляли в нем громкие, грозные речи Авиновицкого.

Каждый день так делал Передонов по одному посещению перед обедом, — больше одного не успевал, потому что везде надо было вести обстоятельные объяснения. Вечером по обыкновению отправлялся играть на биллиарде.

Попрежнему ворожащими зовами заманивала его Вершина, попрежнему Рутилов выхвалял сестер. Дома Варвара уговаривала его скорее венчаться, — но никакого решения не принимал он. "Конечно, — думал он иногда, — жениться бы на Варваре всего выгоднее, — ну, а вдруг княгиня обманет? В городе станут смеяться", — думал он, и это останавливало его.

Преследование невест, зависть товарищей, более сочиненная им самим, чем действительная, чьи-то подозреваемые им козни — все это делало его жизнь скучною и печальною, как эта погода, которая несколько дней под ряд стояла хмурая и часто разрешалась медленными, скучными, но долгими и холодными дождями. Скверно складывалась жизнь, чувствовал Передонов, — но он думал, что вот скоро сделается он инспектором, и тогда все переменится к лучшему.

X

В четверг Передонов отправился к предводителю дворянства.

Предводителев дом напоминал поместительную дачу где-нибудь в Павловске или в Царском Селе, дачу, вполне пригодную и для зимнего жилья. Не била в глаза роскошь, но новизна

многих вещей казалась преувеличенно излишнею. Александр Михайлович Верига ждал Передонова в кабинете. Он сделал так, как будто торопится итти навстречу к гостю и только случайно не успел встретить его раньше.

Верига держался необычайно прямо, даже и для отставного кавалериста. Говорили, что он носит корсет. Лицо, гладко выбритое, было однообразно румяно, как бы покрашено. Голова острижена под самую низкостригущую машинку, — прием, удобный для смягчения плеши. Глаза серые, любезные и холодные. В обращении он был со всеми весьма любезен, во взглядах решителен и строг. Во всех движениях чувствовалась хорошая военная выправка, и замашки будущего губернатора иногда проглядывали.

Передонов объяснял ему, сидя против него у дубового резного стола:

— Вот обо мне всякие слухи ходят, так я, как дворянин, обращаюсь к вам. Про меня всякий вздор говорят, ваше превосходительство, чего и не было.

— Я ничего не слышал, — отвечал Верига и, выжидательно и любезно улыбаясь, упирал в Передонова серые внимательные глаза.

Передонов упорно смотрел в угол и говорил:

— Социалистом я никогда не был, а что там иной раз, бывало, скажешь лишнее, так ведь это в молодые годы кто не кипятится. А теперь я ничего такого не думаю.

— Так вы таки были большим либералом? — с любезною

улыбкою спросил Верига. — Конституции желали, не правда ли? Все мы в молодости желали конституции. Не угодно ли?

Верига подвинул Передонову ящик с сигарами. Передонов побоялся взять и отказался; Верига закурил.

— Конечно, ваше превосходительство, — признался Передонов, — в университете и я, но только я и тогда хотел не такой конституции, как другие.

— А именно? — с оттенком приближающегося неудовольствия в голосе спросил Верига.

— А чтоб была конституция, но только без парламента, — объяснил Передонов, — а то в парламенте только дерутся.

Веригины серые глаза засветились тихим восторгом.

— Конституция без парламента! — мечтательно сказал он. — Это, знаете ли, практично.

— Но и то это давно было, — сказал Передонов, — а теперь я ничего.[9]

И он с надеждою посмотрел на Веригу. Верига выпустил изо рта тоненькую струйку дыма, помолчал и оказал медленно:

— Вот вы — педагог, а мне приходится, по моему положению в уезде, иметь дело и со школами. С вашей точки зрения вы каким школам изволите отдавать предпочтение: церковно ли приходским или этим, так называемым земским?

Верига отряхнул пепел с сигары и прямо уставился в Передонова любезным, но слишком внимательным взором. Передонов нахмурился, глянул по углам и сказал:

— Земские школы надо подтянуть.

— Подтянуть, — неопределенным тоном повторил Верига, — так-с.

И он опустил глаза на свою тлеющую сигару, словно приготовляясь слушать долгие объяснения.

— Там учителя — нигилисты, — говорил Передонов, — а учительницы в бога не верят. Они в церкви стоят и сморкаются.

Верига быстро глянул на Передонова, улыбнулся и сказал:

— Ну, это, знаете ли, иногда необходимо.

— Да, но она точно в трубу, так что певчие смеются, — сердито говорил Передонов. — Это она нарочно. Это Скобочкина такая есть.

— Да, это нехорошо, — сказал Верига, — но у Скобочкиной это больше от невоспитанности. Она девица вовсе без манер, но учительница усердная. Но, во всяком случае, это нехорошо. Надо ей сказать.

---

[9] — Теперь вы, значит, не либерал, а консерватор. — Консерватор, ваше превосходительство.

— Она и в красной рубахе ходит. А иногда так даже босая ходит, и в сарафане. С мальчишками в козны играет. У них в школах очень вольно, — продолжал Передонов, — никакой дисциплины. Они совсем не хотят наказывать. А с мужицкими детьми так нельзя, как с дворянскими. Их стегать надо.

Верига спокойно посмотрел на Передонова, потом, как бы испытывая неловкость от услышанной им бестактности, опустил глаза и сказал холодным, почти губернаторским тоном:

— Должен сказать, что в учениках сельских школ я наблюдал многие хорошие качества. Несомненно, что в громадном большинстве случаев они вполне добросовестно относятся к своей работе. Конечно, как и везде у детей, бывают проступки. Вследствие неблаговоспитанности окружающей среды эти проступки могут принять там довольно грубые формы, тем более, что в сельском населении России вообще мало развиты чувства долга и чести и уважения к чужой собственности. Школа обязана к таким проступкам относиться внимательно и строго. Если все меры внушения исчерпаны или если проступок велик, то, конечно, следовало бы, чтобы не увольнять мальчика, прибегать и к крайним мерам. Впрочем, это относится и ко всем детям, даже и к дворянским. Но я вообще согласен с вами в том, что в школах этого типа воспитание поставлено не совсем удовлетворительно. Госпожа Штевен в своей весьма, кстати, интересной книге... вы изволили читать?

— Нет, ваше превосходительство, — смущенно сказал Передонов, — мне все некогда было, много работы в гимназии. Но я прочту.

— Ну, это не так необходимо, — с любезною улыбкою сказал Верига, словно разрешая Передонову не читать этой книги. — Да, так вот госпожа Штевен рассказывает с большим возмущением, как двух ее учеников, парней лет по семнадцати, волостной суд приговорил к розгам. Они, видите ли, гордые, эти парни, — да мы, изволите ли видеть, намучились все, пока над ними тяготел позорный приговор, — его потом отменили. А я вам скажу, что на месте госпожи Штевен я постеснялся бы рассказывать на всю Россию об этом происшествии: ведь осудили-то их, можете себе представить, за кражу яблок. Прошу заметить, за кражу! А она еще пишет, что это — ее самые хорошие ученики. А яблоки, однако, украли! Хорошо воспитание! Остается только откровенно признаться, что право собственности мы отрицаем.

Верига в волнении поднялся с места, сделал шага два, но тотчас же овладел собою и опять сел.

— Вот если я сделаюсь инспектором народных училищ, я иначе поведу дело, — сказал Передонов.

— А, вы имеете в виду? — спросил Верига.

— Да, княгиня Волчанская мне обещала.

Верига сделал приятное лицо.

— Мне приятно будет вас поздравить. Не сомневаюсь, что в ваших руках дело выиграет.

— А вот тут, ваше превосходительство, в городе болтают разные пустяки, — еще, может быть, кто-нибудь донесет в округ, помешают моему назначению, а я ничего такого.

— Кого же вы подозреваете в распространении ложных слухов? — спросил Верига.

Передонов растерялся и забормотал:

— Кого же подозревать? Я не знаю. Говорят. А я собственно потому, что это может мне повредить по службе.

Верига подумал, что ему и не надо знать, кто именно говорит: ведь он еще не губернатор. Он опять вступил в роль предводителя и произнес речь, которую Передонов выслушал, страшась и тоскуя:

— Я благодарю вас за доверие, которое вы оказали мне, прибегая к моему (Верига хотел сказать "покровительству", но воздержался) посредничеству между вами и обществом, в котором, по вашим сведениям, ходят неблагоприятные для вас слухи. До меня эти слухи не дошли, и вы можете утешать себя тем, что распространяемые на ваш счет клеветы не осмеливаются подняться из низин городского общества и, так сказать, пресмыкаются во тьме и тайне. Но мне очень приятно, что вы, состоя на службе по назначению, однако столь высоко оцениваете одновременно и значение общественного мнения и достоинство занимаемого вами положения в качестве воспитателя юношества, одного из тех, просвещенным попечениям которых мы, родители, доверяем драгоценнейшее наше достояние, наших детей. Как чиновник вы имеете своего начальника в лице вашего достоуважаемого директора, но как член общества и дворянин вы всегда в праве рассчитывать на... содействие предводителя дворянства в вопросах, касающихся вашей чести, вашего человеческого и дворянского достоинства.

Продолжая говорить, Верига встал и, упруго упираясь в край стола пальцами правой руки, глядел на Передонова с тем безразлично-любезным и внимательным выражением, с которым смотрят на толпу, произнося благосклонно-начальнические речи. Встал и Передонов и, сложа руки на животе, угрюмо смотрел ка ковер под хозяиновыми ногами. Верига говорил:

— Я рад, что вы обратились ко мне и потому, что в наше время особенно полезно членам первенствующего сословия всегда и везде прежде всего помнить, что они — дворяне, дорожить принадлежностью к этому сословию, — не только правами, но и обязанностями и честью дворянина. Дворяне в России, как вам, конечно, известно, сословие по преимуществу служилое.

Строго говоря, все государственные должности, кроме самых низких, разумеется, должны находиться в дворянских руках. Нахождение разночинцев на государственой службе составляет, конечно, одну из причин таких нежелательных явлений, как то, которое возмутило ваше спокойствие. Клевета и кляуза — орудие людей низшей породы, не воспитанных в добрых дворянских традициях. Но я надеюсь, что общественное мнение выскажется ясно и громко в вашу пользу, и вы можете вполне рассчитывать на все мое содействие в этом отношении.

— Покорно благодарю, ваше превосходительство, — сказал Передонов, — так уж я буду надеяться.

Верига любезно улыбнулся и не садился, давая понять, что разговор окончен. Сказав свою речь, он вдруг почувствовал, что это вышло вовсе некстати и что Передонов не кто иной, как трусливый искатель хорошего места, обивающий пороги в поисках покровительства. Он отпустил Передонова с холодным пренебрежением, которое привык чувствовать к нему за его непорядочную жизнь.

Одеваясь при помощи лакея в прихожей и слыша доносящиеся издали звуки рояля, Передонов думал, что в этом доме живут по-барски, гордые люди, высоко себя ставят. "В губернаторы метит", — с почтительным и завистливым удивлением думал Передонов.

На лестнице встретились ему возвращавшиеся с прогулки маленькие два предводителевы сына со своим наставником. Передонов посмотрел на них с сумрачным любопытством.

"Чистые какие, — думал он, — даже в ушах ни грязинки. И бойкие такие, а сами, небось, вышколенные, по струнке ходят. Пожалуй, — думал Передонов, — их никогда и не стегают".

И сердито посмотрел им вслед Передонов, а они быстро подымались по лестнице и весело разговаривали. И дивило Передонова, что наставник был с ними как равный, не хмурился и не кричал на них.

Когда Передонов вернулся домой, он застал Варвару в

гостиной с книгой в руках, что бывало редко. Варвара читала поварскую книгу,— единственную, которую она иногда открывала. Книга была старая, трепаная, в черном переплете. Черный переплет бросился в глаза Передонову и привел его в уныние.

— Что ты читаешь, Варвара? — сердито спросил он.

— Что? Известно что, поварскую книгу,— отвечала Варвара. — Мне пустяков некогда читать.

— Зачем поварская книга? — с ужасом спросил Передонов.

— Как зачем? Кушанье буду готовить тебе же, ты все привередничаешь, — объясняла Варвара, усмехаючись горделиво и самодовольно.

— По черной книге я не стану есть! — решительно заявил Передонов, быстро выхватил из рук Варвары книгу и унес ее в спальню.

"Черная книга! Да еще по ней обеды готовить! — думал он со страхом. — Того только недоставало, чтобы его открыто пытались извести чернокнижием! Необходимо уничтожить эту страшную книгу", — думал он, не обращая внимания на дребезжащее Варварино ворчанье.[10]

_____

[10] Когда Передонов вернулся домой, он застал Варвару в гостиной с книгой в руках, что бывало редко. Варвара читала поваренную книгу, единственную, которую она иногда открывала. Многого в книге она не умела понять, и все то, что вычитывала из нее и хотела применить, ей не удавалось: никак ей было не сладить с отношениями составных частей кушаний, так как эти отношения давались в книге на 6 или 12 персон, а ей надо было готовить на две или на три персоны, редко больше. Но все же она иногда делала кушанья по книге. Книга была старая, трепаная, в черном переплете. Черный переплет бросился в глаза Передонову и привел его в уныние. – Что ты читаешь, Варвара? – сердито спросил он. – Что, известно что, поварскую книгу, – ответила Варвара, – мне глупые книги некогда читать. – Зачем поварская книга? – с ужасом спросил Передонов. – Как зачем? кушанье буду готовить, тебе же, ты все привередничаешь, – объясняла Варвара, усмехаясь с видом горделивым и самодовольным. – По черной книге я не стану есть! – решительно заявил Передонов, быстро выхватил из рук у Варвары книгу и унес ее в спальню. «Черная книга! Да еще по ней обеды готовить! – думал он со страхом. – Тогда только недоставало, чтобы ею открыто пытались извести чернокнижием! Необходимо ее уничтожить», – думал он, не обращая внимания на дребезжащее ворчанье Варвары. Но как уничтожить? Сжечь? Но еще оно, пожалуй, пожар сделает. Утопить? Выплывет, конечно, и кому еще попадет! Забросить? Найдут. Нет, самое лучшее – отрывать по листу и потихоньку уносить для разной надобности, а

83

В пятницу Передонов был у председателя уездной земской управы.

В этом доме все говорило, что здесь хотят жить попросту, по-хорошему и работать на общую пользу. В глаза метались многие вещи, напоминающие о деревенском и простом: кресло с дугою-спинкою и топориками-ручками, чернильницы в виде подковы, пепельница-лапоть. В зале много мерочек — на окнах, на столах, на полу — с образцами разного зерна, и кое-где куски "голодного" хлеба, — скверные глыбы, похожие на торф. В гостиной — рисунки и модели сельскохозяйственных машин. Кабинет загромождали шкапы с книгами о сельском хозяйстве и о школьном деле. На столе — бумаги, печатные отчеты, картонки с какими-то разной величины карточками. Много пыли и ни одной картины.

Хозяин, Иван Степанович Кириллов, очень беспокоился, как бы, с одной стороны, быть любезным, европейски-любезным, но, с другой стороны, не уронить своего достоинства хозяина в уезде. Он весь был странный и противоречивый, как бы спаянный из двух половинок. По всей его обстановке было видно, что он много и с толком работает. А на него самого посмотришь, и кажется, что вся эта земская деятельность для него только лишь забава и ею занят он пока, а настоящие его заботы где-то впереди, куда порою устремлялись его бойкие, но как бы не живые, оловянного блеска глаза. Как будто кем-то вынута из него живая душа и положена в долгий ящик, а на место ее вставлена не живая, но сноровистая суетилка.

Он был невелик ростом, тонок, моложав, — так моложав и румян, что подчас казался мальчиком, приклеившим бороду и перенявшим от взрослых, довольно удачно, их повадки. Движения у него были отчетливые и быстрые. Здороваясь, он проворно кланялся и шаркал и скользил на подошвах щегольских башмачков. Одежду его хотелось назвать

потом уже, когда она вся выйдет, черный переплет сжечь. На том он и успокоился. Но как быть с Варварою? Заведет новую чародейную книгу. Нет, надо Варвару наказать хорошенько. Передонов отправился в сад, наломал там березовых прутьев и, угрюмо поглядывая на окна, принес их в спальню. Потом крикнул, приотворив дверь в кухню: – Клавдюшка, позови барыню в спальню, и сама приходи. Скоро Варвара и Клавдия вошли. Клавдия первая увидела розги и захихикала. – Ложись, Варвара! – приказал Передонов. Варвара завизжала и бросилась к двери. – Держи, Клавдюшка! – кричал Передонов. Вдвоем разложили Варвару на кровати. Клавдия держала, Передонов порол, Варвара рыдала отчаянно и просила прощения.

костюмчиком: серенькая курточка, батистовая накрахмаленная сорочка с отложным воротничком, веревочный синий галстук, узенькие брючки, серые чулочки. И разговор его, всегда отменно-вежливый, был тоже каким-то двояким: говорит себе степенно — и вдруг детски-простодушная улыбка, какая-нибудь мальчишеская ухватка, а через минуту, глядишь — опять уймется и скромничает. Жена его, женщина тихая и степенная, казавшаяся старше мужа, несколько раз при Передонове входила в кабинет и каждый раз спрашивала у мужа какие-то точные сведения об уездных делах.

Хозяйство у них в городе шло запутанно, — постоянно приходили по делу и постоянно пили чай. И Передонову, едва он уселся, принесли стакан не очень теплого чая и булок на тарелке.

До Передонова уже сидел гость. Передонов его знал, — да и кто в нашем городе кого не знает? Все друг другу знакомы, — только иные раззнакомились, поссорясь.

То был земский врач Георгий Семенович Трепетов, маленький — еще меньше Кириллова — человек, с прыщавым лицом, остреньким и незначительным. На нем были синие очки, и смотрел он всегда вниз или в сторону, как бы тяготясь смотреть на себеседника. Он был необыкновенно честен и никогда не поступился ни одною своею копейкою в чужую пользу. Всех, находящихся на казенной службе, он глубоко презирал: еще руку подаст при встрече, но от разговоров упрямо уклонялся. За это он слыл светлою головою, как и Кириллов, хотя знал мало и лечил плохо. Все собирался опроститься и с этой целью присматривался, как мужики сморкаются, чешут затылки, утирают ладонью губы, и сам наедине подражал им иногда, — но все откладывал опрощение до будущего лета.

Передонов и здесь повторил все привычные ему за последние дни пени на городские сплетни, на завистников, которые хотят помешать ему достигнуть инспекторского места. Кириллов сперва почувствовал себя польщенным этим обращением к нему. Он восклицал:

— Да, вот вы теперь видите, какова провинциальная среда? Я всегда говорил, что единственное спасение для мыслящих людей — сплотиться, и я радуюсь, что вы пришли к тому же убеждению.

Трепетов сердито и обиженно фыркнул. Кириллов посмотрел на него боязливо. Трепетов презрительно сказал:

— Мыслящие люди! — и опять фыркнул. Потом, помолчав немного, заговорил тоненьким, обиженным голосом:

— Не знаю, могут ли мыслящие люди служить затхлому классицизму!

Кириллов нерешительно сказал:

— Но вы, Георгий Семенович, не берете в расчет, что не всегда от человека зависит избрать свою деятельность.

Трепетов презрительно фыркнул, чем окончательно сразил любезного Кириллова, и погрузился в глубокое молчание.

Кириллов обратился к Передонову. Услышав, что тот говорит об инспекторском месте, Кириллов забеспокоился. Ему показалось, что Передонов хочет быть инспектором в нашем уезде. А в уездном земстве назревало предположение учредить должность своего инспектора училищ, выбираемого земством и утверждаемого учебным начальством.

Тогда инспектор Богданов, имевший в своем ведении школы трех уездов, переселился бы в один из соседних городов, и школы нашего уезда перешли бы к новому инспектору. Для этой должности был у земцев на примете человек, наставник учительской семинарии в ближайшем городке Сафате.

— Там у меня есть протекция, — говорил Передонов, — а только вот здесь директор пакостит, да и другие тоже. Всякую ерунду распускают. Так уж, в случае каких справок об мне, я вот вас предупреждаю, что это все вздор обо мне говорят. Вы этим господам не верьте.

Кириллов отвечал поспешно и бойко:

— Мне, Ардальон Борисыч, нет времени особенно углубляться в городские отношения и слухи, я по горло завален делом. Если бы жена не помогала, то я не знаю, как бы справился. Я нигде не бываю, никого не вижу, ничего не слышу. Но я вполне уверен, что все это, что о вас говорят, — я ничего не слышал, поверьте чести, — все это вздор, вполне верю. Но это место не от одного меня зависит.

— Вас могут спросить, — сказал Передонов.

Кириллов посмотрел на него с удивлением и сказал:

— Еще бы не спросили, конечно, спросят. Но дело в том, что мы имеем в виду...

В это время на пороге показалась госпожа Кириллова и сказала:

— Иван Степаныч, на минутку.

Муж вышел к ней. Она озабоченно зашептала:

— Я думаю, что этому субъекту лучше не говорить, что мы имеем в виду Красильникова. Этот субъект мне подозрителен, — он что-нибудь нагадит Красильникову.

— Ты думаешь? — проворно прошептал Кириллов. — Да, да, пожалуй. Так неприятно.

Он схватился за голову. Жена посмотрела на него с деловитым сочувствием и сказала:

— Лучше совсем ничего ему об этом не говорить, как будто и места нет.

— Да, да, ты права, — шептал Кириллов. — Но я побегу. Неловко.

Он побежал в кабинет, и там стал усиленно шаркать и сыпать любезные слова Передонову.

— Так уж вы, если что...- начал Передонов.

— Будьте спокойны, будьте спокойны, буду иметь в виду, — быстро говорил Кириллов. — Мы это еще не вполне решили, этот вопрос.

Передонов не понимал, о каком вопросе говорит Кириллов, и чувствовал тоску и страх. А Кириллов говорил:

— Мы составляем школьную сеть. Из Петербурга выписали специалиста. Целое лето работали. Девятьсот рублей это нам обошлось. Удивительно тщательная работа: подсчитаны все расстояния, намечены все школьные пункты.

И Кириллов долго и подробно рассказывал о школьной сети, то есть о разделении уезда на такие мелкие участки, со школою в каждом, чтобы из каждого селения школа была недалеко. Передонов ничего не понимал и запутывался тугими мыслями в словесных петлях сети, которую бойко и ловко плел перед ним Кириллов.

Наконец ои распрощался и ушел, безнадежно тоскуя. В этом доме, — думал он, — его не захотели ни понять, ни даже выслушать. Хозяин молол что-то непонятное. Трепетов почему-то фыркал, хозяйка приходила, не любезничала и уходила, — странные люди живут в этом доме,— думал Передонов, — Потерянный день!

XI

В субботу Передонов собрался итти к исправнику. Этот хотя и не такая важная птица, как предводитель дворянства, — думал Передонов,— однако может навредить больше всех, а захочет, так он может и помочь своим отзывом перед начальством. Полиция — важное дело.

Передонов вынул из картонки шапку с кокардою. Он решил, что отныне будет носить только ее. Хорошо директору носить шляпу, — он на хорошем счету у начальства, а

Передонову еще надо добиться инспекторского места; нечего рассчитывать на протекцию, надо и самому во всем показывать себя с наилучшей стороны. Уже несколько дней назад, перед тем как начать свои походы по властям, он думал это, да только под руку попадалась шляпа. Теперь же Передонов устроил иначе: он шляпу швырнул на печь, — так-то вернее не попадется.

Варвары не было дома, Клавдия мыла полы в горницах. Передонов вошел в кухню вымыть руки. На столе увидел он сверток синей бумаги, и из него высыпалось несколько изюминок. Это был фунт изюма, купленный для булки к чаю,— ее пекли дома. Передонов принялся есть изюм, как он был, не мытый и не чищенный, и съел весь фунт быстро и жадно, стоя у стола, озираясь на дверь, чтобы Клавдия не вошла невзначай. Потом тщательно свернул толстую синюю обертку, под сюртуком вынес ее в переднюю и там положил в карман в пальто, чтобы на улице выбросить и таким способом уничтожить следы.

Он ушел. А Клавдия скоро хватилась изюма, испугалась, принялась искать, — но не нашла. Варвара вернулась, узнала о пропаже изюма и накинулась на Клавдию с бранью: она была уверена, что Клавдия съела изюм.

На улице было ветрено и тихо. Лишь изредка набегали тучки. Лужи подсыхали. Небо бледно радовалось. Но тоскливо было на душе у Передонова.

По дороге он зашел к портному, поторопить его, — скорее бы шил заказанную третьего дня новую форму.

Проходя мимо церкви, Передонов снял шапку и трижды перекрестился, истово и широко, чтобы видели все, кто мог бы увидеть проходившего мимо церкви будущего инспектора. Прежде он этого не делал, но теперь надо держать ухо востро. Может быть, сзади идет себе тишком какой-нибудь соглядатай или за деревом таится кто-нибудь и наблюдает.

Исправник жил на одной из дальних городских улиц. В воротах, распахнутых настежь, попался Передонову городовой, — встреча, наводившая в последние дни на Передонова уныние. На дворе видно было несколько мужиков, но не таких, как везде, — эти были какие-то особенные, необыкновенно смирные и молчаливые. Грязно было во дворе. Стояли телеги, покрытые рогожею.

В темных сенях попался Передонову еще один городовой, низенький, тощий человек вида исполнительного, но все же унылого. Он стоял неподвижно и держал подмышкой книгу в кожаном черном переплете. Отрепанная босая девица выбежала из боковой двери, стащила пальто с Передонова и провела его в гостиную, приговаривая:

— Пожалуйте, Семен Григорьевич сейчас выдут.

В гостиной были низкие потолки. Они давили Передонова. Мебель тесно жалась к стенке. На полу лежали веревочные маты. Справа и слева из-за стены слышались шопоты и шорохи. Из дверей выглядывали бледные женщины и золотушные мальчики, все с жадными, блестящими глазами. Из шопота иногда выделялись вопросы и ответы погромче.

— Принес...

— Куда нести?

— Куда поставить прикажете?

— От Ермошкина, Сидора Петровича.

Скоро вышел исправник. Он застегивал мундирный сюртук и сладко улыбался.

— Извините, что задержал, — сказал он, пожимая руку Передонова обеими своими большими и загребистыми руками, — там разные посетители по делам. Служба наша такая, не терпит отлагательства.

Семен Григорьевич Миньчуков, мужчина длинный, плотный, черноволосый, с облезлыми по середине головы волосами, держался слегка сгибаясь, руки вниз, пальцы грабельками. Он часто улыбался с таким видом, точно сейчас съел что-то запрещенное, но приятное и теперь облизывался. Губы у него ярко-красные, толстые, нос мясистый, лицо вожделеющее, усердное и глупое.

Передонова смущало все, что он здесь видел и слышал. Он бормотал несвязные слова и сидя на кресле, старался шапку держать так, чтобы исправник видел кокарду. Миньчуков сидел против него, по другую сторону стола, а загребистые руки его тихонько двигались на коленях, сжимались и разжимались.

— Болтают нивесть что, — говорил Передонов, — чего и не было. А я сам могу донести. Я ничего такого, а за ними я знаю. Только я не хочу. Они за глаза всякую ерунду говорят, а в глаза смеются. Согласитесь сами, в моем положении это щекотливо. У меня протекция, а они гадят. Они совершенно напрасно меня выслеживают, только время теряют, а меня стесняют. Куда ни пойдешь, а уж по всему городу известно. Так уж я надеюсь, что в случае чего вы меня поддержите.

— Как же, как же, помилуйте, с величайшим удовольствием, — сказал Миньчуков, простирая вперед свои широкие ладони, — конечно, мы, полиция, должны знать, если за кем есть что-нибудь неблагонадежное или нет.

— Мне, конечно, наплевать, — сердито сказал Передонов, —

пусть бы болтали, да боюсь, что они мне нагадят в моей службе. Они хитрые. Вы не смотрите, что они все болтают, хоть, например, Рутилов. А вы почем знаете, может, он под казначейство подкоп ведет. Так это с больной головы на здоровую.

Миньчукову казалось сначала, что Передонов подвыпил и мелет вздор. Потом, вслушавшись, он сообразил, что Передонов жалуется на кого-то, кто на него клевещет, и просит принять какие-нибудь меры.

— Молодые люди, — продолжал Передонов, думая о Володине, — а много о себе думают. Против других умышляют, а и сами-то нечисты. Молодые люди, известно, увлекаются. Иные и в полиции служат, а тоже туда же суются.

И он долго говорил о молодых людях, но почему-то не хотел назвать Володина. Про полицейских же молодых людей он сказал на всякий случай, чтоб Миньчуков понял, что у него и относительно служащих в полиции есть кое-какие неблагоприятные сведения. Миньчуков решил, что Передонов намекает на двух молодых чиновников полицейского управления: молоденькие, смешливые, ухаживают за барышнями. Смущение и явный страх Передонова заражал невольно и Миньчукова.

— Я буду следить, — сказал он озабоченно, минуту призадумался и опять начал сладко улыбаться. — Два есть у меня молоденьких чиновничка, совсем еще желторотые. Одного из них мамаша, поверите ли, в угол ставит, ей-богу.

Передонов отрывисто захохотал.

Между тем Варвара побывала у Грушиной, где узнала поразившую ее новость.

— Душенька, Варвара Дмитриевна, — торопливо заговорила Грушина, едва только Варвара переступила порог ее дома, — какую я вам новость скажу, вы просто ахнете.

— Ну, какая там новость? — ухмыляясь, спросила Варвара.

— Нет, вы только подумайте, какие есть на свете низкие люди! На какие штуки идут, чтобы только достичь своей цели!

— Да в чем дело-то?

— Ну вот, постойте, я вам расскажу.

Но хитрая Грушина прежде начала угощать Варвару кофеем, потом погнала из дома на улицу своих ребятишек, причем старшая девочка заупрямилась и не хотела итти.

— Ах, ты, негодная дрянь! — закричала на нее Грушина.

— Сама дрянь, — отвечала дерзкая девочка и затопала на мать ногами.

Грушина схватила девочку за волосы, выбросила из дому на двор и заперла дверь...

— Тварь капризная, — жаловалась она Варваре,— с этими детьми просто беда. Я одна, сладу нет никакого. Им бы отца надо было.

— Вот замуж выйдете, будет им отец, — сказала Варвара.

— Тоже какой еще попадется, голубушка Варвара Дмитриевна, — другой тиранить их начнет.

В это время девочка забежала с улицы, бросила в окно горсть песку и осыпала им голову и платье у матери. Грушина высунулась в окно и закричала:

— Я тебя, дрянь этакая, выдеру, — вот ты вернись домой, я тебе задам, дрянь паршивая!

— Сама дрянь, злая дура! — кричала на улице девочка, прыгала на одной ноге и показывала матери грязные кулачки.

Грушина крикнула дочке:

— Погоди ты у меня!

И закрыла окно. Потом она села спокойно, как ни в чем не бывало, заговорила:

— Новость-то я вам хотела рассказать, да уж не знаю. Вы, голубушка Варвара Дмитриевна, не тревожьтесь, они ничего не успеют.

— Да что такое? — испуганно спросила Варвара, и блюдце с кофе задрожало в ее руках.

— Знаете, нынче поступил в гимназию, прямо в пятый класс, один гимназист, Пыльников, будто бы из Рубани, потому что его тетка в нашем уезде имение купила.

— Ну, знаю, — сказала Варвара, — видела, как же, еще они с теткой приходили, такой смазливенький, на девочку похож и все краснеет.

— Голубушка Варвара Дмитриевна, как же ему не быть похожим на девочку, — ведь это и есть переодетая барышня!

— Да что вы! — воскликнула Варвара.

— Нарочно они так придумали, чтобы Ардальона Борисыча подловить, — говорила Грушина, торопясь, размахивая руками и радостно волнуясь оттого, что передает такое важное известие. — Видите ли, у этой барышни есть двоюродный брат сирота, он и учился в Рубани, так мать-то этой барышни его из гимназии взяла, а по его бумагам барышня сюда и поступила. И вы заметьте, они его поместили на квартире, где других гимназистов нет, он там один, так что все шито-крыто, думали, останется.

— А вы как узнали? — недоверчиво спросила Варвара.

— Голубушка Варвара Дмитриевна, слухом земля полнится.

91

И так сразу стало подозрительно: все мальчики — как мальчики, а этот — тихоня, ходит как в воду опущенный. А по роже посмотреть — молодец молодцом должен быть, румяный, грудастый. И такой скромный, товарищи замечают: ему слово скажут, а он уж и краснеет. Они его и дразнят девчонкой. Только они думают, что это так, чтобы посмеяться, не знают, что это — правда. И представьте, какие они хитрые: ведь и хозяйка ничего не знает.

— Как же вы-то узнали? — повторяла Варвара.

— Голубчик Варвара Дмитриевна, чего я не узнаю! Я всех в уезде знаю. Как же, ведь это всем известно, что у них еще мальчик дома живет, таких же лет, как этот. Отчего же они не отдали их вместе в гимназию? Говорят, что он летом болен был, так один год отдохнет, а потом опять поступит в гимназию. Но все это вздор,— это-то и есть гимназист. И опять же известно, что у них была барышня, а они говорят, что она замуж вышла и на Кавказ уехала. И опять врут, ничего она не уехала, а живет здесь под видом мальчика.

— Да какой же им расчет? — спросила Варвара.

— Как какой расчет! — оживленно говорила Грушина. — Подцепит какого-нибудь из учителей, мало ли у нас холостых, а то и так кого-нибудь. Под видом-то мальчика она может и на квартиру притти, и мало ли что может.

Варвара сказала испуганно:

— Смазливая девчонка-то.

— Еще бы, писаная красавица, — согласилась Грушина, — это она только стесняется, а погодите, попривыкнет, разойдется, так она тут всех в городе закружит. И представьте, какие они хитрые: я, как только узнала об этаких делах, сейчас же постаралась встретиться с его хозяйкой, — или с ее хозяйкой, — уж как и сказать-то не знаешь.

— Чистый оборотень, тьфу, прости господи! — сказала Варвара.

— Пошла я ко всенощной в их приход, к Пантелеймону, а она — богомольная. Ольга Васильевна, говорю, отчего это у вас нынче только один гимназист живет? Ведь вам, говорю, с одним невыгодно. А она говорит: да на что, говорит, мне больше? суета с ними. Я и говорю: ведь вы, говорю, в прежние года все двух-трех держали. А она и говорит, — представьте голубушка Варвара Дмитриевна! — да они, говорит, уж так и условились, чтобы Сашенька один у меня жил. Они, говорит, люди не бедные, заплатили побольше, а то они, говорит, боятся, что он с другими мальчиками избалуется. Каковы?

— Вот-то пройдохи! — злобно сказала Варвара. — Что ж вы ей сказали, что это — девчонка?

— Я ей говорю: смотрите, говорю, Ольга Васильевна, не девчонку ли вам подсунули вместо мальчика.

— Ну, а она что?

— Ну, она думала, я шучу, смеется. Тогда я посерьезнее сказала: голубушка Ольга Васильевна, говорю, знаете, ведь, говорят, что это — девчонка. Но только она не верит: пустяки, говорит, какая же это девчонка, я ведь, говорит, не слепая...

Этот рассказ поразил Варвару. Она совершенно поверила, что все это так и есть и что на ее жениха готовится нападение еще с одной стороны. Надо было как-нибудь поскорее сорвать маску с переодетой барышни. Долго совещались они, как это сделать, но пока ничего не придумали.

Дома еще более расстроила Варвару пропажа изюма.

Когда Передонов вернулся домой, Варвара торопливо и взволнованно рассказала ему, что Клавдия куда-то дела фунт изюму и не признается.

— Да еще что выдумала, — раздраженно говорила Варвара, — это, говорит, может быть, барин скушали. Они, говорит, на кухню за чем-то выходили, когда я полы мыла, и долго, говорит, там пробыли.

— И вовсе недолго, — хмуро сказал Передонов, — я только руки помыл, а изюму я там и не видел.

— Клавдюшка, Клавдюшка! — закричала Варвара: — вот барин говорит, что он и не видел изюма, — значит, ты его и тогда уже припрятала куда-то.

Клавдия показала из кухни раскрасневшееся, опухшее от слез лицо.

— Не брала я вашего изюму, — прокричала она рыдающим голосом, — я вам его откуплю, только не брала я вашего изюму!

— И откупишь! и откупишь! — сердито закричала Варвара, — я тебя не обязана изюмом откармливать.

Передонов захохотал и крикнул:

— Дюшка фунт изюму оплела!

— Обидчики! — закричала Клавдия и хлопнула дверью.

За обедом Варвара не могла удержаться, чтобы не передать того, что слышала о Пыльникове. Она не думала, будет ли это для нее вредно или полезно, как отнесется к этому Передонов, — говорила просто со зла.

Передонов старался припомнить Пыльникова, да как-то все не мог ясно представить его себе. До сих пор он мало обращал внимания на этого нового ученика и презирал его за смазливость и чистоту, за то, что он вел себя скромно, учился хорошо и был самым младшим по возрасту из учеников пятого класса. Теперь же Варварин рассказ зажег в нем блудливое любопытство. Нескромные мысли медленно зашевелились в его темной голове...

"Надо сходить ко всенощной, — подумал он,— посмотреть на эту переодетую девчонку".

Вдруг вбежала Клавдия, ликуя, бросила на стол смятую в комок синюю оберточную бумагу и закричала:

— Вот на меня говорили, что я изюм съела, а это что? Нужно очень мне ваш изюм, как же.

Передонов догадался, в чем дело; он забыл выбросить на улице обертку, и теперь Клавдия нашла ее в пальто в кармане.

— Ах, чорт! — воскликнул он.

— Что это, откуда? — закричала Варвара.

— У Ардальон Борисыча в кармане нашла, — злорадно отвечала Клавдия, — сами съели, а на меня наклеп взвели. Известно, Ардальон Борисыч большие сластуны, только чего ж на других валить, коли сами...

— Ну, поехала, — сердито сказал Передонов, — и все врешь. Ты мне подсунула, я не брал ничего.

— Чего мне подсовывать, что вы, бог с вами, — растерянно сказала Клавдия.

— Как ты смела по карманам лазить! — закричала Варвара. — Ты там денег ищешь?

— Ничего я по карманам не лазаю, — грубо отвечала Клавдия. — Я взяла пальто почистить, все в грязи.

— А в карман зачем полезла?

— Да она сама из кармана вывалилась, что мне по карманам лазить,-оправдывалась Клавдия.

— Врешь, дюшка, — сказал Переделов.

— Какая я вам дюшка, чтой-то такое, насмешники этакие! — закричала Клавдия. — Чорт с вами, откуплю вам ваш изюм, подавитесь вы им, — сами сожрали, а я откупай, Да и откуплю, — совести, видно, в вас нет, стыда в глазах нет, а еще господа называетесь!

Клавдия ушла в кухню, плача и ругаясь. Передонов отрывисто захохотал и сказал:

— Взъерепенилась как.

— И пусть откупает, — говорила Варвара, — им все спускать, так они все сожрать готовы, черти голодушные.

И долго потом они оба дразнили Клавдию тем, что она съела фунт изюма. Деньги за этот изюм вычли из ее жалованья и всем гостям рассказывали об этом изюме.

Кот, словно привлеченный криками, вышел из кухни,

пробираясь вдоль стен, и сел около Передонова, глядя на него жадными и злыми глазами. Передонов нагнулся, чтобы его поймать. Кот яростно фыркнул, оцарапал руку Передонова, убежал и забился под шкап. Он выглядывал оттуда, и узкие зеленые зрачки его сверкали.

"Точно оборотень", — пугливо подумал Передонов.

Между тем Варвара, все думая о Пыльникове, заговорила:

— Чем бы по вечерам на биллиард ходить каждый вечер, сходил бы иногда к гимназистам на квартиры. Они знают, что учителя к ним редко заглядывают, а инспектора и раз в год не дождешься, так у них там всякое безобразие творится, и картеж, и пьянство. Да вот сходил бы к этой девчонке-то переодетой. Пойди попозже, как спать станут ложиться; мало ли как тогда можно будет ее уличить да сконфузить.

Передонов подумал и захохотал.

"Варвара — хитрая шельма, — подумал он, — она научит".

XII

Передонов отправился ко всенощной в гимназическую церковь. Там он стал сзади учеников

и внимательно смотрел за тем, как они себя вели. Некоторые, показалось ему, шалили, толкались, шептались, смеялись. Он заметил их и постарался запомнить. Их было много, и он сетовал на себя, как это он не догадался взять из дома бумажку и карандашик записывать. Ему стало грустно, что гимназисты так плохо себя ведут, и никто на это не обращает внимания, хотя тут же в церкви стояли директор да инспектор со своими женами и детьми.

А на самом деле гимназисты стояли чинно и скромно, — иные крестились бессознательно, думая о чем-то постороннем храму, другие молились прилежно. Редко-редко кто шепнет что-нибудь соседу, — два-три слова, почти не поворачивая головы, — и тот отвечал так же коротко и тихо, или даже одним только быстрым движением, взглядом, пожиманием плеч, улыбкою. Но эти маленькие движения, не замечаемые дежурившим помощником классных наставников, давали встревоженным, но тупым чувствам Передонова иллюзию большого беспорядка. Даже и в спокойном своем состоянии Передонов, как и все грубые люди, не мог точно оценить мелких явлений: он или не замечал их, или преувеличивал их

95

значение. Теперь же, когда он был возбужден ожиданиями и страхами, чувства его служили ему еще хуже, и мало-по-малу вся действительность заволакивалась перед ним дымкою противных и злых иллюзий.

Да, впрочем, и раньше что были гимназисты для Передонова? Не только ли аппаратом для растаскивания пером чернил по бумаге и для пересказа суконным языком того, что когда-то было сказано языком человечьим! Передонов во всю свою учительскую деятельность совершенно искренно не понимал и не думал о том, что гимназисты — такие же люди, как и взрослые. Только бородатые гимназисты с пробудившимся влечением к женщинам вдруг становились в его глазах равными ему.

Постояв сзади и набравши достаточно грустных впечатлений, Передонов подвинулся вперед, к средним рядам. Там стоял на самом конце ряда, справа, Саша Пыльников; он скромно молился и часто опускался на колени. Передонов посматривал на него, и особенно приятно ему было смотреть, когда Саша стоял на коленях, как наказанный, и смотрел вперед, к сияющим дверям алтарным, с озабоченным и просительным выражением на лице, с мольбою и печалью в черных глазах, осененных длинными, до синевы черными ресницами. Смуглый, стройный, — что особенно было заметно, когда он стоял на коленях спокойно и прямо, как бы под чьим-то строго наблюдающим взором, — с высокою и широкою грудью, он казался Передонову совсем похожие на девочку.

Теперь Передонов окончательно решился сегодня же после всенощной итти к нему на квартиру.

Стали выходить из церкви. Заметили, что у Передонова не шляпа, как всегда прежде, а фуражка с кокардою. Рутилов спросил, смеясь:

— Что ты, Ардальон Борисыч, нынче с кокардой щеголяешь? Вот что значит в инспекторы-то метит человек.

— Вам теперь солдаты должны честь отдавать? — с деланным простодушием спросила Валерия.

— Ну вот, глупости какие! — сердито сказал Передонов.

— Ты ничего не понимаешь, Валерочка, — сказала Дарья, — какие же солдаты! Теперь только от гимназистов Ардальон Борисычу почтения гораздо больше будет, чем прежде.

Людмила хохотала. Передонов поспешил распрощаться с ними, чтобы избавиться от их насмешек.

К Пыльникову было еще рано, а домой не хотелось. Передонов пошел по темным улицам, придумывая, где бы провести час. Было много домов, во многих окнах горели огни,

96

иногда из отворенных окон слышались голоса. По улицам шли расходившиеся из церкви, и слышно было, как отворялись и затворялись калитки и двери. Везде люди жили, чужие, враждебные Передонову, и иные из них, может быть, и теперь злоумышляли против него. Может быть, уже кто-нибудь дивился, зачем это Передонов один в такой поздний час и куда это он идет. Казалось Передонову, что кто-то выслеживает его и крадется за ним. Тоскливо стало ему. Он пошел поспешно, без цели.

Он думал, что у каждого здесь дома есть свои покойники. И все, кто жил в этих старых домах лет пятьдесят тому назад, все умерли. Некоторых покойников еще он помнил.

"Человек умрет, так и дом бы сжечь, — тоскливо думал Передонов, — а то страшно очень".

Ольга Васильевна Коковкина, у которой жил гимназист Саша Пыльников, была вдова казначея. Муж оставил ей пенсию и небольшой дом, в котором ей было так просторно, что она могла отделить еще и две-три комнаты для жильцов. Но она предпочла гимназистов. Повелось так, что к ней всегда помещали самых скромных мальчиков, которые учились исправно и кончали гимназию. На других же ученических квартирах значительная часть была таких, которые кочуют из одного учебного заведения в другое, да так и выходят недоучками.

Ольга Васильевна, худощавая старушка, высокая и прямая, с добродушным лицом, которому она, однако, старалась придавать строгое выражение, и Саша Пыльников, мальчик хорошо откормленный и строго выдержанный своею теткою, сидели за чайным столом. Сегодня была Сашина очередь ставить варенье, из деревни, и потому он чувствовал себя хозяином, важно угощал Ольгу Васильевну, и черные глаза его блестели.

Послышался звонок, и вслед затем в столовой появился Передонов. Коковкина была удивлена столь поздним посещением.

— Вот я пришел посмотреть нашего гимназиста, — сказал он, — как он тут живет.

Коковкина угощала Передонова, но он отказался. Ему хотелось, чтобы они поскорее кончили пить чай и чтобы ему побыть одному с гимназистом. Выпили чай, перешли в Сашину комнату, а Коковкина не оставляла их и разговаривала без конца. Передонов угрюмо смотрел на Сашу, а тот застенчиво молчал.

"Ничего не выйдет из этого посещения", — досадливо думал Передонов.

Служанка позвала зачем-то Коковкину. Она вышла. Саша тоскливо посмотрел за нею. Его глаза померкли, призакрылись ресницами — и казалось, что эти ресницы, слишком длинные, бросают тень на все его лицо, смуглое и вдруг побледневшее. Ему неловко было при этом угрюмом человеке. Передонов сел рядом с ним, неловко обнял его рукою и, не меняя неподвижного выражения на лице, спросил:

— Что, Сашенька, хорошо ли богу помолился?

Саша стыдливо и испуганно глянул на Передонова, покраснел и промолчал.

— А? что? хорошо? — спрашивал Передонов.

— Хорошо, — сказал, наконец, Саша.

— Ишь ты, румянец какой на щеках, — сказал Передонов, — признавайтесь-ка, ведь вы — девчонка? Шельма, девчонка!

— Нет, не девчонка, — сказал Саша и вдруг, сердясь на себя за свою застенчивость, спросил зазвеневшим голосом: — чем это я похож на девчонку? Это у вас гимназисты такие, придумали дразнить за то, что я дурных слов боюсь; я не привык их говорить, мне ни за что не сказать, да и зачем говорить гадости?

— Маменька накажет? — спросил Передонов.

— У меня нет матери, — сказал Саша, — мама давно умерла; у меня тетя.

— Что ж, тетя накажет?

— Конечно, накажет, коли я стану гадости говорить. Разве хорошо?

— А откуда тетя узнает?

— Да я и сам не хочу, — спокойно сказал Саша. — А тетя мало ли как может узнать. Может быть, я сам проговорюсь.

— А кто из ваших товарищей дурные слова говорит? — спросил Передонов. Саша опять покраснел и молчал.

— Ну, что ж, говорите, — настаивал Передонов, — вы обязаны сказать, нельзя покрывать.

— Никто не говорит, — смущенно сказал Саша.

— Вы же сами сейчас жаловались.

— Я не жаловался.

— Что ж вы отпираетесь? — сердито сказал Передонов.

Саша чувствовал себя пойманным в какой-то скверный капкан. Он сказал:

— Я только объяснил вам, почему меня некоторые товарищи дразнят девчонкой. А я не хочу на них фискалить.

— Вот как, это почему же? — со злобою спросил Передонов.

— Да нехорошо, — сказал Саша с досадливою усмешкою.

— Ну вот я директору скажу, так вас заставят, — злорадно сказал Передонов.

Саша смотрел на Передонова гневно загоревшимися глазами.

— Нет! вы, пожалуйста, не говорите, Ардальон Борисыч, — просил он.

И в срывающихся звуках его голоса было слышно, что он делает усилие просить, что ему хочется кричать дерзкие, угрожающие слова.

— Нет, скажу. Вот вы тогда увидите, как покрывать гадости. Вы должны были сами сразу пожаловаться. Вот погодите, вам достанется.

Саша встал и в замешательстве теребил пояс. Пришла Коковкина.

— Тихоня-то ваш хорош, нечего сказать, — злобно сказал Передонов.

Коковкина испугалась. Она торопливо подошла к Саше, села рядом с ним, — от волнения у нее всегда подкашивались ноги, — и спросила боязливо:

— А что такое, Ардальон Борисыч? Что он сделал?

— Вот у него спросите, — с угрюмою злобою ответил Передонов.

— Что такое, Сашенька, в чем ты провинился? — спросила Коковкина, трогая Сашу за локоть.

— Я не знаю, — сказал Саша и заплакал.

— Да что такое, что с тобою, что ты плачешь? — спрашивала Коковкина.

Она положила руки на плечи мальчику, нагибала его к себе и не замечала, что ему неловко. А он стоял, склонясь, и закрывал глаза платком. Передонов объяснил:

— Его там, в гимназии, дурным словам учат, а он не хочет сказать кто. Он не должен укрывать. А то и сам учится гадостям, и других покрывает.

— Ах, Сашенька, Сашенька, как же это ты так! Разве можно! Да как тебе не стыдно! — растерянно говорила Коковкина, отпустив Сашу.

— Я ничего, — рыдая, ответил Саша, — я ничего не сделал худого. Они меня за то и дразнят, что я не могу худых слов говорить.

— Кто говорит худые слова? — опять спросил Передонюв.

— Никто не говорит, — с отчаянием воскликнул Саша.

— Видите, как он лжет, — сказал Передонов, — его наказать надо хорошенько. Надо, чтоб он открыл, кто говорит гадости, а то на нашу гимназию нарекания пойдут, а мы ничего не можем сделать.

— Уж вы его извините, Ардальон Борисыч! — сказала Коковкина,— как же он скажет на товарищей? Ведь ему потом житья не дадут.

— Он обязан сказать, — сердито сказал Передонов, — от этого только польза будет. Мы примем меры к их исправлению.

— Да ведь они его бить будут? — нерешительно сказала Коковкина.

— Не посмеют. Если он трусит, пусть по секрету скажет.

— Ну, Сашенька, скажи по секрету. Никто не узнает, что ты сказал.

Саша молча плакал. Коковкина привлекла его к себе, обняла и долго шептала что-то на ухо. Он отрицательно качал головою.

— Не хочет, — сказала Коковкина.

— А вот розгой его пробрать, так заговорит, — свирепо сказал Передонов. — Принесите мне розгу, я его заставлю говорить.

— Ольга Васильевна, да за что же! — воскликнул Саша.

Коковкина встала и обняла его.

— Ну, довольно реветь, — сказала она нежно и строго,— Никто тебя не тронет.

— Как хотите,— сказал Передонов,— а только я тогда должен директору сказать. Я думал по-семейному, ему же лучше бы. Может быть, и ваш Сашенька прожженный. Еще мы не знаем, за что его дразнят девчонкой, — может быть, совсем за другое. Может быть, не его учат, а он других развращает.

Передонов сердито пошел из комнаты. За ним вышла и Коковкина. Она укоризненно сказала:

— Ардальон Борисыч, как же это вы так мальчика конфузите нивесть за что! Хорошо, что он еще и не понимает ваших слов.

— Ну, прощайте, — сердито сказал Передонов, — а только я скажу директору. Это надо расследовать.

Он ушел. Коковкина пошла утешать Сашу. Саша грустно сидел у окна и смотрел на звездное небо. Уже спокойны и странно печальны были его черные глаза. Коковкина молча погладила его по голове.

— Я сам виноват, — сказал он, — проболтался, за что меня дразнят, а он и пристал. Он — самый грубый. Его никто из гимназистов не любит.

На другой день Передонов и Варвара переезжали, наконец,

на новую квартиру. Ершова стояла в воротах и свирепо ругалась с Варварою. Передонов прятался от нее за возами.

На новой квартире тотчас же отслужили молебен. Необходимо было, по расчетам Передонова, показать, что он — человек верующий. Во время молебна запах ладана, кружа ему голову, вызвал в нем смутное настроение, похожее на молитвенное.

Одно странное обстоятельство смутило его. Откуда-то прибежала маленькая тварь неопределенных очертаний — маленькая, серая, юркая недотыкомка. Она посмеивалась и дрожала и вертелась вокруг Передонова. Когда же он протягивал к ней руку, она быстро ускользала, убегала за дверь или под шкап, а через минуту появлялась снова, и дрожала, и дразнилась — серая, безликая, юркая.

Наконец, уж когда кончался молебен, Передонов догадался и зачурался шопотом. Недотыкомка зашипела тихо-тихо, сжалась в малый комок и укатилась за дверь. Передонов вздохнул облегченно.

"Да, хорошо, если она совсем укатилась. А может быть, она живет в этой квартире, где-нибудь под полом, и опять станет приходить и дразнить".

Тоскливо и холодно стало Передонову,

"И к чему вся эта нечисть на свете?" — подумал он.

Когда молебен кончился, когда гости разошлись, Передонов долго думал о том, где бы могла скрываться недотыкомка. Варвара ушла к Грушиной, а Передонов отправился на поиски и принялся перерывать ее вещи.

"Не в кармане ли унесла ее Варвара? — думал Передонов. — Много ли ей надо места? Спрячется в карман и будет сидеть, пока срок не придет".

Одно Варварино платье привлекло внимание Передонова. Оно было в оборках, бантиках, лентах, словно нарочно сшито, чтобы можно было спрятать кого-нибудь. Передонов долго рассматривал его, потом с усилием, при помощи ножа, вырвал, отчасти вырезал карман, бросил его в печку, а затем принялся рвать и резать на мелкие куски все платье. В его голове бродили смутные, странные мысли, а на душе было безнадежно тоскливо.

Скоро вернулась Варвара, — еще Передонов кромсал остатки платья. Она подумала, что он пьян, и принялась ругаться. Передонов слушал долго и наконец сказал:

— Чего лаешься, дура! Ты, может быть, чорта в кармане носишь. Должен же я позаботиться, что тут делается.

Варвара опешила. Довольный произведенным

101

впечатлением, он поспешил отыскать шапку и отправился играть на биллиарде. Варвара выбежала в переднюю и, пока Передонов надевал пальто, кричала:

— Это ты, может быть, чорта в кармане носишь, а у меня нет никакого чорта. Откуда я тебе чорта возьму? Разве по заказу из Голландии тебе выписать!

* * *

Молоденький чиновник Черепнин, тот самый, о котором рассказывала Вершина, что он подсматривал в окно, начал было, когда Вершина овдовела, ухаживать за нею. Вершина не прочь была бы выйти замуж второй раз, но Черепнин казался ей слишком ничтожным. Черепнин озлобился. Он с радостью поддался на уговоры Володина вымазать дегтем ворота у Вершиной.

Согласился, а потом раздумье взяло. А ну как поймают? Неловко, все же чиновник. Он решил переложить это дело на других. Затратив четвертак на подкуп двух подростков-сорванцов, он обещал им еще по пятиалтынному, если они устроят это, — и в одну темную ночь дело было сделано.

Если бы кто-нибудь в доме Вершиной открыл окно после полуночи, то он услышал бы на улице легкий шорох босых ног на мостках, тихий шопот, еще какие-то мягкие звуки, похожие на то, словно обметали забор; потом легкое звяканье, быстрый топот тех же ног, все быстрее и быстрее, далекий хохот, тревожный лай собак.

Но никто не открыл окна. А утром. . . Калитка, забор около сада и около двора были исполосованы желтовато-коричневыми следами от дегтя, На воротах дегтем написаны были грубые слова. Прохожие ахали и смеялись, разнеслась молва, приходили любопытные.

Вершина ходила быстро в саду, курила, улыбалась еще кривее обычного и бормотала сердитые слова. Марта не выходила из дому и горько плакала. Служанка Марья пыталась смыть деготь и злобно переругивалась с глазевшими, галдевшими и хохотавшими любопытными.

* * *

Черепнин в тот же день рассказал Володину, кто это сделал. Володин немедленно же передал это Передонову. Оба

102

они знали этих мальчишек, которые славились дерзкими шалостями.

Передонов, отправляясь на биллиард, зашел к Вершиной. Было пасмурно. Вершина и Марта сидели в гостиной.

— У вас ворота замазали дегтем, — сказал Передонов.

Марта покраснела. Вершина торопливо рассказала, как они встали и увидели, что на их забор смеются, и как Марья отмывала забор. Передонов сказал:

— Я знаю, кто это сделал.

Вершина в недоумении смотрела на Передонова.

— Как же это вы узнали? — спросила она.

— Да уж узнал.

— Кто же, скажите, — сердито спросила Марта.

Она сделалась совсем некрасивою, потому что у нее были теперь злые заплаканные глаза с покрасневшими и распухшими веками. Передонов отвечал:

— Я скажу, конечно, для того и пришел. Этих мерзавцев надо проучить. Только вы должны обещать, что никому не скажете, от кого узнали.

— Да отчего же так, Ардальон Борисыч? — с удивлением спросила Вершина.

Передонов помолчал значительно, потом сказал в объяснение:

— Это такие озорники, что голову проломят, коли узнают, кто их выдал.

Вершина обещала молчать.

— И вы не говорите, что это я сказал, — обратился Передонов к Марте.

— Хорошо, я не скажу, — поспешно согласилась Марта, потому что хотелось поскорее узнать имена виновников.

Ей казалось, что их следовало подвергнуть мучительному и позорному наказанию.

— Нет, вы лучше побожитесь, — опасливо сказал Передонов.

— Ну вот ей-богу, никому не скажу, — уверяла Марта, — вы только скажите поскорей.

А за дверью подслушивал Владя. Он рад был, что догадался не входить в гостиную: его не заставят дать обещание, и он может сказать кому угодно. И он улыбался от радости, что так отомстит Передонову.

— Я вчера в первом часу возвращался домой по вашей улице, — рассказывал Передонов, — вдруг слышу, около ваших ворот кто-то возится. Я сначала думал, что воры. Думаю, как мне быть. Вдруг слышу, побежали, и прямо на меня. Я к стенке прижался, они меня не видали, а я их узнал. У одного мазилка, у другого ведерко. Известные мерзавцы, слесаря Авдеева сыновья. Бегут, и один другому говорит: недаром ночь провели, говорит, пятьдесят пять копеечек заработали. Я было хотел одного задержать да побоялся, что харю измажут, да и на мне новое пальто было.

* * *

Едва Передонов ушел, Вершина отправилась к исправнику с жалобою.

Исправник Миньчуков послал городового за Авдеевым и его сыновьями.

Мальчики пришли смело, они думали, что их подозревают по прежним шалостям. Авдеев, унылый, длинный старик, был, наоборот, вполне уверен, что его сыновья опять сделали какую-нибудь пакость. Исправник рассказал Авдееву, в чем обвиняются его сыновья. Авдеев промолвил:

— Нет с ними моего сладу. Что хотите, то с ними и делайте, а я уж руки об них обколотил.

— Это не наше дело, — решительно заявил старший, вихрастый, рыжий мальчик, Нил.

— На нас все валят, кто что ни сделает, — плаксиво сказал младший, такой же вихрастый, но белоголовый, Илья. — Что ж, раз нашалили, так теперь за все и отвечай.

Миньчуков сладко улыбнулся, покачал головою и сказал:

— А вы лучше признайтесь чистосердечно.

— Не в чем, — грубо сказал Нил.

— Не в чем? А пятьдесят пять копеек кто вам дал за работу, а?

И, видя по минутному замешательству мальчиков, что они виноваты, Миньчуков сказал Вершиной:

— Да уж видно, что они.

Мальчики стали снова запираться. Их отвели в чулан — сечь. Не стерпевши боли, они повинились. Но и признавшись, не хотели было говорить, от кого получили за это деньги.

— Сами затеяли.

Их секли по очереди, не торопясь, пока они не сказали, что подкупил их Черепнин. Мальчиков отдали отцу. Исправник сказал Вершиной:

— Ну вот, мы их наказали, то есть отец их наказал, а вы знаете, кто это вам сделал.

— Я этого Черепнину так не спущу, — говорила Вершина, — я на него в суд подам.

— Не советую, Наталья Афанасьевна, — кротко сказал Миньчуков, — лучше оставьте это.

— Как это спускать таким негодяям? да ни за что! — воскликнула Вершина.

— Главное, улик никаких, — спокойно сказал исправник.

— Как никаких, коли сами мальчики признались?

— Мало ли что признались, а перед судьей отопрутся, — там ведь их пороть не станут.

— Как же отопрутся? Городовые — свидетели, — сказала Вершина уже не так уверенно.

— Какие там свидетели? Коли шкуру драть с человека станут, так он во всем признается, чего и не было. Они, конечно, мерзавцы, им и досталось, ну а судом с них ничего не возьмете.

Миньчуков сладко улыбался и спокойно посматривал на Вершину.

Вершина ушла от исправника очень недовольная, но, подумав, согласилась, что Черепнина обвинять трудно и что из этого может выйти только лишняя огласка и срам.

XIII

К вечеру Передонов явился к директору, — поговорить по делу.

Директор, Николай Власьевич Хрипач, имел известное число правил, которые столь удобно прикладывались к жизни, что придерживаться их было нисколько не обременительно. По службе он спокойно исполнял все, что требовалось законами или распоряжениями начальства, а также правилами общепринятого умеренного либерализма. Поэтому начальство, родители и ученики равно довольны были директором. Сомнительных случаев, нерешительности, колебаний он не знал, да и к чему они? всегда можно опереться или на постановление педагогического совета или на предписание начальства. Столь же правилен и спокоен был он в личных сношениях. Самая наружность его являла вид добродушия и стойкости: небольшого роста, плотный, подвижной, с бойкими глазами и уверенною речью, он казался человеком, который недурно устроился и намерен устроиться еще лучше. В кабинете его на полках стояло много книг; из некоторых он делал выписки. Когда выписок накоплялось достаточно, он располагал их в порядке и пересказывал своими словами, — и вот составлялся учебник, печатался и расходился, не так, как расходятся книжки Ушинского или Евтушевского, но все-таки хорошо. Иногда он составлял, преимущественно по заграничным книжкам, компиляцию, почтенную и никому ненужную, и печатал ее в журнале, тоже почтенном и тоже никому ненужном. Детей у него было много, и все они, мальчики и девочки, уже обнаруживали зачатки разнообразных талантов: кто писал стихи, кто рисовал, кто делал быстрые успехи в музыке. Передонов угрюмо говорил:

— Вот вы все на меня нападаете, Николай Власьевич. Вам на меня, может быть, клевещут, а я ничего такого не делаю.

— Извините, — прервал директор, — я не могу понять, о каких клеветах вы изволите упоминать. В деле управления вверенной мне гимназией я руководствуюсь собственными моими наблюдениями и смею надеяться, что моя служебная опытность достаточна для того, чтобы с должною правильностью оценивать то, что я вижу и слышу, тем более, при том внимательном отношении к делу, которое я ставлю себе за непременное правило, — говорил Хрипач быстро и отчетливо, и голос его раздавался сухо и ясно, подобно треску, издаваемому цинковыми прутьями, когда их сгибают. — Что же касается моего личного о вас мнения, то я и ныне продолжаю думать, что в вашей служебной деятельности обнаруживаются досадные пробелы.

— Да, — угрюмо сказал Передонов, — вы взяли себе в голову, что я никуда не гожусь, а я постоянно о гимназии забочусь.

Хрипач с удивлением поднял брови и вопросительно поглядел на Передонова.

— Вы не замечаете, — продолжал Передонов, — что у нас в гимназии скандал может выйти, — и никто не замечает, один я уследил.

— Какой скандал? — с сухим смешком спросил Хрипач и проворно заходил по кабинету. — Вы меня интригуете, хотя, скажу откровенно, я мало верю в возможность скандала в нашей гимназии.

— Да, а вот вы не знаете, кого вы нынче приняли, — сказал Передонов с таким злорадством, что Хрипач приостановился и внимательно посмотрел на него.

— Все вновь принятые — на перечет, — сухо сказал он. — Притом же принятые в первый класс, очевидно, не были еще исключены из другой гимназии, а единственный, поступивший в пятый класс, прибыл к нам с такими рекомендациями, которые исключают возможность нелестных предположений.

— Да, только его не к нам надо отдать, а в другое заведение, — угрюмо, словно нехотя, промолвил Передонов.

— Объяснитесь, Ардальон Борисыч, прошу вас, — сказал Хрипач. — Надеюсь, вы не хотите сказать, что Пыльникова следует отправить в колонию для малолетних преступников.

— Нет, эту тварь надо отправить в пансион без древних языков, — злобно сказал Передонов, и глаза его сверкнули злостью.

Хрипач, засунув руки в карманы домашнего коротенького пиджака, смотрел на Передонова с необычайным удивлением.

— Какой пансион ? — спросил он. — Известно ли вам, какие учреждения именуются таким образом? И если известно, то как решились вы сделать такое непристойное сопоставление?

Хрипач сильно покраснел, и голос его звучал еще суше и отчетливее. В другое время эти признаки директорова гнева приводили Передонова в замешательство. Но теперь он не смущался.

— Вы все думаете, что это — мальчик, — сказал он, насмешливо щуря глаза, — а вот и не мальчик, а девчонка, да еще какая!

Хрипач коротко и сухо засмеялся, словно деланным смехом, звонким и отчетливым, — так он и всегда смеялся.

— Ха-ха-ха! — отчетливо делал он, кончая смеяться, сел в кресло и откинул голову, словно падая от смеха. — Удивили же вы меня, почтенный Ардальон Борисыч! ха-ха-ха! Скажите мне, будьте любезны, на чем вы основываете ваше предположение, если посылки, которые вас привели к этому заключению, не составляют вашей тайны! ха-ха-ха!

Передонов рассказал все, что слышал от Варвары, и уже заодно распространился о дурных качествах Коковкиной. Хрипач слушал, по временам разражаясь сухим, отчетливым смехом.

— У вас, любезный Ардальон Борисыч, зашалило воображение, — сказал он, встал и похлопал Передонова по рукаву. — У многих из моих уважаемых товарищей, как и у меня, есть свои дети, мы все не первый год живем, и неужели вы думаете, что могли принять за мальчика переодетую девочку?

— Вот вы так к этому относитесь, а если что-нибудь выйдет, то кто же будет виноват? — спросил Передонов.

— Ха-ха-ха! — засмеялся Хрипач, — каких же последствий вы опасаетесь?

— В гимназии разврат начнется, — сказал Пере донов.

Хрипач нахмурился и сказал:

— Вы слишком далеко заходите. Все, что вы мне до сих пор сказали, не дает мне ни малейшего повода разделять ваши подозрения.

* * *

В этот же вечер Передонов поспешно обошел всех сослуживцев, от инспектора до помощников классных наставников, и всем рассказывал, что Пыльников — переодетая барышня. Все смеялись и не верили, но многие, когда он уходил, впадали в сомнение. Учительские жены, так те почти все поверили сразу.

На другое утро уже многие пришли на уроки с мыслью, что Передонов, может быть, и прав. Открыто этого не говорили, но уже и не спорили с Передоновым и ограничивались нерешительными и двусмысленными ответами: каждый боялся, что его сочтут глупым, если он станет спорить, а вдруг окажется, что это — правда. Многим хотелось бы услышать, что говорит об этом директор, но директор, сверх обыкновения, вовсе не выходил сегодня из своей квартиры, только прошел, сильно запоздав, на своей единственный в тот день урок в шестом классе, просидел там лишних пять минут и ушел прямо к себе, никому не показавшись.

Наконец, перед четвертым уроком седой законоучитель и еще двое учителей пошли в кабинет к директору под предлогом какого-то дела, и батюшка осторожно завел речь о Пыльникове. Но директор засмеялся так уверенно и простодушно, что все трое разом прониклись уверенностью, что все это — вздор. А директор быстро перешел на другие темы, рассказал свежую городскую новость, пожаловался на сильнейшую головную боль и сказал, что, кажется, придется пригласить почтеннейшего Евгения Ивановича, гимназического врача. Затем в очень добродушном тоне он рассказал, что сегодня урок еще усилил его головную боль, так как случилось, что в соседнем классе был Передонов, и гимназисты там почему-то часто и необычайно громко смеялись. Засмеявшись своим сухим смехом, Хрипач сказал:

— В этом году судьба ко мне немилосердна, три раза в неделю приходится сидеть рядом с классом, где занимается Ардальон Борисыч, и, представьте, постоянно хохот, да еще какой. Казалось бы, Ардальон Борисыч человек не смешливый, а какую постоянно возбуждает веселость!

И, не дав никому сказать что-нибудь на это, Хрипач быстро перешел еще раз к другой теме.

А на уроках у Передонова в последнее время действительно много смеялись, — и не потому, чтобы это ему нравилось. Напротив, детский смех раздражал Передонова. Но он не мог удержаться, чтобы не говорить чего-нибудь лишнего, непристойного: то расскажет глупый анекдот, то примется дразнить кого-нибудь посмирнее. Всегда в классе находилось несколько таких, которые рады были случаю произвести беспорядок, — и при каждой выходке Передонова подымали неистовый хохот.

К концу уроков Хрипач послал за врачом, а сам взял шляпу и отправился в сад, что лежал меж гимназиею и берегом реки. Сад был обширный и тесный. Маленькие гимназисты любили его. Они в нем широко разбегались на переменах. Поэтому помощники классных наставников не любили этого сада. Они боялись, что с мальчиками что-нибудь случится. А Хрипач требовал, чтобы мальчики бывали там на переменах. Это было нужно ему для красоты в отчетах.

Проходя по коридору, Хрипач приостановился у открытой двери в гимнастический зал, постоял, опустив голову, и вошел. По его невеселому лицу и медленной походке уже все знали, что у него болит голова.

Собирался на гимнастику пятый класс. Построились в одну шеренгу, и учитель гимнастики, поручик местного резервного батальона, собирался что-то скомандовать, но, увидя директора, пошел к нему навстречу. Директор пожал ему руку, рассеянно поглядел на гимназистов и спросил:

— Довольны вы ими? Как они, стараются? Не утомляются?

Поручик глубоко презирал в душе гимназистов, у которых, по его мнению, не было и не могло быть военной выправки. Если бы это были кадеты, то он прямо сказал бы, что о них думает. Но об этих увальнях не стоило говорить неприятной правды человеку, от которого зависели его уроки.

И он сказал, приятно улыбаясь тонкими губами и глядя на директора ласково и весело:

— О, да, славные ребята.

Директор сделал несколько шагов вдоль фронта, повернул к выходу и вдруг остановился, словно вспомнив что-то.

— А нашим новым учеником вы довольны? Как он, старается? Не утомляется? — спросил он лениво и хмуро и взялся рукою за лоб.

Поручик, для разнообразия и думая, что ведь это — чужой, со стороны гимназист, сказал:

— Несколько вял, да, скоро устает.

Но директор уже не слушал его и выходил из зала.

Внешний воздух, невидимому, мало освежил Хрипача. Через полчаса он вернулся и опять, постояв у двери с полминуты, зашел на урок. Шли упражнения на снарядах. Два-три незанятых пока гимназиста, не замечая директора, стояли, прислонясь к стене, пользуясь тем, что поручик не смотрел на них. Хрипач подошел к ним.

— А, Пыльников, — сказал он, — зачем же вы легли на стену?

Саша ярко покраснел, вытянулся и молчал.

— Если вы так утомляетесь, то вам, может быть, вредна гимнастика? — строго спросил Хрипач.

— Виноват, я не устал, — испуганно сказал Саша.

— Одно из двух, — продолжал Хрипач, — или не посещать уроков гимнастики, или... Впрочем, зайдите ко мне после уроков.

Он поспешно ушел, а Саша стоял, смущенный, испуганный.

— Влетел! — говорили ему товарищи, — он тебя до вечера будет отчитывать.

Хрипач любил делать продолжительные выговоры, и гимназисты пуще всего боялись его приглашений.

После уроков Саша робко отправился к директору. Хрипач принял его немедленно. Он быстро подошел, словно подкатился на коротких ногах к Саше, придвинулся к нему близко и, внимательно глядя прямо в глаза, спросил:

— Вас, Пыльников, в самом деле утомляют уроки гимнастики? Вы на вид довольно здоровый мальчик, но "наружность иногда обманчива бывает". У вас нет какой-нибудь болезни? Может быть, вам вредно заниматься гимнастикой?

— Нет, Николай Власьевич, я здоров, — отвечал Саша, весь красный от смущения.

— Однако, — возразил Хрипач, — и Алексей Алексеевич жалуется на вашу вялость и на то, что вы скоро устаете, и я заметил сегодня на уроке, что у вас утомленный вид. Или я ошибся, может быть?

Саша не знал, куда ему скрыть свои глаза от пронизывающего взора Хрипача. Он растерянно бормотал:

— Извините, я не буду, я так, просто поленился стоять. Я, право, здоров. Я буду усердно заниматься гимнастикой.

Вдруг, совсем неожиданно для себя, он заплакал.

— Вот видите, — сказал Хрипач, — вы, очевидно, утомлены: вы плачете, как будто я сделал вам суровый выговор. Успокойтесь.

110

Он положил руку на Сашино плечо и сказал:

— Я позвал вас не для нотаций, а чтобы разъяснить... Да вы сядьте, Пыльников, я вижу, вы устали.

Саша поспешно вытер платком мокрые глаза и сказал:

— Я совсем не устал.

— Сядьте, сядьте, — повторил Хрипач и подвинул Саше стул.

— Право же, я не устал, Николай Власьевич,— уверял Саша.

Хрипач взял его за плечи, посадил, сам сел против него и сказал:

— Поговорим спокойно, Пыльников. Вы и сами можете не знать действительного состояния вашего здоровья: вы — мальчик старательный и хороший во всех отношениях, поэтому для меня вполне понятно, что вы не хотели просить увольнения от уроков гимнастики. Кстати, я просил сегодня Евгения Ивановича притти ко мне, так как и сам чувствую себя дурно. Вот он кстати и вас посмотрит. Надеюсь, вы ничего не имеете против этого?

Хрипач посмотрел на часы и, не дожидаясь ответа, заговорил с Сашей о том, как он провел лето.

Скоро явился Евгений Иванович Суровцев, гимназический врач, человек маленький, черный, юркий, любитель разговоров о политике и о новостях. Знаний больших у него не было, но он внимательно относился к больным, лекарствам предпочитал диету и гигиену и потому лечил успешно.

Саше велели раздеться. Суровцев внимательно рассмотрел его и не нашел никакого порока, а Хрипач убедился, что Саша вовсе не барышня. Хотя он и раньше был в этом уверен, но считал полезным, чтобы впоследствии, если придется отписываться на запросы округа, врач гимназии имел возможность удостоверить это без лишних справок.

Отпуская Сашу, Хрипач сказал ему ласково: — Теперь, когда мы знаем, что вы здоровы, я скажу Алексею Алексеевичу, чтобы он не давал вам никакой пощады.

* * *

Передонов не сомневался, что раскрытие в одном из гимназистов девочки обратит внимание начальства и что, кроме повышения, ему дадут и орден. Это поощряло его бдительно смотреть за поведением гимназистов. К тому же погода несколько дней под ряд стояла пасмурная и холодная, на биллиард собирались плохо, — оставалось ходить по городу и посещать ученические квартиры и даже тех гимназистов, которые жили при родителях.

Передонов выбирал родителей, что попроще: придет, нажалуется на мальчика, того высекут, — и Передонов доволен. Так нажаловался он прежде всего на Иосифа Крамаренка его отцу, державшему в городе пивной завод,— сказал, что Иосиф шалит в церкви. Отец поверил и наказал сына. Потом та же участь постигла еще нескольких других. К тем, которые, по мнению Передонова, стали бы заступаться за сыновей, он и не ходил: еще пожалуются в округ.

Каждый день посещал он хоть одну ученическую квартиру. Там он вел себя по-начальнически: распекал, распоряжался, угрожал. Но там гимназисты чувствовали себя самостоятельнее и порою дразнили Передонова. Впрочем, Флавицкая, дама энергичная, высокая и звонкоголосая, по желанию Передонова, высекла больно своего маленького постояльца, Владимира Бультякова.

В классах на следующий день Передонов рассказал о своих подвигах. Фамилий не называл, но жертвы его сами выдавали себя своим смущением.

XIV

Слухи о том, что Пыльников — переодетая барышня, быстро разнеслись по городу. Из первых узнали Рутиловы. Людмила, любопытная, всегда старалась все новое увидеть своими глазами. Она зажглась жгучим любопытством к Пыльникову. Конечно, ей надо посмотреть на ряженую плутовку. Она же и знакома с Коковкиною. И вот как-то раз к вечеру Людмила сказала сестрам:

— Пойду посмотреть эту барышню.

— Глазопялка! — сердито крикнула Дарья.

— Нарядилась, — отметила Валерия, сдержанно усмехаясь.

Им было досадно, что не они выдумали: втроем неловко итти. Людмила оделась несколько наряднее обычного, — зачем и сама не знала. Впрочем, она любила наряжаться и одевалась откровеннее сестер: руки да плечи поголее, юбка покороче, башмаки полегче, чулки потоньше, попрозрачнее, тельного цвета. Дома ей нравилось побыть в одной юбке и босиком и надеть башмаки на босые ноги, — притом рубашка и юбка у нее всегда были слишком нарядны.

Погода стояла холодная, ветреная, облетелые листья плавали по рябым лужам. Людмила шла быстро и под своею тонкою накидкою почти не чувствовала холода.

Коковкина с Сашею пили чай. Зоркими глазами оглядела их Людмила, — ничего, сидят скромненько, чай пьют, булки едят и разговаривают. Людмила поцеловалась с хозяйкою и сказала:

— Я к вам по делу, милая Ольга Васильевна. Но это потом, а пока вы меня чайком согрейте. Ай, какой у вас юноша сидит!

Саша покраснел, неловко поклонился. Коковкина назвала его гостье. Людмила уселась за стол и принялась оживленно рассказывать новости. Горожане любили принимать ее за то, что она все знала и умела рассказывать мило и скромно. Коковкина, домоседка, была ей непритворно рада и радушно угощала. Людмила весело болтала, смеялась вскакивала с места передразнить кого-нибудь, задевала Сашу. Она сказала:

— Вам скучно, голубушка, — что вы все дома с этим кисленьким гимназистиком сидите, вы бы хоть к нам когда-нибудь заглянули.

— Ну, где уж мне, — отвечала Коковкина, — стара я уже стала в гости ходить.

— Какие там гости! — ласково возражала Людмила, — придите и сидите, как у себя дома, вот и все. Этого младенца пеленать не надо.

Саша сделал обиженное лицо и покраснел.

— Углан какой! — задорно сказала Людмила и принялась толкать Сашу. — А вы побеседуйте с гостьей.

— Он еще маленький, — сказала Коковкина, — он у меня скромный.

Людмила с усмешкой глянула на нее и сказала:

— Я тоже скромная.

Саша засмеялся и простодушно возразил:

— Вот еще, вы разве скромная?

Людмила захохотала. Смех ее был, как всегда, словно сплетен со сладостными и страстными веселиями. Смеясь, она сильно краснела, глаза становились у нее шаловливыми, виноватыми, и взор их убегал от собеседников. Саша смутился, спохватился, начал оправдываться:

— Да нет же, я ведь хотел сказать, что вы бойкая, а не скромная, а не то, что вы нескромная.

Но, чувствуя, что на словах это не выходит так ясно, как вышло бы на письме, он смешался и покраснел.

— Какие он дерзости говорит! — хохоча и краснея, кричала Людмила, — это просто прелесть что такое!

113

— Законфузили вы совсем моего Сашеньку, — сказала Коковкина, одинаково ласково посматривая и на Людмилу и на Сашу.

Людмила, изогнувшись кошачьим движением, погладила Сашу по голове. Он засмеялся застенчиво и звонко, увернулся из-под руки и убежал к себе в комнату.

— Голубушка, сосватайте мне жениха, — сразу же, без всякого перехода, заговорила Людмила.

— Ну вот, какая я сваха! — с улыбкой отвечала Коковкина, но по лицу ее было видно, что она с наслаждением взялась бы за сватовство.

— Чем же вы не сваха, право? — возразила Людмила, — да и я чем не невеста? Меня вам не стыдно сватать.

Людмила подперла руками бока и приплясывала перед хозяйкою.

— Да ну вас! — сказала Коковкина, — ветреница вы этакая.

Людмила заговорила, смеясь:

— Хоть от нечего делать займитесь.

— Какого же вам жениха-то надо? — улыбаючись спросила Коковкина.

— Пусть он будет, — будет брюнет, — голубушка, непременно брюнет, — быстро заговорила Людмила. — Глубокий брюнет. Глубокий, как яма. И вот вам образчик: как ваш гимназист, — такие же чтобы черные были брови и очи с поволокой, и волосы черные с синим отливом, ресницы густые-густые, синевато-черные ресницы. Он у вас красавец, — право, красавец! Вот вы мне такого.

Скоро Людмила собралась уходить. Уже стало темнеть. Саша пошел провожать.

— Только до извозчика! — нежным голосом просила Людмила и смотрела на Сашу, виновато краснея, ласковыми глазами.

На улице Людмила опять стала бойкою и принялась допрашивать Сашу:

— Ну что же, вы все уроки учите? Книжки-то читаете какие-нибудь?

— Читаю и книжки, — отвечал Саша, — я люблю читать.

— Сказки Андерсена?

— Ничего не сказки, а всякие книги. Я историю люблю, да стихи.

— То-то, стихи. А какой у вас любимый поэт? — строго спросила Людмила.

— Надсон, конечно, — ответил Саша с глубоким убеждением в невозможности иного ответа.

— То-то, — поощрительно сказала Людмила.- Я тоже Надсона люблю, но только утром, а вечерам, я, миленький, наряжаться люблю. А вы что любите делать?

Саша глянул на нее ласковыми черными глазами, — и они вдруг стали влажными, — и тихонько сказал:

— Я люблю ласкаться.

— Ишь ты, какой нежный, — сказала Людмила и обняла его за плечи, — ласкаться любишь. А полоскаться любите?

Саша хихикнул. Людмила допрашивала:

— В теплой водице?

— В теплой, и в холодной, — стыдливо сказал мальчик.

— А мыло вы какое любите?

— Глицериновое.

— А виноград любите?

Саша засмеялся.

— Какая вы! Ведь это — разное, а вы те же слова говорите. Только меня вы не подденете.

— Вот еще, нужно мне вас поддевать! — посмеиваясь, сказала Людмила.

— Да уж я знаю, что вы пересмешница.

— Откуда это вы взяли?

— Да все говорят, — сказал Саша.

— Скажите, сплетник какой! — притворно строго сказала Людмила.

Саша покраснел.

— Ну, вот и извозчик. Извозчик! — крикнула Людмила.

— Извозчик! — крикнул и Саша.

Извозчик, дребезжа неуклюжими дрожками, подкатил. Людмила сказала ему, куда ехать. Он подумал и потребовал сорок копеек. Людмила сказала:

— Что ты, голубчик, далеко ли? Да ты дороги не знаешь.

— Сколько же дадите? — спросил извозчик.

— Да возьми любую половину.

Саша засмеялся.

— Веселая барышня, — осклабясь, сказал извозчик, — прибавьте хоть пятачок.

— Спасибо, что проводили, миленький, — сказала Людмила, крепко пожала Сашину руку и села на дрожки.

Саша побежал домой, весело думая о веселой девице.

* * *

Людмила веселая вернулась домой, улыбаясь и о чем-то

забавном мечтая. Сестры ждали ее. Они сидели в столовой за круглым столом, освещенным висячею лампою. На белой скатерти веселою казалась коричневая бутылка с копенгагенскою шери-бренди, и светло поблескивали облипшие складки края у ее горлышка. Ее окружали тарелки с яблоками, орехами и халвою.

Дарья была под хмельком; красная, растрепанная, полуодетая, она громко пела. Людмила услышала уже предпоследний куплет знакомой песенки:

> Где делось платье, где свирель!
> Нагой нагу влечет на мель.
> Страх гонит стыд, стыд гонит страх.
> Пастушка вопиет в слезах:
> Забудь, что видел ты!

Была и Лариса тут, — нарядная, спокойно-веселая, она ела яблоко, отрезая ножичком по ломтику, и посмеивалась.

— Ну что, — спросила она,— видела?

Дарья примолкла и смотрела на Людмилу. Валерия оперлась на локоток, отставила мизинчик и наклонила голову, подражая улыбкою Ларисе. Но она тоненькая, хрупкая, и улыбка у нее беспокойная. Людмила налила в рюмку вишнево-красный ликер и сказала:

— Глупости! Мальчишка самый настоящий, и пресимпатичный. Глубокий брюнет, глаза блестят, а сам — маленький и невинный.

И вдруг она звонко захохотала. На нее глядючи, и сестры засмеялись.

— А, да что говорить, все это — ерунда Передоновская, — сказала Дарья, махнув рукою, и призадумалась минутку, опершись локтями на стол и склонив голову. — Спеть лучше, — сказала она и запела пронзительно громко.

В ее визгах звучало напряженно-угрюмое одушевление. Если бы мертвеца выпустили из могилы с тем, чтобы он все время пел, так запело бы то навье. А уж сестры давно привыкли к хмельному Дарьину горланью и порою подпевали ей нарочито визгливыми голосами.

— Вот-то развылась, — сказала Людмила, усмехаючись.

Не то, чтобы ей не нравилось, а лучше бы хотелось рассказывать, а чтобы сестры слушали. Дарья сердито крикнула, прервав песню на полуслове:

— Тебе-то что, я ведь тебе не мешаю!

116

И немедленно снова запела с того же самого места. Лариса ласково сказала:

— Пусть поет.

— Мне мокротно молоденьке, Нигде места не найду, —

визгливо пела Дарья, искажая звуки и вставляя слоги, как делают простонародные певцы для пущей трогательности. Выходило, примерно, этак:

А-е-ех мне-э ды ма-а-е-кро-оты-на-а ма-а-ла-ае-де-е-ни-ке-е-а-е-эх.

При этом растягивались особенно неприятно те звуки, на которых ударение не падает. Впечатление достигалось в превосходной степени: тоску смертную нагнало бы это пение на свежего слушателя. . .

О, смертная тоска, оглашающая поля и веси, широкие родные просторы! Тоска, воплощенная в диком галдении, тоска, гнусным пламенем пожирающая живое слово, низводящая когда-то живую песню к безумному вою! О, смертная тоска! О, милая, старая русская песня, или и подлинно ты умираешь?. .

Вдруг Дарья вскочила, подбоченилась и принялась выкрикивать веселую частушку, с плясом и прищелкиванием пальцами:

Уходи-т-ка, парень, прочь, —
Я разбойницкая дочь.
Наплевать, что ты пригож, —
Я всажу те в брюхо нож.
Мне не надо мужика,—
Полюблю я босяка.

Дарья пела и плясала, и глаза ее, неподвижные на лице, вращались за ее кружением, подобно кругам мертвой луны. Людмила громко хохотала, и сердце у нее легонько замирало и теснилось, не то от веселой радости, не то от вишнево-сладкой, страшной шери-бренди. Валерия смеялась тихо, стеклянно-звенящим смехом и завистливо смотрела на сестер: ей бы хотелось такого же веселья, но было почему-то невесело: она думала, что она — последняя, "поскребыш", а потому слабая и несчастливая. И она смеялась, точно сейчас заплачет.

Лариса глянула на нее, подмигнула ей, и Валерии вдруг стало весело и забавно. Лариса поднялась, пошевелила плечами, — и в миг все четыре сестры закружились в неистовом радении, внезапно объятые шальною пошавою, горланя за Дарьею глупые слова новых да новых частушек, одна другой

117

нелепее и бойчее. Сестры были молоды, красивы, голоса их звучали звонко и дико — ведьмы на Лысой горе позавидовали бы этому хороводу.

Всю ночь Людмиле снились такие знойные, африканские сны! То грезилось ей, что лежит она в душно-натопленной горнице и одеяло сползает с нее, и обнажает ее горячее тело, — и вот чешуйчатый, кольчатый змей вполз в ее опочивальню и поднимается, ползет по дереву, по ветвям ее нагих, прекрасных ног...

Потом приснилось ей озеро и жаркий летний вечер, под тяжко надвигающимися грозовыми тучами, — и она лежит на берегу, нагая, с золотым гладким венцом на лбу. Пахло теплою застоявшею водою и тиною, и изнывающею от зноя травою, — а по воде, темной и зловеще спокойной, плыл белый лебедь, сильный, царственно-величавый. Он шумно бил по воде крыльями и, громко шипя, приблизился, обнял ее, — стало темно и жутко...

И у змея, и у лебедя наклонилось над Людмилою Сашино лицо, до синевы бледное, с темными загадочно-печальными глазами, — и синевато-черные ресницы, ревниво закрывая их чарующий взор, опускались тяжело, страшно.

Потом приснилась Людмиле великолепная палата с низкими, грузными сводами, — и толпились в ней нагие, сильные, прекрасные отроки,— а краше всех был Саша. Она сидела высоко, и нагие отроки перед нею поочередно бичевали друг друга. И когда положили на пол Сашу, головою к Людмиле, и бичевали его, а он звонко смеялся и плакал, — она хохотала, как иногда хохочут во сне, когда вдруг усиленно забьется сердце, — смеются долго, неудержимо, смехом сомозабвения и смерти...

Утром после всех этих снов Людмила почувствовала, что страстно влюблена в Сашу. Нетерпеливое желание увидеть его охватило Людмилу, — но ей досадно было думать, что она увидит его одетого. Как глупо, что мальчишки не ходят обнаженные! Или хоть босые, как летние уличные мальчишки, на которых Людмила любила смотреть за то, что они ходят босиком, иной раз высоко обнажая ноги.

Точно стыдно иметь тело, — думала Людмила, — что даже мальчишки прячут его".

XV

Володин исправно ходил к Адаменкам на уроки. Мечты его о том, что барышня станет его угощать кофейком, не осуществились. Его каждый раз провожали прямо в покойчик, назначенный для ручного труда. Миша обыкновенно уже стоял в сером холщевом переднике у верстака, приготовив потребное для урока. Все, что Володин приказывал, он исполнял радушно, но без охоты. Чтобы поменьше работать, Миша старался втянуть Володина в разговор. Володин хотел быть добросовестным и не поддавался. Он говорил:

— Вы, Мишенька, извольте сначала делом заняться два часика, а уж потом, если угодно, потолкуем. Тогда — сколько угодно, а теперь — ни-ни, потому что прежде всего дело.

Миша легонько вздыхал и принимался за дело, но по окончании урока у него уже не являлось желания потолковать: он говорил, что некогда, что много задано. Иногда на урок приходила и Надежда посмотреть, как Миша занимается. Миша заметил, — и пользовался этим, — что при ней Володин легче поддается на разговоры. Однако Надежда, как только увидит, что Миша не работает, немедленно замечает ему:

— Миша, не изображай лентяя!

А сама уходит, сказавши Володину:

— Извините, я вам помешала. Он у меня такой, что не прочь и полениться, если ему дать волю.

Володин сначала был смущен таким поведением Надежды. Потом подумал, что она стесняется угощать его кофейком, — боится, как бы сплетен не вышло. Потом сообразил, что она могла бы вовсе не приходить к нему на уроки, однако приходит, — не оттого ли, что ей приятно видеть Володина? И то истолковывал Володин в свою пользу, что Надежда так с первого слова охотно согласилась, чтобы Володин давал уроки, и не торговалась. В таких мыслях утверждали его и Передонов с Варварою.

— Ясно, что она в тебя влюблена, — говорил Передонов.

— И какого еще ей жениха надо! — прибавляла Варвара.

Володин делал скромное лицо и радовался своим успехам. Однажды Передонов сказал ему:

— Жених, а трепаный галстук носишь.

— Я еще не жених, Ардаша, — рассудительно отвечал Володин, весь, однако, трепеща от радости, — а галстук я могу купить новый.

— Ты себе фигурный купи, — советовал Передонов, — чтоб видели, что в тебе любовь играет.

— Красный галстук, — сказала Варвара, — да попышнее, и булавку. Можно дешево булавку купить и с камнем, — шик будет.

Передонов подумал, что у Володина, пожалуй, и денег столько нет. Или поскупится, купит простенький, черный. И это будет скверно, думал Передонов: Адаменко — барышня светская; если итти к ней свататься в кой-каком галстуке, то она может обидеться и откажет. Передонов сказал:

— Зачем дешево покупать? Ты, Павлуша, на галстук выиграл у меня. Сколько я тебе должен, рубль сорок?

— Сорок копеечек, это верно, — сказал Володин, осклабясь и кривляясь, — только не рублик, а два рублика.

Передонов и сам знал, что два рубля, но ему приятнее было бы заплатить только рубль. Он сказал:

— Врешь, какие два рубля!

— Вот Варвара Дмитриевна свидетельница, — уверял Володин.

Варвара сказала, ухмыляясь:

— Уж плати, Ардальон Борисыч, коли проиграл, — и я помню, что два сорок.

Передонов подумал, что Варвара заступается за Володина, значит, передается на его сторону. Он насупился, достал из кошелька деньги и сказал:

— Ну, ладно, пусть два сорок, я не разорюсь. Ты — бедный человек, Павлушка, ну вот тебе, возьми.

Володин взял деньги, сосчитал, потом сделал обиженное лицо, наклонил крутой лоб, выпятил нижнюю губу и промолвил блеющим и дребезжащим голосом:

— Вы, Ардальон Борисыч, изволите быть мне должны, так и надо платить, а что я изволю быть бедным, так уж это сюда совсем не идет.

И я еще ни у кого на хлеб не прошу, а вы знаете, что беден только бес, который хлебца не ест, а как я еще хлебец кушаю и даже с маслицем, я не беден.

И совсем утешился, закраснел от радости, что так удачно ответил, и принялся смеяться, выкручивая губы.

Наконец Передонов и Володин решили итти свататься. Оба облеклись в большой наряд и имели торжественный и более обыкновенного глупый вид. Передонов надел белый шейный платок, Володин — пестрый, красный с зелеными полосками.

Передонов рассуждал так:

— Я сватать иду, моя роль солидная и случай выдающийся, мне надо в белом галстуке быть, а ты — жених, тебе надо пламенные чувства показать.

Напряженно торжественные поместились Передонов на диване, Володин в кресле. Надежда с удивлением смотрела на гостей. Гости беседовали о погоде и о новостях с видом людей, пришедших по щекотливому делу и не знающих, как приступить к нему. Наконец Передонов откашлялся и сказал:

— Надежда Васильевна, мы по делу.

— По делу, — сказал и Володин, сделал значительное лицо и выпятил губы.

— Вот о нем, — сказал Передонов и показал на Володина большим пальцем.

— Вот обо мне, — подтвердил и Володин и тоже показал большим пальцем на себя, на грудь.

Надежда улыбнулась.

— Прошу вас,— сказала она.

— Я за него буду говорить, — сказал Передонов, — он скромный, не решается сам. А он человек достойный, не пьющий, добрый. Он мало получает, но это наплевать. Ведь кому что надо, кому деньги, а кому человека. Ну, что ж ты молчишь, — обратился он к Володину, — скажи что-нибудь.

Володин склонил голову и произнес дрожащим голосом, как баран проблеял:

— Конечно, я небольшое жалованье получаю, но у меня всегда будет кусок хлебца. Конечно, я в университете не был, но живу, как дай бог всякому, и ничего худого за собой не знаю, а впрочем, кому как угодно судить. А я, что ж, собою доволен.

Он развел руками, наклонил лоб, словно собрался бодаться, и умолк.

— Так вот, — сказал Передонов, — он человек молодой, ему так жить не следует. Ему надо жениться. Все ж таки женатому лучше.

— Если жена соответствует, то чего лучше,— подтвердил Володин.

— А вы, — продолжал Передонов, — девица. Вам тоже надо замуж.

За дверью послышался легкий шорох, заглушенные, короткие звуки, как будто кто-то вздыхал или смеялся, закрывая рот. Надежда строго посмотрела на дверь и сказала холодно:

— Вы слишком ко мне заботливы, — с досадливым ударением на слове "слишком".

— Вам не надо богатого мужа, — говорил Передонов, — вы сама богатая. Вам надо такого, чтобы вас любил и угождал во всем. И вы его знаете, могли понять. Он к вам неравнодушен, вы к нему, может быть, тоже. Так вот, у меня купец, а у вас товар. То есть, вы сами — товар.

Надежда краснела и кусала губы, чтоб удержаться от смеха. За дверью продолжали раздаваться те же звуки. Володин скромно потупил глаза. Ему казалось, что дело идет на лад.

— Какой товар? — осторожно спросила Надежда.- Извините, я не понимаю.

— Ну, как не понимаете! — недоверчиво сказал Передонов. — Ну, я прямо скажу: Павел Васильевич просит у вас руки и сердца. И я за него прошу.

За дверью что-то упало на пол и каталось, фыркая и вздыхая. Надежда, краснея от сдержанного смеха, смотрела на гостей. Предложение Володина казалось ей смешною дерзостью.

— Да, — сказал Володин, — Надежда Васильевна, я прошу у вас руки и сердца.

Он покраснел, встал, сильно шаркнул ногою по ковру, поклонился и быстро сел. Потом опять встал, положил руку к сердцу и сказал, умильно глядя на барышню:

— Надежда Васильевна, позвольте объясниться! Так как я вас даже очень люблю, то неужели же вы не захотите соответствовать?

Он ринулся вперед, опустился перед Надеждою на колено и поцеловал ее руку.

— Надежда Васильевна, поверьте! Клянусь!- воскликнул он, поднял руку вверх, и со всего размаху ударил ею себя в грудь, так что гулкий звук отдался далече.

— Что вы, пожалуйста, встаньте! — смущенно сказала Надежда, — к чему это?

Володин встал и с обиженным лицом вернулся к своему месту. Там он прижал обе руки к груди и опять воскликнул:

— Надежда Васильевна, вы мне поверьте! По гроб, от всей души.

— Извините, — сказала Надежда, — я, право, не могу. Я должна воспитывать брата, — вот и он плачет там за дверью.

— Что ж, воспитывать брата! — обиженно выпячивая губы, сказал Володин, — это не мешает, кажется.

— Нет, во всяком случае, это его касается,— сказала Надежда, поспешно подымаясь, — надо его спросить. Подождите.

Она проворно выбежала из гостиной, шелестя светло-желтым платьем, за дверью схватила Мишу за плечо, добежала с ним до его горницы и там, стоя у двери, запыхавшись от бега и от подавленного смеха, сказала срывающимся голосом:

— Совсем, совсем бесполезно просить, чтобы не подслушивал. Неужели необходимо прибегнуть к самым строгим мерам?

Миша, обняв ее у пояса и прижимаясь к ней головою, хохотал, сотрясаясь от хохота и от старания заглушить его. Сестра втолкнула Мишу в его горницу, села на стул у двери и засмеялась.

— Слышал, что он выдумал, твой Павел Васильевич? — спросила она. — Иди со мной в гостиную, да смеяться не смей. Я у тебя спрошу при них, а ты не смей соглашаться. Понял?

— Угу! — промычал Миша и засунул в рот конец платка, чтобы не смеяться, что, однако, мало помогало.

— Закрой глаза платком, когда смеяться захочется, — посоветовала сестра и опять повела его за плечо в гостиную.

Там она посадила его на кресло, а сама поместилась на стуле рядом. Володин смотрел обиженно, склонив голову, как барашек.

— Вот, — сказала Надежда, показывая на брата,— едва слезы уняла, бедный мальчик! Я ему вместо матери, и вдруг он думает, что я его оставлю.

Миша закрыл лицо платком. Все тело его тряслось. Чтобы скрыть смех, он протяжно заныл:

— У-у-у.

Надежда обняла его, незаметно ущипнула за руки и сказала:

— Ну, не плачь, миленький, не плачь.

Мише стало так неожиданно больно, что на глазах показались слезы. Он опустил платок и сердито посмотрел на сестру.

"А вдруг,— подумал Передонов,— мальчишка разозлится и начнет кусаться; людская слюна, говорят, ядовита".

Он подвинулся к Володину, чтобы в случае опасности спрятаться за него. Надежда сказала брату:

— Павел Васильевич просит моей руки.

— Руки и сердца, — прибавил Передонов.

— И сердца, — скромно, но с достоинством сказал Володин.

Миша закрылся платком и, всхлипывая от сдержанного смеха, сказал:

— Нет, ты за него не выходи, а то как же я буду?

Володин заговорил дребезжащим от обиды и волнения голосом:

— Меня удивляет, Надежда Васильевна, что вы спрашиваетесь у вашего братца, который, к тому же, изволит быть еще мальчиком. Если бы он даже изволил быть взрослым юношей, то и в таком случае вы могли бы сами. А теперь, как вы у него спрашиваетесь, Надежда Васильевна, это меня очень удивляет и даже поражает.

— У мальчишек спрашиваться — мне это даже смешно, — угрюмо сказал Передонов.

— У кого же мне спрашиваться? Тете — все равно, а ведь его я должна воспитывать, так как же я выйду за вас замуж? Вы, может быть, станете с ним жестоко обращаться. Не правда ли, Мишка, ведь ты боишься его жестокостей?

— Нет, Надя, — сказал Миша, выглядывая одним глазом из-за своего платка, — я не боюсь его жестокостей, где ж ему! а я боюсь, что Павел Васильевич меня избалует и не даст тебе ставить меня в угол.

— Поверьте, Надежда Васильевна, — сказал Володин, прижимая руки к сердцу, — я не избалую Мишеньку. Я так думаю, что зачем мальчика баловать! Сыт, одет, обут, а баловать ни-ни. Я его тоже могу в угол ставить, а совсем не то, чтоб баловать. Я даже больше могу. Так как вы — девица, то есть барышня, то вам, конечно, неудобно, а я и прутиком могу.

— Оба в угол будете ставить, — плаксиво сказал Миша, закрывшись опять платком, — вот вы какие, да еще прутиком, нет, это мне невыгодно. Нет, ты Надя, не смей выходить за него.

— Ну вот, вы слышите, я решительно не могу, — сказала Надежда.

— Мне очень странно, Надежда Васильевна, что вы так поступаете, — сказал Володин. — Я к вам со всем расположением и, можно сказать, пламенно, а вы, между прочим, из-за братца. Если вы теперь из-за братца, другая изволит из-за сестрицы, третья — из-за племянника, а там и еще из-за кого-нибудь из родственников, и все так не будут выходить замуж,— этак и род людской совсем прекратится.

— Об этом не беспокойтесь, Павел Васильевич, — сказала Надежда, — пока еще такой опасности свету не грозит. Я не хочу выйти замуж без Мишина согласия, а он, вы слышали, не согласен. Да и понятно, вы его с первого слова сечь обещаетесь. Этак вы и меня поколотите.

— Помилуйте, Надежда Васильевна, да неужели же вы думаете, что я себе позволю такое невежество! — отчаянно воскликнул Володин.

Надежда улыбнулась.

— Я и сама не чувствую желания выходить замуж, — сказала она.

— Вы, может быть, хотите в монашки итти? — обиженным голосом спросил Володин.

— К толстовцам в их секту, — поправил Передонов, — землю навозить.

— Зачем же мне итти куда-нибудь? — строго спросила Надежда, вставая со своего места,— мне и здесь хорошо.

Володин тоже встал, обиженно выпятил губы и сказал:

— После этого, если Мишенька показывает ко мне такие чувства, а вы его, оказывается, что спрашиваете, то это выходит, что я должен и от уроков отказаться, потому что как же я теперь стану ходить, если Мишенька ко мне этак?

— Нет, зачем же? — возразила Надежда: — это совсем особое дело.

Передонов подумал, что следует еще попытаться уговорить барышню: может быть, и согласится. Он сказал ей сумрачно:

— Вы, Надежда Васильевна, подумайте хорошенько. Что ж так-то с бухты-барахты? Он — хороший человек. Он — мой друг.

— Нет, — сказала Надежда, — что ж тут думать! Благодарю очень Павла Васильевича за честь, но не могу.

Передонов сердито посмотрел на Володина и встал. Он подумал, что Володин — дурак: не сумел влюбить в себя барышню.

Володин стоял у своего кресла, склонив голову. Он спросил укоризненно:

— Так, значит, окончательно, Надежда Васильевна? Эх! Коли так, — сказал он, махнув рукою, — ну, так давай вам бог всего хорошего, Надежда Васильевна. Значит, уж такая моя горемычная судьба. Эх! Любил парень девицу, а она не любила. Видит бог! Ну, что ж, поплачу, да и все.

— Хорошим человеком пренебрегаете, а тоже еще какой попадется, — наставительно сказал Передонов.

— Эх! — еще раз воскликнул Володин и пошел было к дверям. Но вдруг решил быть великодушным и вернулся, — проститься за руку с барышнею и даже с обидчиком Мишею.

* * *

На улице Передонов сердито ворчал. Володин всю дорогу обиженным, скрипучим голосом рассуждал, словно блеял.

— Зачем от уроков отказывался? — ворчал Передонов. — Богач какой!

— Я, Ардальон Борисыч, только сказал, что если так, то я должен отказаться, а она мне изволила сказать, что не надо отказываться, а как я ничего не изволил ответить, то вышло, что она меня упросила. А уж теперь это от меня зависит: хочу — откажусь, хочу — буду ходить.

— Чего отказываться? — сказал Передонов.- Ходи, как ни в чем не бывало.

"Пусть хоть здесь попользуется, — думал Передонов, — все меньше завидовать будет".

Тоскливо было на душе у Передонова. Володин все не пристроен, — смотри за ним в оба, не снюхался бы с Варварою. Еще, может быть, и Адаменко станет на него злиться, зачем сватал Володина. У нее есть родня в Петербурге: напишет и, пожалуй, навредит.

И погода была неприятная. Небо хмурилось, носились вороны и каркали. Над самою головою Передонова каркали они, точно дразнили и пророчили еще новые, еще худшие неприятности. Передонов окутал шею шарфом и думал, что в такую погоду и простудиться не трудно.

— Какие это цветы Павлуша? — спросил он, показывая Володину на желтые цветочки у забора в чьем-то саду.

— Это — лютики, Ардаша, — печально ответил Володин.

Таких цветов, вспомнил Передонов, много в их саду. И какое у них страшное название!

Может быть, они ядовиты. Вот, возьмет их Варвара, нарвет целый пук, заварит вместо чаю, да и отравит его, — потом, уж когда бумага придет, — отравит, чтоб подменить его Володиным. Может быть, уж они условились. Недаром же он знает, как называется этот цветок. А Володин говорил:

— Бог ей судья! За что она меня обидела? Она ждет аристократа, а она не думает, что аристократы тоже всякие бывают, — с иным наплачется, а простой хороший человек ее бы мог сделать счастливою. А я вот схожу в церковь, поставлю свечку за ее здоровье, помолюсь: дай бог, чтоб ей муж достался пьяница, чтоб он ее колотил, чтоб он промотался, и ее по миру пустил. Вот тогда она обо мне воспомянет, да уж поздно будет. Станет кулаком слезы утирать, скажет: дура я была, что Павлу Васильевичу отказала, бить меня было некому, хороший был человек.

Растроганный своими словами, Володин прослезился и вытирал руками слезы на своих бараньих, выпуклых глазах.

— А ты ей ночью стекла побей, — посоветовал Передонов.

— Ну, бог с нею, — печально сказал Володин, — еще поймают. Нет, а мальчишка-то каков! Господи боже мой, что я ему сделал, что он вздумал мне вредить? Уж я ли не старался для него, а он, изволите видеть, какую мне подпустил интригу.

Что это за ребенок такой, что из него выйдет, помилуйте, скажите?

— Да, — сердито сказал Передонов, — с мальчишкой не мог потягаться. Эх, ты, жених!

— Что ж такое, — возразил Володин, — конечно, жених. Я и другую найду. Пусть она не думает, что об ней плакать будут.

— Эх, ты, жених! — дразнил его Передонов.- Еще галстук надел. Где уж тебе с суконным рылом в калашный ряд. Жених!

— Ну, я — жених, а ты, Ардаша, — сват, — рассудительно сказал Володин. — Ты сам обнадежил меня, а и не сумел высватать. Эх, ты, сват!

И они усердно принялись дразнить один другого, длинно перекоряясь с таким видом, словно совещались о деле.

* * *

Проводив гостей, Надежда вернулась в гостиную. Миша лежал на диване и хохотал. Сестра за плечо стащила его с дивана и сказала:

— А ты забыл, что подслушивать не следует.

Она подняла руки и хотела сложить мизинчики, но вдруг засмеялась, и мизинчики не сходились. Миша бросился к ней, — они обнялись и долго смеялись.

— А все-таки, — сказала она, — за подслушивание в угол.

— Ну, не надо, — сказал Миша, — я тебя от жениха избавил, ты мне еще должна быть благодарна.

— Кто кого еще избавил! Слышал, как тебя собирались прутиком постегивать. Отправляйся в угол.

— Ну, так я лучше здесь постою, — сказал Миша.

Он опустился на колени у сестриных ног и положил голову на ее колени. Она ласкала и

щекотала его. Миша смеялся, ползая коленями по полу. Вдруг сестра отстранила его и пересела на диван. Миша остался один. Он постоял немного на коленях, вопросительно глядя на сестру. Она уселась поудобнее, взяла книгу, словно читать, а сама посматривала на брата.

— Ну, я уж и устал, — жалобно сказал он.

— Я не держу, ты сам стал, — улыбаясь из-за книги, ответила сестра.

— Ну, ведь я наказан, отпусти, — просил Миша.

— Разве я тебя ставила на колени? — притворно равнодушным голосом спросила Надежда,— что же ты ко мне пристаешь!

127

— Я не встану, пока не простишь.

Надежда засмеялась, отложила книгу и потянула к себе Мишу за плечо. Он взвизгнул и бросился ее обнимать, восклицая:

— Павлушина невеста!

XVI

Черноглазый мальчишка заполонил все Людмилины помыслы. Она часто заговаривала о нем со своими и со знакомыми, иногда совсем некстати. Почти каждую ночь видела она его во сне, иногда скромного и обыкновенного, но чаще в дикой или волшебной обстановке. Рассказы об этих снах стали у нее столь обычными, что уже сестры скоро начали сами спрашивать ее, что ни утро, как ей Саша приснился нынче. Мечты о нем занимали все ее досуги.

В воскресенье Людмила уговорила сестер зазвать Коковкину от обедни и задержать подольше. Ей хотелось застать Сашу одного. Сама же она в церковь не пошла. Учила сестер:

— Скажите ей про меня: проспала.

Сестры смеялись над ее затеею, но, конечно, согласились. Они очень дружно жили. Да им же и на руку: займется Людмила мальчишкою, им оставит настоящих женихов. И они сделали, как обещали, зазвали Коковкину от обедни.

Тем временем Людмила совсем собралась итти, принарядилась весело, красиво, надушилась мягкою, тихою Аткинсоновою серингою, положила в белую, бисером шитую сумочку неначатый флакон с духами и маленький распылитель и притаилась у окна, за занавескою, в гостиной, чтобы из этой засады увидеть во-время, идет ли Коковкина. Духи взять с собою она придумала еще раньше, — надушить гимназиста, чтобы он не пахнул своею противною латынью, чернилами да мальчишеством. Людмила любила духи, выписывала их из Петербурга и много изводила их. Любила ароматные цветы. Ее горница всегда благоухала чем-нибудь: цветами, духами, сосною, свежими по весне ветвями березы.

Вот и сестры, и Коковкина с ними. Людмила радостно побежала через кухню, через огород в калитку, переулочком, чтобы не попасться Коковкиной на глаза. Она весело улыбалась, быстро шла к дому Коковкиной и шаловливо

128

помахивала белою сумочкою и белым зонтиком. Теплый осенний день радовал ее, и казалось, что она несет с собою и распространяет вокруг себя свойственный ей дух веселости.

У Коковкиной служанка сказала ей, что барыни дома нет. Людмила шумливо смеялась и шутила с краснощекою девицею отворившею ей дверь.

— А ты, может быть, обманываешь меня, — говорила она, — может быть твоя барыня от меня прячется.

— Гы-гы, что ей прятаться! — со смехом отвечала служанка, — идите сами в горницы, поглядите, коли не верите.

Людмила заглянула в гостиную и шаловливо крикнула:

— А кто тут есть жив человек? А, гимназист!

Саша выглянул из горницы, увидел Людмилу, обрадовался, и от его радостных глаз Людмиле стало еще веселее. Она спросила:

— А где же Ольга Васильевна?

— Дома нет, — ответил Саша. — Еще не приходила. Из церкви куда-нибудь пошла. Вот я вернулся, а ее нет еще.

Людмила притворилась, что удивлена. Она помахивала зонтиком и досадливо говорила:

— Как же так, уж все из церкви пришли. Все дома сидят, а тут на-т-ко-ся, и нету. Это вы, юный классик, так буяните, что старушке дома не усидеть?

Саша молча улыбался. Его радовал Людмилин голос, Людмилин звонкий смех. Он придумывал, как бы половчее вызваться проводить ее,— еще побыть с нею хоть несколько минут, посмотреть, да послушать.

Но Людмила не думала уходить. Она посмотрела на Сашу с лукавою усмешкою и сказала:

— Что же вы не просите меня посидеть, любезный молодой человек? Поди-ка я устала! Дайте отдохнуть хоть чуть..

И она вошла в гостиную, смеючись, ласкаючи Сашу быстрыми, нежными глазами. Саша смутился, покраснел, обрадовался, — побудет с ним!

— Хотите я вас душить буду? — живо спросила Людмила, — хотите?

— Вот вы какая! — сказал Саша, — уж сразу и задушить! За что такая жестокость?

Людмила звонко захохотала и откинулась на спинку кресла.

— Задушить! — восклицала она, — глупый! совсем не так понял. Я не руками вас душить хочу, а духами.

Саша сказал смешливо:

— А, духами! Ну, это еще куда ни шло.

Людмила вынула из сумочки распылитель, повертела перед Сашиными глазами красивый сосудик тёмно-красного с золотыми узорами стекла, с гуттаперчевым шариком и с бронзовым набором, и сказала:

— Видите, купила вчера новый пульверизатор, да так и забыла его в сумочке.

Потам вынула большой флакон с духами, с темным, пестрым ярлыком — парижская Герле нова Pao-Rosa. Саша сказал:

— Сумочка-то у вас глубокая какая!

Людмила весело ответила:

— Ну, не ждите больше ничего, пряничков вам не принесла.

— Пряничков, — смешливо повторил Саша. Он с любопытством смотрел, как Людмила откупоривала духи, и спросил:

— А как же вы их туда нальете без воронки?

Людмила весело сказала:

— А воронку-то уж вы мне дадите.

— Да у меня нет, — смущенно сказал Саша.

— Да уж как хотите, а воронку мне подайте, — смеючись, настаивала Людмила.

— Я бы у Маланьи взял, да у нее в керосине, — сказал Саша.

Людмила весело расхохоталась.

— Ах, вы, недогадливый молодой человек! Дайте бумажки клочок, коли не жалко, — вот и воронка.

— Ах, в самом деле! — радостно воскликнул Саша: — ведь можно из бумаги свернуть. Сейчас принесу.

Саша побежал в свою горницу.

— Из тетрадки можно? — крикнул он оттуда.

— Да все равно,— весело откликнулась Людмила, — хоть из книжки рвите, из латинской грамматики, — мне не жалко.

Саша засмеялся и крикнул:

— Нет, уж я лучше из тетрадки.

Он отыскал чистую тетрадь, вырвал средний лист и хотел бежать в гостиную, но уже Людмила стояла на пороге.

— К тебе, хозяин, можно? — спросила она шаловливо.

— Пожалуйста, очень рад! — весело крикнул Саша.

Людмила села к его столу, свернула из бумаги воронку и с деловито-озабоченным лицом принялась переливать духи из флакона в распылитель. Бумажная воронка внизу и сбоку, где текла струя, промокла и потемнела. Благовонная жидкость застаивалась в воронке и стекала вниз медленно. Повеяло теплое, сладкое благоухание от розы, смешанное с резким спиртным запахом.

Людмила вылила в распылитель половину духов из флакона и сказала:

— Ну, вот и довольно.

И принялась завинчивать распылитель. Потом скомкала влажную бумажку и потерла ее между ладонями.

— Понюхай, — сказала она Саше и поднесла к его лицу ладонь.

Саша нагнулся, призакрыл глаза и понюхал. Людмила засмеялась, легонько хлопнула его ладонью по губам и удержала руку на его рте. Саша зарделся и поцеловал ее теплую, благоухающую ладонь нежным прикосновением дрогнувших губ. Людмила вздохнула, разнеженное выражение пробежало по ее миловидному лицу и опять заменилось привычным выражением счастливой веселости. Она сказала:

— Ну, теперь только держись, как я тебя опрыскаю!

И сжала гуттаперчевый шарик. Благовонная пыль брызнула, дробясь и расширяясь в воздухе, на Сашину блузу. Саша смеялся и повертывался послушно, когда Людмила его подталкивала.

— Хорошо пахнет, а? — спросила она.

— Очень мило, — весело ответил Саша. — А как они называются?

— Вот еще, младенец! Прочти на флаконе и узнаешь, — поддразнивающим голосом сказала сна.

Саша прочел и сказал:

— То-то розовым маслицем попахивает.

— Маслицем! — укоризненно сказала Людмила и легонько хлопнула Сашу по спине.

Саша засмеялся, взвизгивая и высовывая свернутый трубочкою кончик языка. Людмила встала и перебирала Сашины учебники да тетрадки.

— Можно посмотреть ? — спросила она.

— Сделайте одолжение, — сказал Саша.

— Где же тут твои единицы да нули, показывай.

— У меня таких прелестей не бывало пока, — возразил Саша обидчиво.

— Ну, это ты врешь, — решительно сказала Людмила, — уж у вас положение такое — колы получать. Припрятал, поди.

Саша молча улыбался.

— Латынь да греки, — сказала Людмила, — то-то они вам надоели.

— Нет, что же, — отвечал Саша, но видно было, что уже

один разговор об учебниках наводит на него привычную скуку.
— Скучновато зубрить, — признался он, — да ничего, у меня память хорошая. Вот только задачи решать — это я люблю.

— Приходи ко мне завтра после обеда, — сказала Людмила.

— Благодарю вас, приду, — краснея, сказал Саша.

Ему стало приятно, что Людмила пригласила его. Людмила спрашивала:

— Знаешь, где я живу? Придешь?

— Знаю. Ладно, приду, — радостно говорил Саша.

— Да непременно приходи,-повторила Людмила строго — ждать буду, слышишь!

— А коли уроков много будет? — сказал Саша, больше из добросовестности, чем на самом деле думая из-за уроков не притти.

— Ну вот, пустяки, все же приходи, — настаивала Людмила, — авось, на кол не посадят.

— А зачем? — посмеиваясь, спросил Саша.

— Да уж так надо. Приходи, кое-что тебе скажу, кое-что покажу, — говорила Людмила, подпрыгивая и напевая, подергивая юбочку, отставляя розовые пальчики, — приходи, миленький, серебряный, позолоченный.

Саша засмеялся.

— А вы сегодня скажите, — попросил он.

— Сегодня нельзя. Да и как сказать тебе сегодня? Ты завтра тогда и не придешь, скажешь: незачем.

— Ну, ладно, приду непременно, если пустят.

— Вот еще, конечно, пустят! Нешто вас на цепочке держат.

Прощаясь, Людмила поцеловала Сашу в лоб и подняла руку к Сашиным губам, — пришлось поцеловать. И Саше приятно было еще раз поцеловать белую, нежную руку, — и словно стыдно. Как не покраснеть! А Людмила, уходя, улыбалась лукаво да нежно. И несколько раз обернулась.

"Какая она милая!" — думал Саша

Остался один.

"Как она скоро ушла! — думал он. — Вдруг собралась и не дала опомниться, и уже нет ее. Побыла бы еще хоть немного!" — думал Саша, и ему стало стыдно, как это он забыл вызваться проводить ее.

"Пройтись бы немного еще с нею! — мечтал Саша. — Разве догнать? Далеко ли она ушла? Побежать скорее, догонишь живо".

"Смеяться, пожалуй, будет? — думал Саша.- А может быть, еще помешаешь ей".

Так и не решился бежать за нею. Стало как-то скучно да

неловко. На губах еще нежное ощущение от поцелуя замирало, и на лбу горел ее поцелуй.

"Как она нежно целует! — мечтательно вспоминал Саша. — Точно милая сестрица".

Сашины щеки горели. Сладостно было и стыдно. Неясные мечты рождались.

"Если бы она была сестрою! — разнеженно мечтал Саша, — и можно было бы притти к ней, обнять, сказать ласковое слово. Звать ее: Людмилочка, миленькая! Или еще каким-нибудь, совсем особенным именем, — Буба или Стрекоза. И чтоб она откликалась. То-то радость была бы".

"Но вот, — печально думал Саша, — она чужая; милая, но чужая. Пришла и ушла, и уже обо мне, поди, и не думает. Только оставила сладкое благоухание сиренью да розою и ощущение от двух нежных поцелуев, — и неясное волнение в душе, рождающее сладкую мечту, как волна Афродиту".

Скоро вернулась Коковкина.

— Фу ты, как пахнет сильно! — сказала она.

Саша покраснел.

— Была Людмилочка, — сказал он, — да вас не застала, посидела, меня надушила и ушла.

— Нежности какие! — с удивлением сказала старуха, — уж и Людмилочка.

Саша засмеялся смущенно и убежал к себе. А Коковкина думала, что уж очень они, сестрицы Рутиловы, веселые да ласковые девицы, — и старого, и малого своею ласкою прельстят.

* * *

На другой день с утра Саше весело было думать, что его пригласили. Дома он с нетерпением ждал обеда. После обеда, весь красный ог смущения, попросил у Коковкиной позволения уйти до семи часов к Рутиловым. Коковкина удивилась, но отпустила. Саша побежал веселый, тщательно причесавшись и даже припомадившись. Он радовался и слегка волновался, как пред чем-то и значительным, и милым. И ему приятно было думать, что вот он придет, поцелует Людмилину руку и она его поцелует в лоб, — и потом, когда он будет уходить, опять такие же поцелуи. Сладостно мечталась ему Людмилина белая, нежная рука.

Сашу встретили еще в передней все три сестры. Они же любили сидеть у окна, глядючи на улицу, а потому завидели его

133

издали. Веселые, нарядные, звонко-щебечущие, окружили они его буйною вьюгою веселья, — и ему сразу стало приятно и легко с ними.

— Вот он, молодой таинственный человек! — радостно воскликнула Людмила.

Саша поцеловал ей руку и сделал это ловко и с большим удовольствием. Поцеловал уж заодно руки и Дарье с Валериею, — нельзя же их обойти, — и нашел, что это тоже весьма приятно. Тем более, что они все три поцеловали его в щеку: Дарья звонко, но равнодушно, как доску, Валерия нежно, опустила глаза, — лукавые глазки, — легонько хихикнула и тихонько прикоснулась легкими, радостными губами, — как нежный цвет яблони, благоуханный, упал на щеку, — а Людмила чмокнула радостно, весело и крепко.

— Это — мой гость,— решительно объявила она, взяла Сашу за плечи и повела к себе.

Дарья сейчас же и рассердилась.

— А твой, так и целуйся с ним! — сердито крикнула она. — Нашла сокровище! Никто не отнимет.

Валерия ничего не сказала, только усмехнулась, — очень любопытно с мальчишкою разговаривать! Что он понимает?

В Людмилиной горнице было просторно, весело и светло от двух больших окон в сад, слегка призадернутых легким, желтоватым тюлем. Пахло сладко. Все вещи стояли нарядные и светлые. Стулья и кресла были обиты золотисто-желтою тканью с белым, едва различаемым узором. Виднелись разнообразные скляночки с духами, с душистыми водами, баночки, коробочки, веера и несколько русских и французских книжек.

— А я тебя сегодня ночью во сне видела, — хохоча, рассказывала Людмила, — ты будто бы у городского моста плавал, а я на мосту сидела и тебя на удочку выудила.

— И в баночку положили? — смешливо спросил Саша.

— Зачем в баночку?

— А куда же?

— Куда? Нарвала за уши, да назад в речку кинула.

И Людмила звонко и долго хохотала.

— Ишь вы какая! — сказал Саша.- А что вы мне сегодня хотели сказать?

Людмила смеялась и не отвечала.

— Обманули, видно, — догадался Саша. — А еще обещали показать что-то, — укоризненно сказал он.

— Я тебе покажу! хочешь есть? — спросила Людмила.

— Я обедал, — сказал Саша. — Экая вы обманщица!

— Нужно очень мне тебя обманывать. Да никак от тебя помадой разит? — вдруг спросила Людмила. Саша покраснел.

— Терпеть не могу помады! — досадливо говорила Людмила. — Барышня помаженная!

Она повела рукою по его волосам, замаслила руку и хлопнула его ладонью по щеке.

— Пожалуйста, не смей помадиться! — сказала она.

Саша смутился.

— Ну, ладно, не буду, — сказал он. — Строгости какие! Душитесь же вы духами!

— То духи, а то помада, глупый! нашел сравнить, — убеждающим голосом сказала Людмила. — Я никогда не помажусь. Зачем волосы склеивать! Духи совсем не то. Дай-ка я тебя надушу. Желаешь? Сиренькой надушу,— желаешь?

— Желаю, — сказал Саша, улыбаясь. Ему приятно было думать, что он принесет домой аромат и опять удивит Коковкину.

— Кто желает? — переспросила Людмила, взяла в руки скляночку с серингою и вопросительно и лукаво смотрела на Сашу.

— Я желаю, — повторил Саша.

— Ты же лаешь? лаешь? вот как! лаешь! — весело дразнилась Людмила.

Саша и Людмила весело хохотали.

— Уж не боишься, что задушу? — спросила Людмила:-помнишь, как вчера струсил?

— И ничего не струсил, — вспыхнув, горячо отвечал Саша.

Людмила, посмеиваясь и дразня мальчика, принялась душить его серингою. Саша поблагодарил и опять поцеловал ей руку.

— И пожалуйста, остригись! — строго сказала Людмила, — что хорошего локоны носить, лошадей прическою пугать.

— Ну, ладно, остригусь, — согласился Саша, — ужасные строгости! У меня еще коротенькие волосы, в полдюйма, еще инспектор ничего мне о волосах не говорил.

— Я люблю остриженных молодых людей, заметь это, — важно сказала Людмила и погрозила ему пальцем. — И я тебе не инспектор, меня надо слушаться.

* * *

С тех пор Людмила повадилась все чаще ходить к Коковкиной, для Саши. Она старалась, особенно вначале, приходить, когда Коковкина не бывала дома. Иногда пускалась даже на хитрости, выманивала старуху из дому. Дарья сказала ей однажды:

— Эх, ты, трусиха! Старухи боишься. А ты при ней приди, да его и уведи, — погулять.

Людмила послушалась, — и уже стала приходить когда попало. Если заставала Коковкину дома, то, посидев с нею недолго, уводила Сашу погулять, но при этом задерживала его только на короткое время.

Людмила и Саша быстро подружились нежною, но беспокойною дружбою. Сама того не замечая, уже Людмила будила в Саше преждевременные, пока еще неясные, стремления да желания. Саша часто целовал Людмилины руки,— тонкие, гибкие пясти, покрытые нежною, упругою кожею, — сквозь ее желтовато-розовую ткань просвечивали извилистые синие жилки. И выше — длинные, стройные — до самого локтя легко было целовать, отодвигая широкие рукава.

Саша иногда скрывал от Коковкиной, что приходила Людмила. Не солжет, только промолчит. Да и как же солгать, — могла же сказать и служанка. И молчать-то о Людмилиных посещениях не легко было Саше: Людмилин смех так и реял в ушах. Хотелось поговорить о ней. А сказать — неловко с чего-то.

Саша быстро подружился и с другими сестрами. Всем им целовал руки и даже скоро стал девиц называть Дашенька, Людмилочка да Валерочка.

XVII

Людмила, встретив Сашу днем на улице, сказала ему:

— Завтра у директорши старшая дочка именинница,— твоя старушка пойдет?

— Не знаю, — сказал Саша.

И даже радостная надежда шевельнулась в его душе, и даже не столько надежда, сколько желание: Коковкина уйдет, а Людмила как раз в это время придет и побудет с ним. Вечером он напомнил Коковкиной о завтрашних именинах.

— Чуть не забыла, — сказала Коковкина. — Схожу. Девушка-то она такая милая.

И впрямь, когда Саша вернулся из гимназии, Коковкина ушла к Хрипачам. Сашу радовала мысль, что на этот раз он помог удалить Коковкину из дому. Уже он был уверен, что Людмила найдет время притти.

Так и сталось, — Людмила пришла. Она поцеловала Сашу в щеку, дала ему поцеловать руку и весело засмеялась, а он зарделся. От Людмилиных одежд веял аромат влажный, сладкий, цветочный, — розирис, плотский и сладострастный ирис, растворенный в сладкомечтающих розах. Людмила принесла узенькую коробку в тонкой бумаге, сквозь которую просвечивал желтоватый рисунок. Села, положила коробку к себе на колени и лукаво поглядела на Сашу.

— Финики любишь? — спросила она.

— Уважаю, — сказал Саша со смешливою гримасою.

— Ну, вот я тебя и угощу, — важно сказала Людмила.

Она развязала коробку и сказала:

— Ешь!

Сама вынимала из коробки по ягодке, вкладывала их Саше в рот и после каждой заставляла целовать ей руку. Саша сказал:

— Да у меня губы стали сладкие!

— Что за беда, что сладкие, целуй себе на здоровье, — весело ответила Людмила, — я не обижусь.

— Уж лучше же я вам сразу отцелую, — сказал Саша смеючись. И потянулся было сам за ягодою.

— Обманешь, обманешь! — закричала Людмила, проворно захлопнула коробку и ударила Сашу по пальцам.

— Ну, вот еще, я — честный, уж я-то не обману,— уверял Саша.

— Нет, нет, не поверю, — твердила Людмила.

— Ну, хотите, вперед отцелую? — предложил Саша.

— Вот это похоже на дело, — радостно сказала Людмила, — целуй.

Она протянула Саше руку. Саша взял ее тонкие, длинные пальцы, поцеловал один раз и спросил с лукавою усмешкою, не выпуская ее руки:

— А вы не обманете, Людмилочка?

— А нешто я не честная! — весело ответила Людмила, — небось, не обману, целуй без сомнения.

Саша склонился над ее рукою и стал быстро целовать ее; ровно покрывал руку поцелуями и звучно чмокал широко раскрываемыми губами, и ему было приятно, что так много можно нацеловать. Людмила внимательно считала поцелуи. Насчитала десять и сказала:

— Тебе неловко стоя-то на ногах, нагибаться надо.

— Ну, так я удобнее устроюсь, — сказал Саша.

Стал на колени и с усердием продолжал целовать.

Саша любил поесть. Ему нравилось, что Людмила угощает его сладким. За это он еще нежнее любил ее.

* * *

Людмила обрызгала Сашу приторно-пахучими духами. И удивил Сашу их запах, сладкий, но странный, кружащий, туманно-светлый, как золотящаяся ранняя, но грешная заря за белою мглою. Саша сказал:

— Какие духи странные!

— А ты на руку попробуй, — посоветовала Людмила.

И дала ему четырехугольную с округленными ребрами некрасивую баночку. Саша поглядел на свет, — ярко-желтая, веселая жидкость. Крупный, пестрый ярлык, французская надпись, — цикламен от Пивера. Саша взялся за плоскую стеклянную пробку, вытащил ее, понюхал духи. Потом сделал так, как любила делать Людмила: ладонь наложил на горлышко флакона, быстро его опрокинул и опять повернул на дно, растер на ладони пролившиеся капли цикламена и внимательно понюхал ладонь, — спирт улетучился, остался чистый аромат. Людмила смотрела на него с волнующим ее ожиданием. Саша нерешительно сказал:

— Клопом засахаренным пахнет немножко.

— Ну, ну, не ври, пожалуйста, — досадливо сказала Людмила.

Она также взяла духов на руку и понюхала. Саша повторил:

— Правда, клопом.

Людмила вдруг вспыхнула, да так, что слезинки блеснули на глазах, ударила Сашу по щеке и крикнула:

— Ах, ты, злой мальчишка! вот тебе за клопа!

— Здорово лясннула! — сказал Саша, засмеялся и поцеловал Людмилину руку. — Что же вы так сердитесь, голубушка Людмилочка! Ну, чем же по-вашему он пахнет?

Он не рассердился на удар, — совсем был очарован Людмилою.

— Чем? — спросила Людмила и схватила Сашино ухо, — а вот чем, я тебе сейчас скажу, только ухо надеру сначала.

— Ой, ой, ой, Людмилочка, миленькая, не буду! — морщась от боли и сгибаясь, говорил Саша.

Людмила выпустила покрасневшее ухо, нежно привлекла Сашу к себе, посадила его на колени и сказала:

— Слушай: три духа живут в цикламене,— сладкою амброзиею пахнет бедный цветок, — это для рабочих пчел. Ведь ты знаешь, по-русски его дрянквою зовут.

138

— Дряква, — смеючись, повторил Саша, — смешное имячко.

— Не смейся, пострел, — сказала Людмила, взяла его за другое ухо и продолжала: — сладкая амброзия, и над нею гудят пчелы, это — его радость. И еще он пахнет нежною ванилью, и уже это не для пчел, а для того, о ком мечтают, и это — его желание, — цветок и золотое солнце над ним. И третий его дух, он пахнет нежным, сладким телом, для того, кто любит, и это — его любовь, — бедный цветок и полдневный тяжелый зной. Пчела, солнце, зной, — понимаешь, мой светик?

Саша молча кивнул головою. Его смуглое лицо пылало и длинные темные ресницы трепетали. Людмила мечтательно глядела вдаль: раскрасневшаяся, и говорила:

— Он радует, нежный и солнечный цикламен, он влечет к желаниям, от которых сладко и стыдно, он волнует кровь. Понимаешь, мое солнышко, когда сладко, и радостно, и больно, и хочется плакать? Понимаешь? вот он какой.

Долгим поцелуем прильнула она к Сашиным губам.

* * *

Людмила задумчиво смотрела перед собою. Вдруг лукавая усмешка скользнула по ее губам. Она легонько оттолкнула Сашу и спросила:

— Ты розы любишь?

Саша вздохнул, открыл глаза, улыбнулся сладко и тихо шепнул:

— Люблю.

— Большие? — спросила Людмила.

— Да всякие, и большие, и маленькие, — бойко сказал Саша и встал с ее колен ловким мальчишеским движением.

— И розочки любишь? — нежно спросила Людмила, и звонкий ее голос вздрагивал от скрытого смеха.

— Люблю, — быстро ответил Саша.

Людмила захохотала и покраснела.

— Глупый, розочки любишь, да посечь некому, — воскликнула она. Оба хохотали и краснели.

Невинные по необходимости возбуждения составляли для Людмилы главную прелесть их связи. Они волновали, — и далеки были от грубых, отвратительных достижений.

* * *

139

Заспорили, кто сильнее. Людмила сказала:

— Ну, пусть ты сильнее, так что ж? Дело в ловкости.

— Я и ловкий, — хвастался Саша.

— Туда же, ловкий! — дразнящим голосом вскрикнула Людмила.

Долго еще спорили. Наконец Людмила предложила:

— Ну, давай бороться.

Саша засмеялся и задорно сказал:

— Где же вам справиться со мной!

Людмила принялась щекотать его.

— А, вы так! — с хохотом крикнул он, повернулся и обхватил ее вокруг стана.

Началась возня. Людмила сразу же увидела, что Саша сильнее. Силою не взять, так она, хитрая, улучила удобную минуту, подшибла Сашу под ногу, — он упал, да и Людмилу увлек за собою. Впрочем, Людмила ловко извернулась и прижала его к полу. Саша отчаянно кричал:

— Так нечестно!

Людмила стала коленями ему на живот и руками прижала его к полу. Саша отчаянно выбивался. Людмила опять принялась щекотать его. Сашин звонкий хохот смешался с ее хохотом. Хохот заставил ее выпустить Сашу. Она хохоча упала на пол. Саша вскочил на ноги. Он был красен и раздосадован.

— Русалка! — крикнул он.

А русалка лежала на полу и хохотала.

Людмила посадила Сашу к себе на колени. Усталые после борьбы, они весело и близко смотрели друг другу в глаза и улыбались.

— Я для вас тяжелый, — сказал Саша, — колени вам намну, вы меня лучше спустите.

— Ничего, сиди знай, — ласково ответила Людмила. — Ведь ты сам говорил, что ласкаться любишь.

Она погладила его по голове. Он нежно прижался к ней. Она сказала:

— А уж и красив ты, Саша.

Саша покраснел, засмеялся.

— Тоже придумаете! — сказал он.

Разговоры и мысли о красоте в применении к нему как-то смутили его; он еще никогда не любопытствовал узнать, красивым или уродом кажется он людям.

Людмила щипнула Сашину щеку. Саша улыбнулся. Щека покраснела пятном. Это было красиво. Людмила щипнула и за другую щеку. Саша не сопротивлялся. Он только взял ее руку, поцеловал и сказал:

— Будет вам щипаться, ведь и мне больно, да и вы свои пальчики намозолите.

— Туда же, — протянула Людмила, — больно, а сам какой комплементщик стал.

— Мне некогда, много уроков. Приласкайте меня еще немножко, на счастье, чтобы греку ответить на пять.

— Выпроваживаешь! — сказала Людмила. Схватила его за руку и подняла рукав выше локтя.

— Нахлопать хотите? — спросил Саша, смущенно и виновато краснея.

Но Людмила залюбовалась его рукою, повертела ее и так и этак.

— Руки-то у тебя какие красивые! — громко и радостно сказала она и вдруг поцеловала около локтя.

Саша зарделся, рванул руку, но Людмила удержала ее и поцеловала еще несколько раз. Саша притих, потупился, и странное выражение легло на его ярких, полуулыбающихся губах, — и под навесом густых ресниц знойные щеки его начали бледнеть.

* * *

Попрощались. Саша проводил Людмилу до калитки. Пошел бы и дальше, да не велела. Он остановился у калитки и сказал:

— Ходи, милая, почаще, носи пряничков послаще.

Первый раз сказанное "ты" прозвучало Людмиле нежною ласкою. Она порывисто обняла, поцеловала Сашу и убежала. Саша стоял как оглушенный.

* * *

Саша обещал притти. Назначенный час прошел — Саши не было, Людмила нетерпеливо ждала: металась, томилась, смотрела в окно. Шаги заслышит на улице — высунется. Сестры посмеивались. Она сердито и взволнованно говорила:

— А ну вас! Отстаньте.

Потом бурно набрасывалась на них с упреками, зачем смеются. И уже видно стало, что Саша не придет. Людмила заплакала от досады и огорчения.

— Ой-ёй-ёченьки! Охти мнечиньки! — дразнила ее Дарья.

Людмила, всхлипывая, тихонько говорила, — в порыве горя забывая сердиться на то, что ее дразнят:

— Старая карга противная не пустила его, под юбкой держит, чтоб он греков учил.

Дарья с грубоватьрм сочувствием сказала:

— Да и он-то пентюх, уйти не умеет.

— С малюсеньким связалась, — презрительно молвила Валерия.

Обе сестры, хоть и посмеивались, сочувствовали Людмиле. Они же все любили одна другую, любили нежно, но не сильно: поверхностна нежная любовь! Дарья сказала:

— Охота плакать, из-за молокососа глаза ермолить. Вот-то уж можно сказать, чорт с младенцем связался.

— Кто это чорт? — запальчиво крикнула Людмила и вся багрово покраснела.

— Да ты, матушка, — спокойно ответила Дарья, — даром что молодая, а только...

Дарья недоговорила и пронзительно засвистала.

— Глупости! — сказала Людмила странно звенящим голосом.

Странная, жестокая улыбка сквозь слезы озарила ее лицо, как ярко пылающий луч на закате сквозь последнее падение усталого дождя.

Дарья спросила досадливо:

— Да что в нем интересного, скажи, пожалуйста?

Людмила все с тою же удивительною улыбкою задумчиво и медленно ответила:

— Какой он красавец! И сколько в нем есть неистраченных возможностей!

— Ну, это дешево стоит, — решительно сказала Дарья. — Это у всех мальчишек есть.

— Нет, не дешево, — с досадою ответила Людмила. — Есть поганые.

— А он чистый? — спросила Валерия; так пренебрежительно протянула "чистый".

— Много ты понимаешь! — крикнула Людмила, но сейчас же опять заговорила тихо и мечтательно: — он невинный.

— Еще бы! — насмешливо сказала Дарья.

— Самый лучший возраст для мальчиков, — говорила Людмила, — четырнадцать-пятнадцать лет. Еще он ничего не может и не понимает по-настоящему, а уж все предчувствует, решительно все. И нет бороды противной.

— Большое удовольствие! — с презрительною ужимкою сказала Валерия.

Она была грустна. Ей казалось, что она — маленькая,

142

слабая, хрупкая, и она завидовала сестрам, — Дарьину веселому смеху и даже Людмилину плачу. Людмила сказала опять:

— Ничего вы не понимаете. Я вовсе не так его люблю, как вы думаете. Любить мальчика лучше, чем влюбиться в пошлую физиономию с усиками. Я его невинно люблю. Мне от него ничего не надо.

— Не надо, так чего же ты его теребишь? — грубо возразила Дарья.

Людмила покраснела, и виноватое выражение тяжело легло на ее лице. Дарье стало жалко, она подошла к Людмиле, обняла ее и сказала:

— Ну, не дуйся, ведь мы не со зла говорим.

Людмила опять заплакала, приникла к Дарьину плечу и горестно оказала:

— Я знаю, что уж тут не на что мне надеяться, но хоть бы немножко приласкал он меня, хоть бы как-нибудь.

— Ну что, тоска!- досадливо сказала Дарья, отошла от Людмилы, подперлась руками в бока и звонко запела:

Я вечор сваво милова
Оставляла ночевать.

Валерия заливалась звонким, хрупким смехом. И у Людмилы глаза стали веселы и блудливы. Она порывисто прошла в свою комнату, обрызгала себя корилопсисом, — и запах, пряный, сладкий, блудливый, охватил ее вкрадчивым соблазном. Она вышла на улицу нарядная, взволнованная, и нескромною прелестью соблазна веяло от нее.

"Может быть, и встречу", — думала она.

И встретила.

— Хорош! — укоризненно и радостно крикнула она.

Саша смутился и обрадовался.

— Некогда было, — смущенно сказал он, — все же уроки, все учить надо, правда, некогда.

— Врешь, миленький, пойдем-ка сейчас.

Он отнекивался смеючись, но видно было, что и рад тому, что Людмила его уводит. И Людмила привела его домой.

— Привела! — с торжеством крикнула она сестрам и за плечо отвела Сашу к себе.

— Погоди, сейчас я с тобою разделаюсь. — погрозила она и заложила дверь на задвижку, — вот теперь никто за тебя не заступится.

Саша, заложив руки за пояс, неловко стоял посреди ее горницы, — ему было жутко и любо. Пахло какими-то новыми духами, празднично, сладко, но что-то в этом запахе задевало, бередило нервы, как прикосновение радостных, юрких, шероховатых змеек.

XVIII

Передонов возвращался с одной из ученических квартир. Внезапно он был застигнут мелким дождем. Стал соображать, куда бы зайти, чтобы не гноить на дожде нового шелкового зонтика. Через дорогу, на каменном двухэтажном особнячке, увидел он вывеску: "Контора нотариуса Гудаевского". Сын нотариуса учился во втором классе гимназии. Передонов решил войти. Заодно нажалуется на гимназиста.

И отца и мать застал он дома. Встретили его суетливо. Так и все здесь делалось.

Николай Михайлович Гудаевский был человек не высокий, плотный, черноволосый, плешивый, с длинною бородою. Движения его всегда были стремительны и неожиданны; он словно не ходил, а носился, коротенький, как воробей, и никогда нельзя было узнать по его лицу и положению, что он сделает в следующую минуту. Среди делового разговора он внезапно выкинет коленце, которое не столько насмешит, сколько приведет в недоумение своею беспричинностью. Дома или в гостях он сидит-сидит и вдруг вскочит и без всякой видимой надобности быстро зашагает по горнице, крикнет, стукнет. На улице идет-идет и вдруг остановится, присядет или сделает выпад, или другое гимнастическое упражнение, и потом идет дальше. На совершаемых или свидетельствуемых у него актах Гудаевский любил делать смешные пометки, например, вместо того, чтобы написать об Иване Иваныче Иванове, живущем на Московской площади, в доме Ермиловой, он писал об Иване Иваныче Иванове, что живет на базарной площади, в том квартале, где нельзя дышать от зловония, и т. д.; упоминал даже иногда о числе кур и гусей у этого человека, подпись которого он свидетельствует.

Юлия Гудаевская, страстная, жестоко-сентиментальная длинная, тонкая, сухая, странно — при несходстве фигур — походила на мужа ухватками: такие же порывистые движения, такая же совершенная несоразмерность с движениями других. Одевалась она пестро и молодо и при быстрых движениях своих постоянно развевалась во все стороны длинными

144

разноцветными лентами, которыми любила украшать в изобилии и свой наряд, и свою прическу.

Антоша, тоненький, юркий мальчик, вежливо шаркнул. Передонова усадили в гостиной, и он немедленно начал жаловаться на Антошу: ленив, невнимателен, в классе не слушает, разговаривает и смеется, на переменах шалит. Антоша удивился, — он не знал, что окажется таким плохим, — и принялся горячо оправдываться. Родители оба взволновались.

— Позвольте, — кричал отец, — скажите мне, в чем же именно состоят его шалости?

— Ника, не защищай его, — кричала мать,— он не должен шалить.

— Да что он нашалил? — допрашивал отец, бегая, словно катаясь, на коротеньких ножках.

— Вообще шалит, возится, дерется, — угрюмо говорил Передонов, — постоянно шалит.

— Я не дерусь, — жалобно восклицал Антоша, — у кого хотите спросите, я ни с кем никогда не дрался.

— Никому проходу не дает, — сказал Передонов.

— Хорошо-с, я сам пойду в гимназию, я узнаю от инспектора, — решительно сказал Гудаевский.

— Ника, Ника, отчего ты не веришь! — кричала Юлия: — ты хочешь, чтобы Антоша негодяем вышел? Его высечь надо.

— Вздор! Вздор! — кричал отец.

— Высеку, непременно высеку! — кричала мать, схватила сына за плечо и потащила в кухню. — Антоша, — кричала, она, — пойдем, миленький, я тебя высеку.

— Не дам! — закричал отец, вырывая сына.

Мать не уступала, Антоша отчаянно кричал, родители толкались.

— Помогите мне, Ардальон Борисыч, — закричала Юлия,— подержите этого изверга, пока я разделаюсь с Антошей.

Передонов пошел на помощь. Но Гудаевский вырвал сына, сильно оттолкнул жену, подскочил к Передонову и закричал:

— Не лезьте! Две собаки грызутся, третья не приставай! Да я вас!

Красный, растрепанный, потный, он потрясал в воздухе кулаком. Передонов попятился, бормоча невнятные слова. Юлия бегала вокруг мужа, стараясь ухватить Антошу; отец прятал его за себя, таская его за руку то вправо, то влево. Глаза у Юлии сверкали, и она кричала:

— Разбойник вырастет! В тюрьме насидится! В каторгу попадет!

— Типун тебе на язык! — кричал Гудаевский. — Молчи, дура злая!

— А, тиран! — взвизгнула Юлия, подскочила к мужу, ударила его кулаком в спину и порывисто бросилась из гостиной. Гудаевский сжал кулаки и подскочил к Передонову.

— Вы смутьянить пришли! — закричал он. — Шалит Антоша? Вы врете, ничего он не шалит. Если бы он шалил, я бы без вас это знал, а с вами я говорить не хочу. Вы по городу ходите, дураков обманываете, мальчишек стегаете, диплом получить хотите на стегательных дел мастера. А здесь не на такого напали. Милостивый государь, прошу вас удалиться!

Говоря это, он подскакивал к Передонову и оттеснял его в угол. Передонов испугался и рад был убежать, да Гудаевский в пылу раздражения не заметил, что загородил выход. Антоша схватил отца сзади за фалды сюртука и тянул его к себе. Отец сердито цыкнул на него и лягнулся. Антоша проворно отскочил в сторону, но не выпустил отцова сюртука.

— Цыц! — крикнул Гудаевский. — Антоша, не забывайся.

— Папочка, — закричал Антоша, продолжая тянуть отца назад, — ты мешаешь Ардальону Борисычу пройти.

Гудаевский быстро отскочил назад, — Антоша едва успел увернуться.

— Извините, — сказал Гудаевский и показал на дверь, — выход здесь, а задерживать не смею.

Передонов поспешно пошел из гостиной. Гудаевский сложил ему из своих длинных пальцев длинный нос, а потом поддал в воздухе коленом, словно выталкивая гостя. Антоша захихикал. Гудаевский сердито прикрикнул на него.

— Антоша, не забывайся! Смотри, завтра поеду в гимназию, и если это окажется правда, отдам тебя матери на исправление.

— Я не шалил, он врет, — жалобно и пискливо сказал Антоша.

— Антоша, не забывайся! — крикнул отец.- Не врет надо сказать, — ошибается. Только маленькие врут, взрослые изволят ошибаться.

Меж тем Передонов выбрался в полутемную прихожую, отыскал кое-как пальто и стал его надевать. От страха и волнения он не попадал в рукава. Никто не пришел ему помочь. Вдруг откуда-то из боковой двери выбежала Юлия, шелестя развевающимися лентами, и горячо зашептала что-то, махая руками и прыгая на цыпочках. Передонов не сразу ее понял.

— Я так вам благодарна, — наконец расслышал он, — это так благородно с вашей стороны, так благородно, такое участие. Все люди такие равнодушные, а вы вошли в положение бедной матери. Так трудно воспитывать детей, так трудно, вы не можете себе представить. У меня двое, и то голова кругом идет. Мой муж — тиран, он — ужасный, ужасный человек, не правда ли? Вы сами видели.

— Да,— пробормотал Передонов,— ваш муж. . . как же это он, так нельзя, я забочусь, а он...

— Ах, не говорите, — шептала Юлия, — ужасный человек. Он меня в гроб вгонит и рад будет, и будет развращать моих детей, моего маленького Антошу. Но я — мать, я не дам, я все-таки высеку.

— Не даст, — сказал Передонов и метнул головою по направлению к горницам.

— Когда он уйдет в клуб. Не возьмет же он Антошу с собой! Он уйдет, а я до тех пор молчать буду, как будто согласилась с ним, а как только он уйдет, я его и высеку, а вы мне поможете. Ведь вы мне поможете, не правда ли?

Передонов подумал и сказал:

— Хорошо, только как же я узнаю?

— Я пришлю за вами, я пришлю, — радостно зашептала Юлия. — Вы ждите: как только он уйдет в клуб, так я пришлю за вами.

Вечером Передонову принесли записку от Гудаевской. Он прочел:

"Достоуважаемый Ардальон Борисыч!

Муж ушел в клуб, и теперь я свободна от его варварства до часу ночи. Сделайте ваше одолжение, пожалуйте поскорее ко мне для содействия над преступным сыном. Я сознаю, что надо изгонять из него пороки, пока мал, а после поздно будет.

Искренно уважающая Вас

Юлия Гудаевская.

P. S. Пожалуйста, приходите поскорее, а то Антоша ляжет спать, так его придется будить".

Передонов поспешно оделся, закутал горло шарфом и отправился.

— Куда ты, Ардальон Борисыч, на ночь, глядя, собрался? — спросила Варвара.

— По делу, — угрюмо отвечал Передонов, торопливо уходя.

Варвара подумала с тоскою, что опять ей не спать долго.

Хоть бы поскорее заставить его повенчаться! Вот-то можно будет спать и ночью, и днем,— вот-то будет блаженство!

* * *

На улице сомнения овладели Передоновым. А что, если это — ловушка? А вдруг окажется, что Гудаевский дома, и его схватят и начнут бить? Не вернуться ли лучше назад?

"Нет, надо дойти до их дома, а там видно будет".

Ночь, тихая, прохладная, темная, обступила со всех сторон и заставляла замедлять шаги. Свежие веяния доносились с недалеких полей. В траве у заборов подымались легкие шорохи и шумы, и вокруг все казалось подозрительным и странным, — может быть, кто-нибудь крался сзади и следил. Все предметы за тьмою странно и неожиданно таились, словно, в них просыпалась иная, ночная жизнь, непонятная для человека и враждебная ему. Передонов тихо шел по улицам и бормотал:

"Ничего не выследишь. Не на худое иду. Я, брат, о пользе службы забочусь. Так-то".

Наконец он добрался до жилища Гудаевских. Огонь виден был только в одном окне на улицу, остальные четыре были темны. Передонов поднялся на крыльцо тихохонько, постоял, прильнул ухом к двери и послушал, — все было тихо. Он слегка дернул медную ручку звонка, — раздался далекий, слабый, дребезжащий звук. Но как он ни был слаб, он испугал Передонова, как будто за этим звуком должны были проснуться и устремиться к этим дверям все враждебные силы. Передонов быстро сбежал с крыльца и прижался к стенке, притаясь за столбиком.

Прошли короткие мгновения. Сердце у Передонова замирало и тяжко колотилось.

Послышались легкие шаги, стук отворенной двери, — Юлия выглянула на улицу, сверкая в темноте черными, страстными глазами.

— Кто тут? — громким топотом спросила она.

Передонов немного отделился от стены и, заглядывая снизу в узкое отверстие двери, где было темно и тихо, спросил, тоже шопотом, — и голос его дрожал:

— Ушел Николай Михайлович?

— Ушел, ушел, — радостно зашептала и закивала Юлия.

Робко озираясь, Передонов вошел за нею в темные сени.

— Извините, — шептала Юлия, — я без огня, а то еще кто увидит, будут болтать.

148

Она шла впереди Передонова по лестнице, в коридор, где висела маленькая лампочка, бросая тусклый свет на верхние ступеньки. Юлия радостно и тихо смеялась, и ленты ее зыбко дрожали от ее смеха.

— Ушел, — радостно шепнула она, оглянулась и окинула Передонова страстно-горящими глазами. — Уж я боялась, что останется сегодня дома, так развоевался. Да не мог вытерпеть без винта. Я и прислугу отправила, — одна Лизина нянька осталась, — а то еще нам помешают. Ведь нынче люди, знаете, какие.

От Юлии веяло жаром, и вся она была жаркая, сухая, как лучина. Она иногда хватала Передонова за рукав, и от этих быстрых сухих прикосновений словно быстрые сухие огоньки пробегали по всему его телу. Тихохонько, на цыпочках прошли они по коридору — мимо не скольких запертых дверей и остановились у последней, — у двери в детскую...[11]

---

[11] За дверью раздавались тихие детские голоса, слышался серебристый Лизин смех. Гудаевская шепнула: — Вы тут пока постойте, за дверью, чтоб он пока не знал. Передонов зашел, в глухой угол коридора и прижался к стене. Гудаевская порывисто распахнула дверь и вошла в детскую. Сквозь узкую щель у косяка Передонов увидел, что Антоша сидел у стола, спиной к двери, рядом с маленькой девочкой в белом платьице. Ее кудри касались его щеки и казались темными, потому что Передонову видна была только затененная их часть. Ее рука лежала на Антошином плече. Антоша вырезал для нее что-то из бумаги, — Лиза смеялась от радости. Передонову было досадно, что здесь смеются: мальчишку пороть надо, а он сестру забавляет вместо того, чтобы каяться да плакать. Потом злорадное чувство охватило его: вот сейчас ты завопишь, подумал он об Антоше и утешился. Антоша и Лиза обернулись на стук отворившейся двери, – румяную щеку и коротенький Лизин нос из-под длинных и прямых прядей волос увидел Передонов из своего убежища, увидел и простодушно-удивленное Антошино лицо. Мать порывисто подошла к Антоше, нежно обняла его за плечики и сказала бодро и решительно: – Антоша, миленький, пойдем. А ты, Марьюшка, Побудь с Лизой, – сказала она, обращаясь к няньке, которой не видно было Передонову. Антоша встал неохотно, а Лиза запищала на то, что он еще не кончил. – После, после он тебе вырежет, – сказала ей мать и повела сына из комнаты, все держа его за плечи. Антоша еще не знал, в чем дело, но уже решительный вид матери испугал его и заставил подозревать что-то страшное. Когда вышли в коридор и Гудаевская закрыла дверь, Антоша увидел Передонова, испугался и рванулся назад. Но мать крепко ухватила его за руку и быстро повлекла по коридору, приговаривая: – Пойдем, пойдем, миленький, я тебе розочек дам. Твоего отца тирана нет дома, я тебя накажу розочками,

голубчик, это тебе полезно, миленький. Антоша заплакал и закричал: – Да я же не шалил, да за что же меня наказывать! – Молчи, молчи, миленький! – сказала мать, шлепнула его ладонью по затылку и впихнула в спальню. Передонов шел за ними и что-то бормотал, тихо и сердито. В спальне приготовлены были розги. Передонову не понравилось, что они жиденькие и коротенькие. «Дамские», – сердито подумал он. Мать быстро села на стул, поставила перед собой Антошу и принялась его расстегивать. Антоша, весь красный, с лицом, облитым слезами, закричал, вертясь в ее руках и брыкаясь ногами: – Мамочка, мамочка, прости, я ничего такого не буду делать! – Ничего, ничего, голубчик, – отвечала мать, – раздевайся скорее, это тебе будет очень полезно. Ничего, не бойся, это заживет скоро, – утешала она и проворно раздевала Антошу. Полураздетый Антоша сопротивлялся, брыкался ногами и кричал. – Помогите, Ардальон Борисович, – громким шопотом сказала Юлия Петровна, – это такой разбойник, уж я знала, что мне одной с ним не справиться. Передонов взял Антошу за ноги, а Юлия Петровна принялась сечь его. – Не ленись, не ленись! – приговаривала она. – Не лягайся, не лягайся! – повторял за ней Передонов. – Ой, не буду, ой, не буду! – кричал Антоша. Гудаевская работала так усердно, что скоро устала. – Ну, будет, миленький, – сказала она, отпуская Антошу, – довольно, я больше не могу, я устала. – Если вы устали, так я могу еще посечь, – сказал Передонов. – Антоша, благодари, – сказала Гудаевская, – благодари, шаркни ножкой. Ардальон Борисович еще тебя посечет розочками. Ляг ко мне на коленочки, миленький. Она передала Передонову пучок розог, опять привлекла к себе Антошу и уткнула его головой в колени. Передонов вдруг испугался: ему показалось, что Антоша вырвется и укусит. – Ну, на этот раз будет, – сказал он. – Антоша, слышишь? – спросила Гудаевская, подымая Антошу за уши. – Ардальон Борисович тебя прощает. Благодари, шаркни ножкой, шаркни. Шаркни и одевайся, Антоша, рыдая, шаркнул ножкой, оделся, мать взяла его за руку и вывела в коридор. – Подождите. – шепнула она Передонову, – мне еще надо с вами поговорить. Она увела Антошу в детскую, где уже няня уложила Лизу, и велела ему ложится спать. Потом вернулась в спальню. Передонов угрюмо сидел на стуле среди комнаты. Гудаевская сказала: – Я так вам благодарна, так благодарна, не могу сказать. Вы поступили так благородно, так благородно. Это муж должен был бы сделать, а вы заменили мужа. Он стоит того, чтобы я наставила ему рога; если он допускает, что другие исполняют его обязанности, то пусть другие имеют и его права. Она порывисто бросилась на шею Передонова и прошептала: – Приласкайте меня, миленький! И потом еще сказала несколько непередаваемых слов. Передонов тупо удивился, однако охватил руками ее стан, поцеловал ее в губы, – и она впилась в его губы долгим, жадным поцелуем. Потом она вырвалась из его рук, метнулась к двери, заперла ее на ключ и быстро принялась раздеваться.

Передонов оставил Юлию в полночь, уже когда она ждала, что скоро вернется муж. Он шел по темным улицам, угрюмый и пасмурный. Ему казалось, что кто-то все стоял около дома и теперь следит за ним. Он бормотал:

— Я по службе ходил. Я не виноват. Она сама захотела. Ты меня не подденешь, не на такого напал.

Варвара еще не спала, когда он вернулся. Карты лежали перед нею.

Передонову казалось, что кто-то мог забраться, когда он входил. Может быть, сама Варвара впустила врага. Передонов сказал:

— Я буду спать, а ты колдовать на картах станешь. Подавай сюда карты, а то околдуешь меня.

Он отнял карты и спрятал себе под подушку. Варвара ухмылялась и говорила;

— Петрушку валяешь. Я и колдовать-то не умею, очень мне надо.

Его досадовало и страшило, что она ухмыляется: значит думал он она и без карт может. Вот под кроватью кот жмется и сверкает зелеными глазами, — на его шерсти можно колдовать, гладя кота впотьмах, чтобы сыпались искры. Вот под комодом мелькает опять серая недотыкомка — не Варвара ли ее подсвистывает по ночам тихим свистом, похожим на храп?

Гадкий и страшный приснился Передонову сон: пришел Пыльников, стал на пороге, манил и улыбался. Словно кто-то повлек Передонова к нему, и Пыльников повел его по темным, грязным улицам, а кот бежал рядом и светил зелеными зрачками...[12]

---

[12] Антоша Гудаевский уже спал, когда отец вернулся из клуба. Утром, когда Антоша Гудаевский уходил в гимназию, отец еще спал. Антоша увидел отца только днем. Он потихоньку от матери забрался в отцов кабинет и пожаловался на то, что его высекли. Гудаевский рассвирепел, забегал по кабинету, бросил со стола на пол несколько книг и закричал страшным голосом: – Подло! Гадко! Низко! Омерзительно! К черту на рога! Кошке под хвост! Караул! Потом он накинулся на Антошу, спустил ему штанишки, осмотрел его тоненькое тело, испещренное розовыми узкими полосками, и вскрикнул пронзительным голосом; – География Европы, издание семнадцатое! Он подхватил Антошу на руки и побежал к жене. Антоше было неудобно и стыдно, и он жалобно пищал. Юлия Петровна погружена была в чтение романа. Заслышав издали мужнины крики, она догадалась, в чем дело, вскочила, бросила книгу на пол и забегала по горнице, развеваясь пестрыми лентами и сжимая сухие кулачки. Гудаевский бурно ворвался к ней, распахнув дверь

ногою. – Это что? – закричал он, поставил Антошу на пол и показал ей его открытое тело. – Откуда этакая живопись! Юлия Петровна задрожала от злости и затопала ногами. – Высекла, высекла! – закричала она, – вот и высекла! – Подло! Преподло! Анафемски располдо! – кричал Гудаевский, – как ты осмелилась без моего ведома? – И еще высеку, на зло тебе высеку, – кричала Гудаевская, – каждый день буду сечь. Антоша вырвался и, застегиваясь на ходу, убежал, а отец с матерью остались ругаться. Гудаевский подскочил к жене и дал ей пощечину. Юлия Петровна взвизгнула, заплакала, закричала: – Изверг! Злодей рода человеческого! В гроб вогнать меня хочешь! Она изловчилась, подскочила к мужу и хлопнула его по щеке. – Бунт! Измена! Караул! – закричал Гудаевский. И долго они дрались, – все наскакивали друг на друга. Наконец устали. Гудаевская села на пол и заплакала. – Злодей! Загубил ты мою молодость, – протяжно и жалобно завопила она. Гудаевский постоял перед нею, примерился было хлопнуть ее по щеке, да передумал, тоже сел на пол против жены и закричал: – Фурия! Мегера! Труболетка бесхвостая! Заела ты мою жизнь! – Я к маменьке поеду, – плаксиво сказала Гудаевская. – И поезжай, – сердито отвечал Гудаевский, – очень рад буду, провожать буду, в сковороды бить буду, на губах персидский марш сыграю. Гудаевский затрубил в кулак резкую и дикую мелодию. – И детей возьму! – крикнула Гудаевская. – Не дам детей! – закричал Гудаевский. Они разом вскочили на ноги и кричали, размахивая руками: – Я вам не оставлю Антошу, – кричала жена. – Я вам не отдам Антошу, – кричал муж. – Возьму! – Не дам! – Испортите, избалуете, погубите! – Затираните! Сжали кулаки, погрозили друг другу и разбежались, – она в спальню, он в кабинет. По всему дому пронесся стук двух захлопнутых дверей. Антоша сидел в отцовом кабинете. Это казалось ему самым удобным, безопасным местом. Гудаевский бегал по кабинету и повторял: – Антоша, я не дам тебя матери, не дам. – Ты отдай ей Лизочку, – посоветовал Антоша. Гудаевский остановился, хлопнул себя ладонью по лбу и крикнул: – Идея! Он выбежал из кабинета. Антоша робко выглянул в коридор и увидел, что отец пробежал в детскую. Оттуда послышался Лизин плач и испуганный нянькин голос. Гудаевский вытащил из детской за руку навзрыд плачущую, испуганную Лизу, привел ее в спальню, бросил матери и закричал: – Вот тебе девчонка, бери ее, а сын у меня остается на основании семи статей семи частей свода всех уложений. И он убежал к себе, восклицая дорогой: – Шутка! Довольствуйся малым, секи понемножку! Ого-го-го! Гудаевская подхватила девочку, посадила ее к себе на колени и принялась утешать. Потом вдруг вскочила, схватила Лизу за руку и быстро повлекла ее к отцу. Лиза опять заплакала. Отец и сын услышали в кабинете приближающийся по коридору Лизин рев. Они посмотрели друг на друга в изумлении. – Какова? – зашептал отец, – не берет! К тебе подбирается. Антоша полез под письменный стол. Но в это время уже Гудаевская вбежала в

XIX

Странности в поведении Передонова все более день ото дня беспокоили Хрипача. Он посоветовался с гимназическим врачом, не сошел ли Передонов с ума. Врач со смехом ответил, что Передонову сходить не с чего, а просто дурит по глупости. Поступали и жалобы. Начала Адаменко, она прислала директору тетрадь ее брата с единицею за хорошо исполненную работу.

Директор во время одной из перемен пригласил к себе Передонова.

"А, право, похож на помешанного", — подумал Хрипач, увидев следы смятения и ужаса на тупом, сумрачном лице Передонова.

— Я имею к вам претензию, — заговорил Хрипач сухою скороговоркою. — Каждый раз, как мне приходится давать урок рядом с вами, у меня голова буквально трещит, — такой хохот подымается в вашем классе. Не могу ли я вас просить давать уроки не столь веселого содержания? "Шутить и все шутить, — как вас на это станет"?

— Я не виноват, — сердито сказал Передонов, — они сами смеются. Да и нельзя же все о букве Ѣ да о сатирах Кантемира

кабинет, бросила Лизу отцу, вытащила сына из-под стола, ударила его по щеке, схватила за руку и повлекла за собою, крича: – Пойдем, голубчик, отец твой – тиран. Но тут и отец спохватился, схватил мальчика за другую руку, ударил его по другой щеке и крикнул: – Миленький, не бойся, я тебя никому не отдам. Отец и мать тянули Антошу в разные стороны и быстро бегали кругом. Антоша между ними вертелся волчком и в ужасе кричал: – Отпустите, отпустите, руки оборвете. Как-то ему удалось высвободить руки, так что у отца и у матери остались в руках только рукава от его курточки. Но они не замечали этого и продолжали яростно кружить Антошу. Он кричал отчаянным голосом: – Разорвете! В плечах трещит! Ой-ой-ой, рвете, рвете! Разорвали! И точно, отец и мать вдруг повалились в обе стороны на пол, держа в руках по рукаву от Антошиной курточки. Антоша убежал с отчаянным криком: – Разорвали, что же это такое! Отец и мать, оба вообразили, что оторвали Антошины руки. Они завыли от страха, лежа на полу: – Антосю разорвали! Потом вскочили и, махая друг на друга пустыми рукавами, стали кричать наперебой: – За доктором! Убежал! Где его руки! Ищи его руки! Они оба заерзали на полу, рук не нашли, сели друг против друга и, воя от страха и жалости к Антоше, принялись хлестать друг друга пустыми рукавами, потом подрались и покатились по полу. Прибежали горничная и нянька и розняли господ.

говорить, иногда и скажешь что-нибудь, а они сейчас зубы скалят. Распущены очень. Подтянуть их надо.

— Желательно, и даже необходимо, чтобы работа в классе имела серьезный характер, — сухо сказал Хрипач. — И еще одно.

Хрипач показал Передонову две тетради и сказал:

— Вот две тетради по вашему предмету, обе учеников одного класса, Адаменка и моего сына. Мне пришлось их сравнить, и я принужден сделать вывод о вашем не вполне внимательном отношении к делу. Последняя работа Адаменка, исполненная весьма удовлетворительно, оценена единицею, тогда как работа моего сына, написанная хуже, заслужила четверку. Очевидно, что вы ошиблись: балл одного ученика поставили другому, и наоборот. Хотя человеку свойственно ошибаться, но все же прошу вас избегать подобных ошибок. Они возбуждают совершенно основательное неудовольствие родителей и самих учащихся.

Передонов пробормотал что-то невнятное.

В классах он со злости усиленно принялся дразнить маленьких, наказанных на-днях по его жалобам. Особенно напал он на Крамаренка. Тот молчал, бледнел под своим темным загаром, и глаза сверкали.

Выйдя из гимназии, Крамаренко в этот день не торопился домой. Он постоял у ворот, поглядывая .на подъезд. Когда вышел Передонов, Крамаренко пошел за ним, в некотором отдалении, пережидая редких прохожих.

Передонов шел медленно. Хмурая погода наводила на него тоску. Его лицо в последние дни принимало все более тупое выражение. Взгляд или был остановлен на чем-то далеком, или странно блуждал. Казалось, что он постоянно всматривается за предмет. От этого предметы в его глазах раздваивались, млели, мережили.

Кого же он высматривал? Доносчиков. Они прятались за все предметы, шушукались, смеялись. Враги наслали на Передонова целую армию доносчиков. Иногда Передонов старался быстро накрыть их. Но они всегда успевали во-время убежать, — словно сквозь землю провалятся...

Передонов услышал за собой быстрые, смелые шаги по мосткам, испуганно оглянулся, — Крамаренко поровнялся с ним и смотрел на него горящими глазами решительно и злобно, бледный, тонкий, как маленький дикарь, готовый броситься на врага. Этот взгляд пугал Передонова.

"А вдруг укусит?" — подумал он.

Пошел поскорее, — Крамаренко не отставал; Передонов остановился и сердито сказал:

— Чего толкаешься, черныш драный! Вот сейчас к отцу отведу.

Крамаренко тоже остановился, все продолжая смотреть на Передонова. Теперь они стали один

против другого на шатких мостках пустынной улицы, у серого, безучастного ко всему живому забора. Крамаренко, весь дрожа, шипящим голосом сказал:

— Подлец!

Усмехнулся, повернулся, чтобы уходить. Сделал шага три, приостановился, оглянулся, повторил погромче:

— Этакий подлец! Гадина!

Плюнул и пошел. Передонов угрюмо посмотрел за ним и тоже отправился домой. Смутные, боязливые мысли медленно чередовались в его голове.

Вершина окликнула его. Она стояла за решеткою своего сада, у калитки, укутанная в большой черный платок, и курила. Передонов не сразу признал Вершину. В ее фигуре пригрезилось ему что-то зловещее: черная колдунья стояла, распускала чарующий дым, ворожила, Он плюнул, зачурался. Вершина засмеялась и спросила:

— Что это вы, Ардальон Борисыч?

Передонов тупо посмотрел на нее и наконец сказал:

— А, это — вы! А я вас и не узнал.

— Это — хорошая примета. Значит, я скоро буду богатой, — сказала Вершина.

Передонову это не понравилось: разбогатеть-то ему самому хотелось бы.

— Ну, да, — сердито сказал он, — чего вам богатеть! Будет с вас и того, что есть.

— А вот я двести тысяч выиграю, — криво улыбаясь, сказала Вершина.

— Нет, это я выиграю двести тысяч, — спорил Передонов.

— Я — в один тираж, вы — в другой, — сказала Вершина.

— Ну, это вы врете, — грубо сказал Передонов. — Это не бывает, в одном городе два выигрыша. Говорят вам, я выиграю.

Вершина заметила, что он сердится. Перестала спорить. Открыла калитку и, заманивая Передонова, сказала:

— Что ж мы тут стоим? Зайдите, пожалуйста, у нас Мурин.

Имя Мурина напомнило Передонову приятное для него, — выпивку, закуску. Он вошел.

В темноватой из-за деревьев гостиной сидели Марта, с красным завязанным бантом, платочком на шее и с повеселевшими глазами, Мурин, больше обыкновенного растрепанный, и чем-то словно обрадованный, и возрастный гимназист Виткевич: он ухаживал за Вершиною, думал, что она в него влюблена, и мечтал оставить гимназию, жениться на Вершиной, и заняться хозяйством в ее именьице.

Мурин поднялся навстречу входившему Передонову с преувеличенно радостными восклицаниями, лицо его сделалось еще слаще, глазки замаслились, — и все это не шло к его дюжей фигуре и взлохмаченным волосам, в которых виднелись даже кое-где былинки сена.

— Дела обтяпываю, — громко и сипло заговорил он, — у меня везде дела, а вот кстати милые хозяйки и чайком побаловали.

— Ну да, дела, — сердито отвечал Передонов, — какие у вас дела! Вы не служите, а так деньги наживаете. Это вот у меня дела.

— Что ж, дела — это и есть чужие деньги, — с громким хохотом возразил Мурин.

Вершина криво улыбалась и усаживала Передонова к столу. На круглом преддиванном столе тесно стояли стаканы и чашки с чаем, ром, варенье из куманики, серебряная сквозная, крытая вязаною салфеточкою корзинка с сладкими булками и домашними миндальными пряничками.

От стакана Мурина сильно пахло ромом, а Виткевич положил себе на стеклянное блюдечко в виде раковины много варенья. Марта с видимым удовольствием ела маленькими кусочками сладкую булку. Вершина угощала и Передонова, — он отказался от чая.

"Еще отравят, — подумал он. — Отравить-то всего легче: сам выпьешь и не заметишь, яд сладкий бывает, а домой придешь — и ноги протянешь".

И ему было досадно, зачем для Мурина поставили варенье, а когда он пришел, то для него не хотят принести новой банки с вареньем получше. Не одна у них куманика, — много всякого варенья наварили.

А Вершина, точно, ухаживала за Муриным. Видя, что на Передонова мало надежды, она подыскивала Марте и других женихов. Теперь она приманивала Мурина. Полуодичавший в гоньбе за трудно дававшимися барышами помещик охотно шел на приманку: Марта ему нравилась.

Марта была рада: ведь это была ее постоянная мечта, что вот найдется ей жених, и она выйдет замуж, и у нее будет хорошее хозяйство, и дом — полная чаша. И она смотрела на Мурина влюбленными глазами. Сорокалетний громадный мужчина с грубым голосом и с простоватым выражением в лице и в каждом движении казался ей образцом мужской силы, молодечества, красоты и доброты.

Передонов заметил влюбленные взгляды, которыми обменивались Мурин и Марта, — заметил потому, что ожидал от Марты преклонения перед ним самим. Он сердито сказал Мурину:

— Точно жених сидишь, вся физиономия сияет.

— Это я от радости, — возбужденным, веселым голосом сказал Мурин, — что вот дело мое хорошо обделал.

Он подмигнул хозяйкам. Они обе радостно улыбались. Передонов сердито спросил, презрительно щуря глаза:

— Невесту, что ли, нашел? Приданого много дают?

Мурин говорил, как будто и не слышал этих вопросов:

— Вот Наталья Афанасьевна, дай ей бог всего хорошего, моего Ванюшку согласилась у себя поместить. Он будет тут жить, как у Христа за пазухой, и мое сердце будет спокойно, что не избалуется.

— Будет шалить вместе с Владей, — угрюмо сказал Передонов — еще дом сожгут.

— Не посмеет! — решительно крикнул Мурин.- Вы, матушка Наталья Афанасьевна, за это не беспокойтесь: он у вас по струнке будет ходить.

Вершина, чтобы прекратить этот разговор, сказала, криво улыбаясь:

— Что-то мне кисленького захотелось.

— Не хотите ли брусники с яблоками? Я принесу, — сказала Марта, быстро вставая с места.

— Пожалуй, принесите.

Марта побежала из комнаты. Вершина даже не посмотрела за нею: она привыкла принимать спокойно Мартины угождения, как нечто должное. Она сидела покойно и глубоко на диване, пускала синие дымные клубы и сравнивала мужчин, которые разговаривали: Передонов — сердито и вяло, Мурин — весело и оживленно.

Мурин нравился ей гораздо больше. У него добродушное лицо, а Передонов и улыбаться не умеет. Нравился ей Мурин всем: большой, толстый, привлекательный, говорит приятным низким голосом и к ней очень почтителен. Вершина даже подумывала порой, не повернуть ли дело так, чтобы Мурин посватался не к Марте, а к ней. Но она всегда кончала свои размышления тем, что великодушно уступала его Марте.

"За меня, — думала она, — всякий посватается, раз — что я с деньгами, и я могу выбрать кого захочу. Вот хоть этого юношу

157

возьму", — думала она и не без удовольствия остановила свой взор на зеленоватом, нахальном, но все-таки красивом лице Виткевича, который говорил мало, ел много, посматривал на Вершину и нагло при этом улыбался.

Марта принесла в глиняной чашечке бруснику с яблоками и принялась рассказывать, что нынче ночью видела во сне, как она была в подружках на свадьбе и ела ананасы и блины с медом, в одном блине нашла бумажку сто рублей, и как от нее деньги отняли, и как она плакала. Так в слезах и проснулась.

— Надо было потихоньку спрятать, чтоб никто не видал, — сердито сказал Передонов, — а то вы и во сне не сумели денег удержать, какая же вы хозяйка!

— Ну, этих денег нечего жалеть, — сказала Вершина, — во сне мало ли что увидишь.

— А мне так страсть как жалко этих денег, — простодушно сказала Марта, — целых сто рублей!

На глазах у нее навернулись слезы, и она принужденно засмеялась, чтобы не заплакать. Мурин суетливо полез в карман, восклицая:

— Матушка, Марта Станиславовна, да вы не жалейте, мы сейчас это поправим!

Он достал из бумажника сторублевку, положил ее перед Мартою на стол, хлопнул по ней ладонью и крикнул:

— Извольте! Уж эту никто не отнимет.

Марта обрадовалась было, но потом ярко покраснела и смущенно сказала:

— Ах, что это вы, Владимир Иванович, разве я к тому! Я не возьму, что это вы, право!

— Нет, уж не извольте обижать, — сказал Мурин, посмеиваясь и не убирая денег, — пусть уж, значит, сон в руку будет.

— Да нет, как же, мне стыдно, я ни за что не возьму, — отнекивалась Марта, жадными глазами посматривая на сторублевку.

— Чего кобянитесь, коли дают, — сказал Виткевич, — вот ведь счастье людям валится само в руки, — сказал он с завистливым вздохом.

Мурин стал перед Мартою и воскликнул убеждающим голосом:

— Матушка, Марта Станиславовна, верьте слову, я от всей души, — берите, пожалуйста! А коли даром не хотите, так это за то, чтобы вы за моим Ванюшкой посмотрели. То, что мы сговорились с Натальей Афанасьевной, то так и будет, а это, значит, вам, — за посмотренье, значит.

— Да как же так, это очень много, — нерешительно сказала Марта.

— За первые полгода, — сказал Мурин и поклонился Марте в пояс, — уж не обидьте, возьмите, и уж будьте вы моему Ванюшке за-место старшей сестрицы.

— Ну, что же, Марта, бери, — сказала Вершина, — благодари Владимира Иваныча.

Марта, стыдливо и радостно краснея, взяла деньги. Мурин принялся горячо ее благодарить.

— Сватайся сразу, дешевле будет, — с яростью сказал Передонов, — ишь как разгрибанился!

Виткевич захохотал, а остальные сделали вид, что не слышали. Вершина начала было рассказывать свой сон, — Передонов не дослушал и стал прощаться. Мурин пригласил его к себе на вечер.

— Ко всенощной надо, — сказал Передонов.

— Что это Ардальон Борисыч такое к церкви получил усердие, — с сухим и быстрым смешком сказала Вершина.

— Я всегда, — отвечал он, — я в бога верую, не так, как другие. Может быть, я один в гимназии такой. За то меня и преследуют. Директор — безбожник.

— Когда будет свободно, сами назначьте, — сказал Мурин.

Передонов сказал, сердито комкая фуражку:

— Мне по гостям некогда ходить. Но сейчас же вспомнил, что Мурин вкусно кормит и хорошо поит, и сказал:

— Ну, в понедельник я могу притти.

Мурин пришел в восторг и стал было звать Вершину и Марту. Но Передонов сказал:

— Нет, дам не надо. А то напьешься да еще ляпнешь что-нибудь без предварительной цензуры, так при дамах неудобно.

Когда Передонов ушел, Вершина, усмехаясь, сказала:

— Чудит Ардальон Борисыч. Очень уж ему инспектором хочется быть, а Варвара его, должно быть, за нос водит. Вот он и куролесит.

Владя, — он при Передонове прятался, — вышел и сказал со злорадною усмешкою:

— А слесарята узнали от кого-то, что это Передонов их выдал.

— Они ему стекла побьют! — с радостным хохотом воскликнул Виткевич.

* * *

На улице все казалось Передонову враждебным и зловещим. Баран стоял на перекрестке и тупо смотрел на Передонова. Этот баран был так похож на Володина, что Передонов испугался. Он думал, что, может быть, Володин оборачивается бараном, чтобы следить.

"Почем мы знаем, — думал он, — может быть, это и можно; наука еще не дошла, а может быть, кто-нибудь и знает. Ведь вот французы — ученый народ, а у них в Париже завелись волшебники да маги", — думал Передонов. И страшно ему стало. "Еще лягаться начнет этот баран", — думал он.

Баран заблеял, и это было похоже на смех у Володина, резкий, пронзительный неприятный.

Встретился опять жандармский офицер. Передонов подошел к нему и шопотом сказал:

— Вы послеживайте за Адаменко. Она переписывается с социалистами, да она и сама такая.

Рубовский молча и с удивлением посмотрел на него. Передонов пошел дальше и думал тоскливо.

"Что это он все попадается? Все следит за мною и городовых везде наставил".

Грязные улицы, пасмурное небо, жалкие домишки, оборванные, вялые дети — ото всего веяло тоскою, одичалостью, неизбывною печалью.

"Это — нехороший город, — думал Передонов, — и люди здесь злые, скверные; поскорее бы уехать в другой город, где все учителя будут кланяться низенько, а все школьники будут бояться и шептать в страхе: инспектор идет. Да, начальникам совсем иначе живется на свете".

— Господин инспектор второго района Рубанской губернии, — бормотал он себе под нос, — его высокородие, статский советник Передонов. Вот как! Знай наших! Его превосходительство, господин директор народных училищ Рубанской губернии, действительный статский советник Передонов. Шапки долой! В отставку подавайте! Вон! Я вас подтяну!

Лицо у Передонова делалось надменным, он получал уже в своем скудном воображении долю власти.

* * *

Когда Передонов пришел домой, он услышал, еще снимая пальто, доносившиеся из столовой резкие звуки, — это смеялся Володин. Сердце у Передонова упало.

"Успел уже и сюда прибежать, — подумал он: — может быть, сговариваются с Варварою, как бы меня околпачить. Потому и смеется, — рад, что Варвара с ним заодно".

Тоскливый, злой вошел он в столовую. Уже было накрыто к обеду. Варвара с озабоченным лицом встретила Передонова.

— Ардальон Борисыч! — воскликнула она,— у нас-то какое приключение! Кот сбежал.

— Ну, — крикнул Передонов с выражением ужаса на лице. — Зачем же вы его отпустили?

— Что же мне за хвост его к юбке пришить? — досадливо спросила Варвара.

Володин хихикнул. Передонов думал, что кот отправился, может быть, к жандармскому и там вымурлычит все, что знает о Передонове, и о том, куда и зачем Передонов ходил по ночам, — все откроет да еще и того примяукает, чего и не было. Беды! Передонов сел на стул у стола, опустил голову и, комкая конец у скатерти, погрузился в грустные размышления.

— Это уж завсегда коты изволят на старую квартиру сбегать, — сказал Володин, — потому как кошки к месту привыкают, а не к хозяину. Кошку надо закружить, как переносить на новую квартиру, и дороги ей не показывать, а то непременно убежит.

Передонов слушал с утешением.

— Так ты думаешь, Павлуша, что он на старую квартиру сбежал? — спросил он.

— Беспременно так, Ардаша, — отвечал Володин.

Передонов встал и крикнул:

— Ну так выпьем, Павлушка!

Володин захихикал.

— Это можно, Ардаша, — сказал он, — выпить завсегда даже очень можно.

— А кота достать надо оттуда! — решил Передонов.

— Сокровище! — ухмыляясь, отвечала Варвара, — вот после обеда пошлю Клавдюшку.

Сели обедать. Володин был весел, болтал и смеялся. Смех его звучал для Передонова как блеянье того барана на улице.

"И чего он злоумышляет? — думал Передонов,— много ли ему надо?"

И подумал Передонов, что, может быть, удастся задобрить Володина.

— Слушай, Павлуша, — сказал он, — если ты не станешь мне вредить, то я тебе буду леденцов покупать по фунту в неделю, самый первый сорт, — соси себе за мое здоровье.

Володин засмеялся, но тотчас же сделал обиженное лицо и сказал:

— Я, Ардальон Борисыч, вам вредить не согласен, а только мне леденцов не надо, потому как я их не люблю.

Передонов приуныл. Варвара, ухмыляючись, сказала:

— Полно тебе петрушку валять, Ардальон Борисыч. Чем он тебе может навредить?

— Напакостить всякий дурак может, — уныло сказал Передонов.

Володин обиженно выпятил губы, покачал головою и сказал:

— Если вы, Ардальон Борисыч, так обо мне понимаете, то одно только могу сказать: благодарю покорно. Если вы обо мне так, то что же я после этого должен делать? Как это я должен понимать, в каком смысле?

— Выпей водки, Павлуша, и мне налей, — сказал Передонов.

— Вы на него не смотрите, Павел Васильевич, — утешала Володина Варвара, — он ведь это так говорит, душа не знает, что язык болтает.

Володин замолчал и, храня обиженный вид, принялся наливать водку из графина в рюмки. Варвара сказала, ухмыляясь:

— Как же это, Ардальон Борисыч, ты не боишься от него водку пить? Ведь он ее, может быть, наговорил, — вот он что-то губами разводит.

На лице у Передонова изобразился ужас. Он схватил налитую Володиным рюмку, выплеснул из нее водку на пол и закричал:

— Чур меня, чур, чур, чур! Заговор на заговорщика, злому языку сохнуть, черному глазу лопнуть. Ему карачун, меня чур-перечур.

Потом повернулся к Володину с озлобленным лицом, показал кукиш и сказал:

— На-т-ко, выкуси. Ты хитер, а я похитрее.

Варвара хохотала. Володин обиженным дребезжащим голосом говорил, словно блеял:

— Это вот вы, Ардальон Борисыч, всякие волшебные слова знаете и произносите, а я никогда не изволил магией заниматься. Я вам ни водки, ни чего другого не согласен наговаривать, а это, может быть, вы от меня моих невест отколдовываете.

— Вывез! — сердито сказал Передонов, — мне не надо твоих невест, я могу и почище взять.

162

— Вы моему глазу лопнуть наговорили, — продолжал Володин, — только смотрите, как бы у вас раньше очки не лопнули.

Передонов схватился испуганно за очки.

— Что мелешь! — проворчал он,— язык-то у тебя — как помело.

Варвара опасливо посмотрела на Володина и сказала сердито:

— Не ехидничайте, Павел Васильевич, кушайте себе суп, а то простынет. Ишь, ехидник какой!

Она подумала, что, пожалуй, и кстати зачурался Ардальон Борисыч. Володин принялся есть суп. Все помолчали немного, и потом Володин обиженным голосом сказал:

— Недаром я сегодня во-снях видел, что меня медом мазали. Помазали вы меня, Ардальон Борисыч.

— Еще не так бы вас надо помазать, — сердито сказала Варвара.

— За что же? позвольте узнать. Кажется, я ничего такого, — говорил Володин.

— За то, что язык у вас скверный, — объяснила Варвара. — Нельзя всего болтать, что вздумаете, — в какой час молвится.[13]

---

[13] После обеда Передонов лег спать, как всегда, если не шел на биллиард. Во сне ему снились все бараны да коты, которые ходили вокруг него, блеяли и мяукали внятно, но слова у них были все поганые, и бесстыже было все, что они делали. Выспавшись, отправился он к купцу Творожкову, отцу двух гимназистов, жаловаться на них. Он был уже разлакомлен успехом прежних посещений, и казалось ему, что и теперь будет удача. Творожков — человек простой, ученый на медные деньги, сам разжился, вид у него суровый, говорит он мало, держит себя строго и важно; мальчики его, Вася и Володя, боятся его, как огня. Конечно, он им задаст такую порку, что чертям тошно станет. И, видя, как сурово и молчаливо выслушивает Творожков его жалобы, Передонов все более утверждался в этой своей уверенности. Мальчики, четырнадцатилетний Вася и двенадцатилетний Володя, стояли, как солдатики, вытянувшись перед отцом, но Передонова удивляло и досадовало то, что они спокойно смотрят и не обнаруживают страха. Когда Передонов кончил и замолчал, Творожков внимательно посмотрел на сыновей. Они еще более вытянулись и смотрели прямо на отца. – Идите, – сказал Творожков. Мальчики поклонились Передонову и вышли. Творожков обратился к Передонову: – Много чести для нас, милостивый государь, что вы изволили так побеспокоиться относительно моих сыновей. Только мы наслышаны, что вы и ко многим другим также ходите и тоже требуете, чтобы

XX

Вечером Передонов пошел в клуб, — позвали играть в карты. Был там и нотариус Гудаевский. Передонов испугался, когда увидел его. Но Гудаевский вел себя мирно, и Передонов успокоился.

родители стегали своих мальчиков. Неужели у вас так вдруг в гимназии расшалились ребята, что и справы с ними нет? Все было хорошо, а тут вдруг порка да порка. – Коли они шалят, – смущенно пробормотал Передонов. – Шалят, – согласился Творожков, – уж это известное дело; они шалят, мы их наказываем. Только мне удивительно, – уж вы меня извините, милостивый государь, коли что не так скажу, – удивительно мне очень, что из всех учителей вы один так себя утруждаете, и таким, с позволения сказать, неподходящим занятием. Своего сына, известно, когда постегаешь, – что ж делать, коли заслужит, а чужим-то мальчикам под рубашки заглядывать как будто бы оно для вас и лишнее дело будет. – Для их же пользы, – сердито сказал Передонов. – Эти порядки нам хорошо известны, – возразил сейчас же Творожков, не давая ему продолжать, – провинится гимназист, его в гимназии накажут, как по правилам следует; коли ему неймется, родителям дадут знать или там в гимназию вызовут, классный наставник или там инспектор скажет, в чем его вина; а уж как с ним дома поступить, это родители сами знают, по ребенку глядя, ну и опять же по вине. А чтобы учитель там какой сам от себя ходил по домам да требовал, чтобы пороли мальчиков, таких порядков нет. Сегодня это вы пришли, завтра другой придет, послезавтра – третий, а я каждый день своих сыновей драть буду? Нет уж, слуга покорный, это не дело, и вы, милостивый государь, стыдитесь таким несообразным делом заниматься. Стыдно-с! Творожков встал и сказал: – Полагаю, что больше нам не о чем беседовать. – Вот вы как поговариваете? – угрюмо сказал Передонов, смущенно подымаясь с своего кресла. – Да-с, вот так, – ответил Творожков, – уж вы меня извините. – Нигилистов растить хотите, – злобно говорил Передонов, неловко пятясь к двери, – донести на вас надо. – Мы и сами донести умеем, – спокойно отвечал Творожков. Этот ответ поверг Передонова в ужас. О чем собирается донести Творожков? Может быть, во время разговора, думал Передонов, я что-нибудь сболтнул, проговорился, а он и подцепил. У него, может быть, под диваном такая машинка стоит, что все опасные слова записывает. Передонов в ужасе бросил взгляд под диван, – и там, показалось ему, зашевелилось что-то маленькое, серенькое, зыбкое, дрожащее издевающимся смешком. Передонов задрожал. Не надо только выдавать себя, – пронеслась в его голове быстрая мысль. – Дудки, меня не поймаешь! – крикнул он Творожкову и поспешно пошел из комнаты.

Играли долго, пили много. Поздно ночью в буфете Гудаевский внезапно подскочил к Передонову, без всяких объяснений ударил его по лицу несколько раз, разбил ему очки и проворно удалился из клуба. Передонов не оказал никакого сопротивления, притворился пьяным, повалился на пол и захрапел. Его растолкали и выпроводили домой.

На другой день об этой драке говорили по всему городу.

В этот вечер Варвара нашла случай украсть у Передонова первое поддельное письмо. Это было ей необходимо, по требованию Грушиной, чтобы впоследствии, при сравнении двух подделок, не оказалось разницы. Передонов носил это письмо с собою, но сегодня как-то случайно оставил его дома: переодеваясь из виц-мундира в сюртук, вынул его из кармана, сунул под учебник на комоде, да там и забыл. Варвара сожгла его на свечке у Грушиной.

Когда, поздно ночью, Передонов вернулся и Варвара увидела его разбитые очки, он сказал ей, что они сами лопнули. Она поверила и решила, что виною тому злой язык у Володина. Поверил в злой язык и сам Передонов. Впрочем, на другой день Грушина подробно рассказала Варваре о драке в клубе.

Утром, одеваясь, Передонов хватился письма, нигде не нашел и ужаснулся. Он закричал диким голосом:

— Варвара, где письмо?

Варвара смешалась.

— Какое письмо? — спросила она, глядя на Передонова испуганными, злыми глазами.

— Княгинино! — кричал Передонов.

Варвара кое-как собралась с духом. Нахально ухмыляясь, она сказала:

— А я почему знаю, где оно! Бросил, должно быть, в ненужные бумаги, а Клавдюшка и сожгла. Ищи у себя, коли еще оно цело.

Передонов ушел в гимназию в мрачном настроении. Вчерашние неприятности припомнились ему. Он думал о Крамаренке: как этот скверный мальчишка решился назвать его подлецом? Значит, он не боится Передонова. Уж не знает ли он чего-нибудь о Передонове? Знает и хочет донести.

В классе Крамаренко смотрел на Передонова в упор и улыбался, и это еще более страшило Передонова.

В третью перемену Передонова опять пригласили к директору. Он пошел, смутно предчувствуя что-то неприятное.

Со всех сторон до Хрипача доносились слухи о подвигах Передонова. Сегодня утром ему рассказали о вчерашнем происшествии в клубе. Вчера же после уроков к нему явился

165

Володя Бультяков, на-днях наказанный своею хозяйкою по жалобе от Передонова. Опасаясь вторичного посещения его с такими же последствиями, мальчик пожаловался директору.

Сухим, резким голосом Хрипач передал Передонову дошедшие до него слухи, — из достоверных источников, прибавил он, — о том, что Передонов ходит на квартиры к ученикам, сообщает их родителям или воспитателям неточные сведения об успехах и поведении их детей и требует, чтобы мальчиков секли, вследствие чего происходят иногда крупные неприятности с родителями, как, например, вчера в клубе с нотариусом Гудаевским.

Передонов слушал озлобленно, трусливо. Хрипач замолчал.

— Что ж такое, — сердито сказал Передонов,— он дерется, а разве это позволяется? Он не имел никакого права мне в рожу заехать. Он в церковь не ходит, в обезьяну верует и сына в ту же секту совращает. На него надо донести, он — социалист.

Хрипач внимательно посмотрел на Передонова и сказал внушительно:

— Все это не наше дело, и я совершенно не понимаю, что вы разумеете под оригинальным выражением "верует в обезьяну". По моему мнению, не следовало бы обогащать историю религий вновь изобретаемыми культами. Относительно же нанесенного вам оскорбления вам следовало бы привлечь его к суду. А самое лучшее было бы для вас — оставить нашу гимназию. Это был бы наилучший исход и для вас лично, и для гимназии.

— Я инспектором буду, — сердито возразил Передонов.

— До тех пор, — продолжал Хрипач, — вам следует воздержаться от этих странных прогулок. Согласитесь сами, что такое поведение неприлично педагогу и роняет достоинство учителя в глазах учеников. Ходить по домам сечь мальчиков — это, согласитесь сами. . .

Хрипач не кончил и пожал плечами.

— Что ж такое, — опять возразил Передонов, — я для их же пользы.

— Пожалуйста, не будем спорить, — резко прервал Хрипач, — я самым решительным образом требую от вас, чтоб это больше не повторялось.

Передонов сердито смотрел на директора.

* * *

Сегодня вечером решили справлять новоселье. Позвали

166

всех своих знакомых. Передонов ходил по комнатам и посматривал, все ли в порядке, нет ли где чего такого, о чем могут донести. Он думал:

"Что ж, кажется, все хорошо: запрещенных книжек не видно, лампадки теплятся, царские портреты висят на стене, на почетном месте".

Вдруг Мицкевич со стены подмигнул Передонову.

"Подведет", — испуганно подумал Передонов, быстро снял портрет и потащил его в отхожее место, чтобы заменить им Пушкина, а Пушкина повесить сюда.

"Все-таки Пушкин — придворный человек",— думал он, вешая его на стену в столовой.

Потом припомнил он, что вечером будут играть, и решил осмотреть карты. Он взял распечатанную колоду, которая только однажды была в употреблении, и принялся перебирать карты, словно отыскивая в них что-то. Лица у фигур ему не нравились: глазастые такие.

В последнее время за игрою ему все казалось, что карты ухмыляются, как Варвара. Даже какая-нибудь пиковая шестерка являла нахальный вид и непристойно вихлялась.

Передонов собрал все карты, какие были, и остриями ножниц проколол глаза фигурам, чтобы они не подсматривали. Сначала сделал он это с игранными картами, а потом распечатал и новые колоды. Все это проделывал он с оглядкою, словно боялся, что его накроют. К счастью его, Варвара занялась в кухне и не заглядывала в горницы, — да и как ей было уйти от такого изобилия съестных припасов: как раз Клавдия чем-нибудь попользуется. Когда ей что-нибудь надобилось в горницах, она посылала туда Клавдию. Каждый раз, когда Клавдия входила, Передонов вздрагивал, прятал ножницы в карман и притворялся, что раскладывает пасьянс.

Между тем как Передонов таким образом лишал королей и дам возможности досаждать ему подсматриваниями, надвигалась на него неприятность с другой стороны. Ту шляпу, которую на прежней квартире Передонов забросил на печку, чтоб она не попадалась под руку, нашла Ершова. Домекнулась она, что не спроста оставлена шляпа: ненавистники — ее съехавшие жильцы, — и очень может быть, — думала Ершова, — что они со зла на нее наколдовали в шляпу что-нибудь такое, отчего квартиру никто не станет снимать. В страхе и в досаде понесла она шляпу знахарке. Та осмотрела шляпу, таинственно и сурово пошептала над нею, поплевала на все четыре стороны и сказала Ершовой:

— Они тебе напакостили, а ты им отпакости. Сильный

167

колдун ворожил, да я хитрее: я напротив его тебе так выворожу, что его самого скорежит.

И она еще долго ворожила над шляпою и, получив от Ершовой щедрые дары, велела ей отдать шляпу рыжему парню, чтоб он отнес шляпу Передонову, отдал ее первому, кого встретит, а сам бежал бы без оглядки.

Случилось так, что первый рыжий парень, встреченный Ершовою, был один из слесарят, злобившихся на Передонова за раскрытие ночной проказы. Он с удовольствием взялся за пятак исполнить поручение и по дороге от себя усердно наплевал в шляпу. В квартире у Передонова, встретив в темных сенцах самоё Варвару, он сунул ей шляпу и убежал так проворно, что Варвара не успела его разглядеть.

И вот, едва успел Передонов ослепить последнего валета, как вошла в горницу Варвара, удивленная и даже испуганная, и сказала дрожащим от волнения голосом:

— Ардальон Борисыч, посмотри, что это такое.

Передонов взглянул и замер от ужаса. Та самая шляпа, от которой он было отделался, теперь была в Варвариных руках, помятая, запыленная, едва хранящая следы былого великолепия. Он спросил, задыхаясь от ужаса:

— Откуда, откуда это?

Варвара испуганным голосом рассказала, как получила эту шляпу от юркого мальчишки, который словно из-под земли вырос перед нею и опять словно сквозь землю провалился. Она сказала:

— Это — никто, как Ершиха. Это она тебе наколдовала в шляпу, уж это непременно.

Передонов бормотал что-то неразборчивое, и зубы его стучали от страха. Мрачные опасения и предчувствия томили его. Он ходил хмурясь, а серая недотыкомка бегала под стульями и хихикала.

Гости собрались рано. Нанесли на новоселье много пирогов, яблок и груш. Варвара принимала все это с радостью, только из приличия приговаривала:

— Ну, к чему это вы? Напрасно беспокоились.

Но если ей казалось, что принесли дешевое или плохое, то она сердилась. Не нравилось ей тоже, если двое гостей приносили одинаковое.

Не теряя времени, сели за карты. Играли в стуколку, на двух столах.

— Ах, батюшки! — воскликнула Грушина,— что это, король-то у меня слепой!

— Да и у меня дама безглазая, — всмотревшись в свои карты, сказала Преполовенская, — да и валет тоже.

Гости со смехом принялись рассматривать карты.

Преполовенский заговорил:

— То-то я смотрю, что такое, шершавые карты, — а это вот отчего. А я все щупаю, — что такое, думаю, шершавая какая рубашка, а это, выходит, от этих дырочек. То-то она, рубашка-то, и шершавая.

Все смеялись, один только Передонов был угрюм. Варвара, ухмыляясь, говорила:

— Ведь вы знаете, мой Ардальон Борисыч все чудит, все придумывает разные штуки.

— Да зачем ты это? — с громким хохотом спрашивал Рутилов.

— Что им глаза? — угрюмо сказал Передонов, — им не надо смотреть.

Все хохотали, а Передонов оставался угрюм и молчалив. Ему казалось, что ослепленные фигуры кривляются, ухмыляются и подмигивают ему зияющими дырками в своих глазах.

"Может быть, — думал Передонов, — они теперь изловчились носом смотреть".

Как почти всегда, ему не везло, и на лицах у королей, дам и валетов чудилось ему выражение насмешки и злобы; пиковая дама даже зубами скрипела, очевидно, злобясь на то, что ее ослепили. Наконец, после одного крупного ремиза, Передонов схватил колоду карт и с яростью принялся рвать ее в клочья. Гости хохотали. Варвара, ухмыляясь, говорила:

— Уж он у меня всегда такой, — выпьет, да и начнет чудить.

— С пьяных глаз, значит? — язвительно сказала Преполовенская.- Слышите, Ардальон Борисыч, как ваша сестрица о вас понимает.

Варвара покраснела и сказала сердито:

— Что вы к словам цепляетесь?

Преполовенская улыбалась и молчала.

Взамен разорванной взяли новую колоду карт и продолжали игру.

Вдруг послышался грохот, — разбилось оконное стекло, камень упал на пол, близ стола, где сидел Передонов. Под окном слышен был тихий говор, смех, потом быстрый, удаляющийся топот. Все в переполохе вскочили с мест; женщины, как водится, завизжали. Подняли камень, рассматривали его испуганно, к окну никто не решался подойти, — сперва выслали на улицу Клавдию, и только тогда, когда она донесла, что на улице пусто, стали рассматривать разбитое стекло.

Володин сообразил, что это бросили камень гимназисты. Догадка показалась правдоподобною, и все значительно поглядели на Передонова. Передонов хмурился и бормотал что-то невнятное. Гости заговорили о том, какие дерзкие и распущенные есть мальчишки.

Были же это, конечно, не гимназисты, а слесарята.

— Это директор подговорил гимназистов, — вдруг заявил Передонов, — он ко мне все придирается, не знает, чем доехать, так вот придумал.

— Эку штуку вывез! — с хохотом закричал Рутилов.

Все захохотали, только Грушина сказала:

— А что вы думаете, он — такой ядовитый человек, от него все можно ожидать. Он не сам, он сторонкой, через сыновей шепнет.

— Это ничего, что аристократы, — обиженным голосом заблеял Володин, — от аристократов всего можно ждать.

Многие из гостей подумали, что, пожалуй, и правда, и перестали смеяться.

— Незадача тебе на стекло, Ардальон Борисыч, — сказал Рутилов, — то очки разбили, то окно высадили.

Это возбудило новый приступ смеха. — Стекла бьют — долго жить, — со сдержанною улыбкою сказала Преполовенская.

* * *

Когда Передонов и Варвара собрались спать, Передокову казалось, что у Варвары что-то злое на уме; он отобрал от нее ножи и вилки и спрятал их под постель. Он лепетал коснеющим языком:

— Я тебя знаю: ты, как только за меня замуж выйдешь, так на меня и донесешь, чтобы от меня отделаться. Будешь пенсию получать, а меня в Петропавловке на мельнице смелют.

Ночью Передонов бредил. Неясные, страшные ходили бесшумно фигуры, короли, валеты, помахивая своими палицами. Они шептались, старались спрятаться от Передонова и тихонько лезли к нему под подушку. Но скоро они сделались смелее и заходили, забегали, завозились вокруг Передонова повсюду, по полу, по кровати, по подушкам. Они шушукались, дразнили Передонова, казали ему языки, корчили перед ним страшные рожи, безобразно растягивали рты. Передонов видел, что они все — маленькие и проказливые, что они его не убьют, а только издеваются над ним, предвещая недоброе. Но ему было страшно, — он то бормотал какие-то заклинания, отрывки слышанных им в детстве заговоров, то принимался бранить их и гнать их от себя, махал руками и кричал сиплым голосом.

Варвара проснулась и сердито спросила:

— Что ты орешь, Ардальон Борисыч? спать не даешь.

— Пиковая дама все ко мне лезет, в тиковом капоте,— пробормотал Передонов.

Варвара встала и, ворча и чертыхаясь, принялась отпаивать Передонова какими-то каплями.

* * *

В местном губернском листке появилась статейка о том, будто бы в нашем городе некая госпожа К. сечет живущих у нее на квартире маленьких гимназистов, сыновей лучших местных дворянских семей. Нотариус Гудаевский носился с этим известием по всему городу и негодовал.

И разные другие нелепые слухи ходили по городу о здешней гимназии: говорили о переодетой гимназистом барышне, потом имя Пыльникова стали понемногу соединять с Людмилиным. Товарищи начали дразнить Сашу любовью к Людмиле. Сперва он легко относился к этим шуточкам, потом начал по временам вспыхивать и заступаться за Людмилу, уверяя, что ничего такого не было и нет.

И от этого ему стыдно стало ходить к Людмиле, но и сильнее тянуло пойти: смешанные, жгучие чувства стыда и влечения волновали его и туманно-страстными видениями наполняли его воображение.

XXI

В воскресенье, когда Передонов и Варвара завтракали, в переднюю кто-то вошел. Варвара, крадучись по привычке, подошла к двери и взглянула в нее. Так же тихонько вернувшись к столу, она прошептала:

— Почтальон. Надо ему водки дать,— опять письмо принес.

Передонов молча кивнул головою, — что ж, ему не жалко рюмки водки. Варвара крикнула:

171

— Почтальон, иди сюда!

Письмоносец вошел в горницу. Он рылся в сумке и притворялся, что ищет письмо. Варвара налила в большую рюмку водки и отрезала кусок пирога. Письмоносец посматривал на ее действия с вожделением. Меж тем Передонов все думал, на кого похож почтарь. Наконец он вспомнил, — это же ведь тот рыжий, прыщеватый хлап, что недавно подвел его под такой крупный ремиз.

"Опять, пожалуй, подведет", — тоскливо подумал Передонов и показал письмоносцу кукиш в кармане.

Рыжий хлап подал письмо Варваре.

— Вам-с, — почтительно сказал он, поблагодарил за водку, выпил, крякнул, захватил пирог и вышел.

Варвара повертела в руках письмо и, не распечатывая, протянула его Передонову.

— На, прочти; кажется, опять от княгини,— сказала она, ухмыляясь, — расписалась, а толку мало. Чем писать, дала бы место.

У Передонова задрожали руки. Он разорвал оболочку и быстро прочел письмо. Потом вскочил с места, замахал письмом и завопил:

— Ура! три инспекторских места, любое можно выбирать. Ура, Варвара, наша взяла!

Он заплясал и закружился по горнице. С неподвижно-красным лицом и с тупыми глазами он казался странно-большою, заведенною в пляс куклою. Варвара ухмылялась и радостно глядела на него. Он крикнул:

— Ну, теперь решено, Варвара, — венчаемся.

Он схватил Варвару за плечи и принялся вертеть ее вокруг стола, топоча ногами.

— Русскую, Варвара! — закричал он.

Варвара подбоченилась и поплыла, Передонов плясал перед нею вприсядку.

Вошел Володин и радостно заблеял:

— Будущий инспектор трепака откалывает!

— Пляши, Павлушка! — закричал Передонов.

Клавдия выглядывала из-за двери. Володин крикнул ей, хохоча и ломаясь:

— Пляши, Клавдюша, и ты! Все вместе. Распотешим будущего инспектора!

Клавдия завизжала и поплыла, пошевеливая плечами. Володин лихо завертелся перед нею, — приседал, повертывался, подскакивал, хлопал в ладоши. Особенно лихо выходило у него, когда он подымал колено и под коленом

172

ударял в ладоши. Пол ходенем ходил под их каблуками. Клавдия радовалась тому, что у нее такой ловкий молодец.

Устали, сели за стол, а Клавдия убежала с веселым хохотом в кухню. Выпили водки, пива, побили бутылки и стаканы, кричали, хохотали, махали руками, обнимались и целовались. Потом Передонов и Володин побежали в Летний сад, — Передонов спешил похвастаться письмом.

В биллиардной застали обычную компанию. Передонов показал приятелям письмо. Оно произвело большое впечатление. Все доверчиво осматривали его. Рутилов бледнел и, бормоча что-то, брызгался слюною.

— При мне почтальон принес! — восклицал Передонов.- Сам я и распечатывал. Уж тут, значит, без обмана.

И приятели смотрели на него с уважением. Письмо от княгини!

Из Летнего сада Передонов стремительно пошел к Вершиной. Он шел быстро и ровно, однообразно махал руками, бормотал что-то; на лице его, казалось, не было никакого выражения, — как у заведенной куклы, было оно неподвижно, — и только какой-то жадный огонь мертво мерцал в глазах.

* * *

День выдался ясный, жаркий. Марта сидела в беседке. Она вязала чулок. Мысли ее были смутны и набожны. Сначала она думала о грехах, потом направила мысли свои к более приятному и стала размышлять о добродетелях. Думы ее начали обволакиваться дремою и стали образны, и по мере того, как уничтожалась их выражаемая словами вразумительность, увеличивалась ясность их мечтательных очертаний. Добродетели предстали перед нею, как большие, красивые куклы в белых платьях, сияющие, благоуханные. Они обещали ей награды, в руках их звенели ключи, на головах развевались венчальные покрывала.

Между ними одна была странная и непохожая на других. Она ничего не обещала, но глядела укоризненно, и губы ее двигались с беззвучною угрозою; казалось, что если она скажет слово, то станет страшно. Марта догадалась, что это — совесть. Она была вся в черном, эта странная, жуткая посетительница, с черными глазами, с черными волосами, — и вот она заговорила о чем-то, быстро, часто, отчетливо. Она стала совсем похожа на Вершину. Марта встрепенулась, ответила что-то на ее вопрос, ответила почти бессознательно, — и опять дрема одолела Марту.

Совесть ли, Вершина ли сидела против нее и говорила что-то скоро и отчетливо, но непонятно, и курила чем-то чужепахучим, решительная, тихая, требующая, чтобы все было, как она хочет. Марта хотела посмотреть прямо в глаза этой докучной посетительнице, но почему-то не могла, — та странно улыбалась, ворчала, и глаза ее убегали куда-то и останавливались на далеких, неведомых предметах, на которые Марте страшно было глядеть...

Громкий разговор разбудил Марту. В беседке стоял Передонов и громко говорил, здороваясь с Вершиной. Марта испуганно озиралась. Сердце у нее стучало, а глаза еще слипались, и мысли еще путались. Где же совесть? Или ее и не было? И не следовало ей здесь быть?

— А вы дрыхнули тут, — сказал ей Передонов, — храпели во все носовые завертки. Теперь вы со сна.

Марта не поняла его каламбура, но улыбалась, догадываясь по улыбке на губах у Вершиной, что говорится что-то, что надо принимать за смешное.

— Вас бы надо Софьей назвать, — продолжал Передонов.

— Почему же? — спросила Марта

— А потому, что вы — соня, а не Марта.

Передонов сел на скамейку рядом с Мартою и сказал:

— А у меня новость, очень важная.

— Какая же у вас новость, поделитесь с нами, — сказала Вершина, и Марта тотчас позавидовала ей, что она таким большим количеством слов сумела выразить простой вопрос: какая новость?

— Угадайте, — угрюмо-торжественно сказал Передонов.

— Где же мне угадать, какая у вас новость,— ответила Вершина, — вы так скажите, вот мы и будем знать вашу новость.

Передонову было неприятно, что не хотят разгадать его новость. Он замолчал и сидел, неловко сгорбившись, тупой и тяжелый, и неподвижно смотрел перед собою. Вершина курила и криво улыбалась, показывая свои темно-желтые зубы.

— Чем так-то угадывать ваши новости, — сказала она, помолчав немного, — давайте я вам на картах погадаю. Марта, принеси из комнаты карты.

Марта встала, но Передонов сердито остановил ее:

— Сидите, не надо, я не хочу. Гадайте сами себе, а меня оставьте. Уж меня теперь на свой копыл не перегадаете. Вот я вам покажу штуку, так вы рты разинете.

174

Передонов проворно вынул из кармана бумажник, достал из него письмо в оболочке и показал Вершиной, не выпуская из рук.

— Видите, — сказал он, — конверт. А вот и письмо.

Он вынул письмо и прочитал его медленно, с тупым выражением удовольствованной злости в глазах. Вершина опешила. Она до последней минуты не верила в княгиню, но теперь она поняла, что дело с Мартою окончательно проиграно. Досадливо, криво усмехнулась она и сказала:

— Ну, что ж, ваше счастье.

Марта сидела с удивленным и испуганным лицом и растерянно улыбалась.

— Что взяли? — сказал Передонов злорадно. — Вы меня дураком считали, а я-то поумнее вас выхожу. Вот про конверт говорили, — а вот вам и конверт. Нет, уж мое дело верное.

Он стукнул кулаком по столу, не сильно и не громко, — и движение его и звук его слов остались как-то странно равнодушными, словно он был чужой и далекий своим делам.

Вершина и Марта переглянулись с брезгливо-недоумевающим видом.

— Что переглядываетесь! — грубо сказал Передонов, — нечего переглядываться: теперь уж кончено, женюсь на Варваре. Многие тут барышеньки меня ловили.

Вершина послала Марту за папиросами, и Марта радостно выбежала из беседки. На песчаных дорожках, пестревших увядшими листьями, ей стало свободно и легко. Она встретила около дома босого Владю, и ей стало еще веселее и радостнее.

— Женится на Варваре, решено, — оживленно сказала она, понижая голос и увлекая брата в дом.

Между тем Передонов, не дожидаясь Марты, внезапно стал прощаться.

— Мне некогда, — сказал он, — жениться — не лапти ковырять.

Вершина его не удерживала и распрощалась с ним холодно.[14] Она была в жестокой досаде: все еще была до этого

---

[14] Конечно, Передонов этого не заметил. Он был весь поглощен своею радостью. Марта вернулась в беседку, когда уже Передонов ушел. Она вошла в нее с некоторым страхом: что-то скажет Вершина. Вершина была в досаде: до этой поры она еще не теряла надежды пристроить Марту за Передонова, самой выйти за Мурина, – и вот все нарушено. Она быстро и негромко сыпала укоризненными словами, поспешно пускала клубы табачного дыма и сердито поглядывала на Марту. Вершина любила поворчать. Вялые причуды, потухающая, вялая

похоть поддерживали в ней чувство тупого недовольства, и оно выражалось всего удобнее ворчаньем. Сказать вслух – вышло бы ясный вздор, а ворчать, все нелепое изливается через язык, – и не заметишь ни сама, ни другие несвязности, противоречий, ненужности всех этих слов. Марта, может быть, только теперь поняла, насколько Передонов ей противен после всего, что случилось с ним и из-за него. Марта мало думала о любви. Она мечтала о том, как выйдет замуж и будет вести хорошо хозяйство. Конечно, для этого надо, чтобы кто-нибудь влюбился в нее, и об этом ей было приятно тогда подумать, но это было не главное. Когда Марта мечтала о своем хозяйстве, то ей представлялось, что у нее будет точь-в точь такой же дом и сад и огород, как у Вершиной. Иногда ей сладко-мечталось, что Вершина все это ей подарила и сама оставалась жить у нее, курить папиросы и журить ее за леность. – Не сумели заинтересовать, – сердито и часто говорила Вершина, – сидели всегда пень-пнем. Чего вам еще надо! Молодец мужчина, кровь с молоком. Я о вас забочусь, стараюсь, вы бы хоть это ценили и понимали, – ведь для вас же, так и вы бы с вашей стороны хоть чем-нибудь его завлекли. – Что ж мне ему навязываться, – тихо сказала Марта, – я ведь не Рутиловская барышня. – Гонору много, шляхта голодраная! – ворчала Вершина. – Я его боюсь, я за Мурина лучше выйду, – сказала Марта – За Мурина! Скажите, пожалуйста! Уж очень вы много себе воображаете! За Мурина! Возьмет ли еще он вас. Что он вам иногда ласковые слова говорил, так это еще, может быть, и вовсе не для вас. Вы еще и не стоите такого жениха, – солидный, степенный мужчина. Покушать любишь, а подумать – голова болит.. Марта ярко покраснела: она любила есть и могла есть часто и много. Воспитанная на деревенском воздухе, в простых и грубых трудах, Марта считала обильную и сытую еду одним из главных условий людского благополучия. Вершина вдруг метнулась к Марте, ударила ее по щеке своею маленькою сухою ручкой и крикнула: – На колени, негодяйка. Марта, тихо всхлипывая, встала на колени и сказала: – Простите Н. А. – Целый день продержу на коленях, – кричала Вершина, – да платье тереть не изволь, оно деньги плачено, на голые колени стань, платье подыми, а ноги разуй, – не велика барыня. Вот погоди, еще розгами высеку. Марта, послушно присев на краешек скамейки, поспешно разулась, обнажила колени и стала на голые доски. Ей словно нравилось покоряться и знать, что ее отношениям к этому тягостному делу наступает конец. Накажут, подержат на коленях, может быть, даже высекут, и больно, а потом все же простят, и все это будет скоро, сегодня же. Вершина ходила мимо тихо стоящей на коленях Марты и чувствовала жалость к ней и обиду на то, что она хочет выйти за Мурина. Ей приятнее было бы выдать Марту за Передонова или за кого другого, а Мурина взять себе. Мурин ей весьма нравился, – большой, толстый, такой добрый, привлекательный. Вершина думала, что она больше подходила бы для Мурина, чем Марта. Что

Мурин так засматривается на Марту и прельщается ею, – так это бы прошло. А теперь – теперь Вершина понимала, что Мурин будет настаивать на том, чтобы Марта вышла за него, и мешать этому Вершина не хотела: какая-то словно материнская жалость и нежность к этой девушке овладевала ею, и она думала, что принесет себя в жертву и уступит Марте Мурина. И эта жалость к Марте заставляла ее чувствовать себя доброй и гордиться этим, – и в то же время боль от погибшей надежды выйти за Мурина жгла ее сердце желанием дать Марте почувствовать всю силу своего гнева и своей доброты и всю вину Марты. Вершиной тем-то особенно и нравились Марта и Владя, что им можно было приказывать, ворчать на них, иногда наказать их. Вершина любила власть, и ей очень льстило, когда провинившаяся в чем-нибудь Марта по ее приказанию беспрекословно становилась на колени. – Я все для вас делаю, – говорила она. – Я еще и сама не старуха, я еще и сама могла бы пожить в свое удовольствие и выйти замуж за доброго и солидного человека, чем вам женихов разыскивать. Но я о вас больше забочусь, чем о себе. Одного жениха упустили, теперь я для вас, как для малого ребенка, другого должна приманивать, а вы опять будете фыркать и этого отпугаете. – Кто-нибудь женится, – стыдливо сказала Марта, – я не урод, а чужих женихов мне не надо. – Молчать! – прикрикнула Вершина. – Не урод! Я, что ли, урод! Наказана, да еще разговаиваешь. Видно, мало. Да и, конечно, надо тебя, миленькая, хорошенько пробрать, чтоб ты слушалась, делала, что велят, да не умничала. С глупа ума умничать – толку не жди. Ты, мать моя, сперва научись сама жить, а теперь в чужих платьях еще ходишь, так будь поскромнее, да слушайся, а то ведь не на одного Владю розги найдутся. Марта дрожала и смотрела, жалко поднимая заплаканное и покрасневшее лицо, с робкою, молчаливою мольбою в глаза Вершиной. В ее душе было чувство покорности и готовности сделать все, что велят, перенести все, что захотят с нею сделать, – только бы узнать, угадать, чего от нее хотят. И Вершина чувствовала свою власть над этою девушкою, и это кружило ей голову, и какое-то нежно-жестокое чувство говорило в ней, что надо обойтись с Мартой с родительской суровостью, для ее же пользы. «Она привыкла к побоям, – думала она, – без этого им урок не в урок, одних слов не понимают; они уважают только тех, кто их гнет». – Пойдем-ка, красавица, домой, – сказала она Марте, улыбаясь, – вот я тебя там угощу отличными розгами. Марта заплакала снова, но ей стало радостно, что дело идет к концу. Она поклонилась Вершиной в ноги и сказала: – Вы мне – как мать родная, я вам так много обязана. – Ну, пошла, – сказала Вершина, толкая ее в плечо. Марта покорно встала и пошла босиком за Вершиной. Под одной березой Вершина остановилась и с усмешкой глянула на Марту. – Прикажете нарвать? – спросила Марта. – Нарви, – сказала Вершина, – да хорошеньких. Марта принялась рвать ветки, выбирая подлиннее и покрепче, и обрывала с них листья, а Вершина с времени слабая надежда пристроить Марту за Передонова, а себе взять Мурина, — и вот теперь последняя надежда исчезла.

И досталось же за это сегодня Марте! Пришлось поплакать.

* * *

Передонов вышел от Вершиной и задумал закурить. Он внезапно увидел городового, — тот стоял себе на углу и лущил подсолнечниковые семечки. Передонов почувствовал тоску "Опять соглядатай, — подумал он, — так и смотрят, к чему бы придраться".

усмешкой смотрела на нее. – Довольно, – сказала она наконец и пошла к дому. Марта шла за нею и несла громадный пук розог. Владя повстречался с ними и испуганно посмотрел на Вершину. – Вот я твоей сестрице сейчас розог дам, – сказала ему Вершина, – а ты мне ее подержишь, пока я ее наказывать буду. Но, придя домой, Вершина передумала: она села в кухне на стул. Марту поставила перед собой на колени, нагнула ее к себе на колени, подняла сзади ее одежды, взяла ее руки и велела Владе ее сечь. Владя, привыкший к розгам, видевший не раз дома, как отец сек Марту, хоть и жалел теперь сестру, но думал, что если наказывают, то надо делать это добросовестно, – и потому стегал Марту изо всей своей силы, аккуратно считая удары. Пребольно было ей, и она кричала голосом, полузаглушенным своею одеждою и платьем Вершиной. Она старалась лежать смирно, но против ее воли ее голые ноги двигались по полу все сильнее, и наконец она стала отчаянно биться ими. Уже тело ее покрылось рубцами и кровяными брызгами. Вершиной стало трудно ее держать. – Подожди, – сказала она Владе, – свяжи-ка ей ноги покрепче. Владя принес откуда-то веревку. Марта была крепко связана, положена на скамейку, прикручена к ней веревкой. Вершина и Владя взяли по розге и еще долго секли Марту с двух сторон. Владя попрежнему старательно считал удары, вполголоса, а десятки говорил вслух. Марта кричала звонко, с визгом, захлебываясь, – визги ее стали хриплыми и прерывистыми. Наконец, когда Владя досчитал до ста, Вершина сказала: – Ну, будет с нее. Теперь будет помнить. Марту развязали и помогли ей перейти на ее постель. Она слабо взвизгивала и стонала. Два дня не могла она встать с постели. На третий день встала, с трудом поклонилась в ноги Вершиной и, поднимаясь, застонала и заплакала. – Для твоей же пользы, – сказала Вершина. – Ох, я это понимаю. – отвечала Марта и опять поклонилась в ноги, – и вперед не оставьте, будьте вместо матери, а теперь помилуйте, не сердитесь больше. – Ну, бог с тобой, я тебя прощаю, – сказала Вершина, протягивая Марте руку. Марта ее поцеловала.

Он не посмел закурить вынутой папиросы, подошел к городовому и робко спросил:

— Господин городовой, здесь можно курить?

Городовой сделал под козырек и почтительно осведомился:

— То есть, ваше высокородие, это насчет чего?

— Папиросочку,— пояснил Передонов, — вот одну папиросочку можно выкурить?

— Насчет этого никакого приказания не было, — уклончиво отвечал городовой.

— Не было? — переспросил Передонов с печалью в голосе.

— Никак нет, не было. Так что господа, которые курят, это не велено останавливать, а чтобы разрешение вышло, об этом не могу знать.

— Если не было, так я и не стану, — сказал покорно Передонов. — Я — благонамеренный. Я даже брошу папироску. Ведь я — статский советник.

Передонов скомкал папироску, бросил ее на землю и, уже опасаясь, не наговорил ли он чего-нибудь лишнего, поспешно пошел домой. Городовой посмотрел за ним с недоумением, наконец решил, что у барина "залито на вчерашние дрожжи", и, успокоенный этим, снова принялся за мирное лущение семечек.

— Улица торчком встала, — пробормотал Передонов.

Улица поднималась на невысокий холм, и за ним снова был спуск, и перегиб улицы меж двух лачуг рисовался на синем, вечереющем, печальном небе. Тихая область бедной жизни замкнулась в себе и тяжко грустила и томилась. Деревья свешивали ветки через забор и заглядывали и мешали итти, шопот их был насмешливый и угрожающий. Баран стоял на перекрестке и тупо смотрел на Передонова.

Вдруг из-за угла послышался блеющий смех, выдвинулся Володин и подошел здороваться. Передонов смотрел на него мрачно и думал о баране, который сейчас стоял, и вдруг его нет.

Это, — подумал он, — конечно, Володин оборачивается бараном. Недаром же он так похож

на барана, и не разобрать, смеется ли он или блеет".

Эти мысли так заняли его, что он совсем не слышал, что говорил, здороваясь, Володин.

— Что лягаешься, Павлушка! — тоскливо сказал он.

Володин осклабился, заблеял и возразил:

— Я не лягаюсь, Ардальон Борисыч, а здороваюсь с вами за руку. Это, может быть, у вас на родине руками лягаются, а у меня на родине ногами лягаются, да и то не люди, а с позволения сказать, лошадки.

— Еще боднешь, пожалуй, — проворчал Передонов.

Володин обиделся и дребезжащим голосом сказал:

— У меня, Ардальон Борисыч, еще рога не выросли, а это, может быть, у вас рога вырастут раньше, чем у меня.

— Язык у тебя длинный, мелет что не надо, — сердито сказал Передонои.

— Если вы так, Ардальон Борисыч, — немедленно возразил Володин, — то я могу и помолчать.

И лицо его сделалось совсем прискорбным, и губы его совсем выпятились; однако он шел рядом с Передоновым, — он еще не обедал и рассчитывал сегодня пообедать у Передонова: утром, на радостях звали.

Дома ждала Передонова важная новость. Еще в передней можно было догадаться, что случилось необычное, — в горницах слышалась возня, испуганные восклицания. Передонов подумал: не все готово к обеду; увидели — он идет, испугались, торопятся. Ему стало приятно,— как его боятся! Но оказалось, что произошло другое. Варвара выбежала в прихожую и закричала:

— Кота вернули!

Испуганная, она не сразу заметила Володина. Наряд ее был, по обыкновению, неряшлив: засаленная блуза над серою, грязного юбкою, истоптанные туфли. Волосы нечесаные, растрепанные. Взволнованно говорила она Передонову:

— Иришка-то! со злобы еще новую штуку выкинула. Опять мальчишка прибежал, принес кота и бросил, а у кота на хвосте гремушки так и гремят. Кот забился под диван и не выходит.

Передонову стало страшно.

— Что же теперь делать? — спросил он.

— Павел Васильевич, — попросила Варвара,— вы помоложе, турните его из-под дивана.

— Турнем, турнем, — хихикая, сказал Володин и пошел в зал.

Кота кое-как вытащили и сняли у него с хвоста гремушки. Передонов отыскал репейниковые шишки и снова принялся лепить их в кота. Кот яростно зафыркал и убежал в кухню. Передонов, усталый от возни с котом, уселся в своем обычном положении: локти на ручки кресла, пальцы скрещены, нога на ногу, лицо неподвижное, угрюмое.

Второе княгинино письмо Передонов берег усерднее чем первое: носил его всегда при себе в бумажнике, но всем показывал и принимал при этом таинственный вид. Он зорко смотрел, не хочет ли кто-нибудь отнять это письмо, не давал его никому в руки и после каждого показывания прятал в бумажник, бумажник засовывал в сюртук, в боковой карман, сюртук застегивал и строго, значительно смотрел на собеседников.

— Что ты с ним так носишься? — иногда со смехом спрашивал Рутилов.

— На всякий случай, — угрюмо объяснял Передонов, — кто вас знает! Еще стянете.

— Чистая Сибирь у тебя это дело, — говорил Рутилов, хохотал и хлопал по плечу Передонова.

Но Передонов сохранял невозмутимую важность. Вообще он в последнее время важничал больше обыкновенного. Он часто хвастал:

— Вот я буду инспектором. Вы тут киснуть будете, а у меня под началом два уезда будут. А то и три. Ого-го!

Он совсем уверился, что в самом скором времени получит инспекторское место. Учителю Фаластову он не раз говорил:

— Я, брат, и тебя вытащу.

И учитель Фаластов сделался очень почтительным в обращении с Передоновым.

XXII

Передонов стал часто ходить в церковь. Он становился на видное место и то крестился чаще, чем следовало, то вдруг столбенел и тупо смотрел перед собою. Какие-то соглядатаи, казалось ему, прятались за столбами, выглядывали оттуда, старались его рассмешить. Но он не поддавался.

Смех, — тихий смешок, хихиканье да шептанье девиц Рутиловых звучали в ушах Передонова, разрастаясь порою до пределов необычайных, — точно прямо в уши ему смеялись лукавые девы, чтобы рассмешить и погубить его. Но Передонов не поддавался.

Порою меж клубами ладанного дыма являлась недотыкомка, дымная, синеватая; глазки блестели огоньками, она с легким звяканьем носилась иногда по воздуху, но недолго, а все больше каталась в ногах у прихожан, издевалась над Передоновым и навязчиво мучила. Она, конечно, хотела напугать Передонова, чтобы он ушел из церкви до конца обедни. Но он понимал ее коварный замысел и не поддавался.

Церковная служба — не в словах и обрядах, а в самом внутреннем движении своем столь близкая такому множеству людей, — Передонову была непонятна, поэтому страшила. Каждения ужасали его, как неведомые чары.

"Чего размахался?" — думал он.

Одеяния священнослужителей казались ему грубыми, досадно-пестрыми тряпками, — и когда он глядел на облаченного священника, он злобился, и хотелось ему изорвать ризы, изломать сосуды. Церковные обряды и таинства представлялись ему злым колдовством, направленным к порабощению простого народа.

"Просвирку в вино накрошил, — думал он сердито про священника, — вино дешевенькое, народ морочат, чтобы им побольше денег за требы носили".

Таинство вечного претворения бессильного вещества в расторгающую узы смерти силу было перед ним навек занавешено. Ходячий труп! Нелепое совмещение неверия в живого бога и Христа его с верою в колдовство!

Стали выходить из церкви. Сельский учитель Мачигин, простоватый молодой человек, подстал к девицам, улыбался и бойко беседовал. Передонов подумал, что неприлично ему при будущем инспекторе так вольно держаться. На Мачигине была соломенная шляпа. Но Передонов вспомнил, что как-то летом за городом он видел его в форменной фуражке с кокардою. Передонов решил пожаловаться. Кстати, инспектор Богданов был тут же. Передонов подошел к нему и сказал:

— А ваш-то Мачигин шапку с кокардой носит. Забарничал.

Богданов испугался, задрожал, затряс своею серенькою еретицею.

— Не имеет права, никакого права не имеет, — озабоченно говорил он, мигая красными глазками.

— Не имеет права, а носит, — жаловался Передонов. — Их подтянуть надо, я вам давно говорил. А то всякий мужик сиволапый кокарду носить будет, так это что же будет!

Богданов, уже и раньше напуганный Передоновым, пуще перетревожился.

— Как же это он смеет, а? — плачевно говорил он. — Я его сейчас же позову, сейчас же, и строжайше запрещу.

Он распрощался с Передоновым и торопливо затрусил к своему дому.

Володин шел рядом с Передоновым и укоризненно-блеющим голосом говорил:

— Носит кокарду. Скажите, помилуйте! Разве он чины получает! Как же это можно!

— Тебе тоже нельзя носить кокадру, — сказал Передонов.

— Нельзя, и не надо, — возразил Володин. — А только я тоже иногда надеваю кокарду, — но ведь только я знаю, где можно и когда. Пойду себе за город, да там и надену. И мне удовольствие, и никто не запретит. А мужичок встретится, все-таки почтения больше.

— Тебе, Павлушка, кокарда не к рылу, — сказал Передонов. — И ты от меня отстань: ты меня запылил своими копытами.

Володин обиженно умолк, но шел рядом. Передонов сказал озабоченно:

— Вот еще на Рутиловых девок надо бы донести. Они в церковь только болтать да смеяться ходят. Намажутся, нарядятся да и пойдут. А сами ладан крадут да из него духи делают, — от них всегда вонько пахнет.

— Скажите, помилуйте! — качая головою и тараща тупые глаза говорил Володин.

По земле быстро ползла тень от тучи и наводила на Передонова страх. В клубах пыли по ветру мелькала иногда серая недотыкомка. Шевелилась ли трава по ветру, а уже Передонову казалось, что серая недотыкомка бегала по ней и кусала ее, насыщаясь.

"Зачем трава в городе? — думал он.- Беспорядок! Выполоть ее надо".

Ветка на дереве зашевелилась, съежилась, почернела, закаркала и полетела вдаль. Передонов дрогнул, дико крикнул и побежал домой. Володин трусил за ним озабоченно, с недоумевающим выражением в вытаращенных глазах, придерживая на голове котелок и помахивая тросточкою.

* * *

Богданов в тот же день призвал Мачигина. Перед входом в инспекторскую квартиру Мачигин стал на улице спиною к солнцу, снял шляпу и причесался на тень пятернею.

— Как же это вы, юноша, а? что это вы такое выдумали, а? — напустился Богданов на Мачигина.

— В чем дело? — развязно спросил Мачигин, поигрывая соломенною шляпою и пошаливая левою ножкою.

Богданов его не посадил, ибо намеревался распечь.

— Как же это как же это вы, юноша, кокарду носите, а? Как это вы решили посягнуть, а? — спрашивал он, напуская на себя строгость и усиленно потрясая серенькою своею еретицею.

Мачигин покраснел, но бойко ответил:

— Что ж такое, разве же я не в праве?

— Да разве же вы — чиновник, а? чиновник? — заволновался Богданов, — какой вы чиновник, а? азбучный регистратор, а?

— Знак учительского звания, — бойко сказал Мачигин и внезапно сладко улыбнулся, вспомнив о важности своего учительского звания.

— Носите палочку в руках, палочку, вот вам и знак учительского звания, — посоветовал Богданов, покачивая головою.

— Помилуйте, Сергей Потапыч, — с обидою в голосе сказал Мачигин,— что же палочка! Палочку всякий может, а кокарда для престижа.

— Для какого престижа, а? для какого, какого престижа? — накинулся на юношу Богданов, — какой вам нужен престиж, а? Вы разве начальник!

— Помилуйте, Сергей Потапыч, — рассудительно доказывал Мачигин, — в крестьянском малокультурном сословии это сразу возбуждает прилив почтения, — сейгод гораздо ниже кланяются.

Мачигин самодовольно погладил рыженькие усики.

— Да нельзя, юноша, никак нельзя, — скорбно покачивая головою, сказал Богданов.

— Помилуйте, Сергей Потапыч, учитель без кокарды — все равно что британский лев без хвоста, — уверял Мачигин, — одна карикатура.

— При чем тут хвост, а? какой тут хвост, а? — с волнением заговорил Богданов. — Куда вы в политику заехали, а? Разве это ваше дело о политике рассуждать, а? Нет, уж вы, юноша, кокарду снимите, сделайте божескую милость. Нельзя, как же можно, сохрани бог, мало ли кто может узнать!

Мачигин пожал плечами, хотел еще что-то возразить, но Богданов перебил его, — в его голове мелькнула блистательная по его разуменю мысль.

— Ведь вот вы ко мне без кокарды пришли, а? без кокарды? Сами чувствуете, что нельзя.

Мачигин замялся было, но нашел и на этот раз возражение:

— Так как мы — сельские учителя, то нам и нужна сельская привилегия, а в городе мы состоим зауряд-интеллигентами.

— Нет, уж вы, юноша, знайте, — сердито сказал Богданов, — что это нельзя, и если я еще услышу, тогда мы вас уволим.

* * *

Грушина время от времени устраивала вечеринки для молодых людей, из числа которых надеялась выудить мужа. Для отвода глаз приглашала и семейных знакомых.

Вот была такая вечеринка. Гости собрались рано.

На стенах в гостиной у Грушиной висели картинки, закрытые плотно кисеею. Впрочем, неприличного в них ничего не было. Когда Грушина подымала, с лукавою и нескромною усмешечкою, кисейные занавесочки, гости любовались голыми бабами, написанными плохо.

— Что же это, баба кривая? — угрюмо сказал Передонов.

— Ничего не кривая, — горячо заступилась Грушина за картинку, — это она изогнулась так.

— Кривая, — повторил Передонов. — И глаза разные, как у вас.

— Ну, много вы пониматете! — обиженно сказала Грушина, — эти картинки очень хорошие и дорогие. Художникам без таких нельзя.

Передонов внезапно захохотал: он вспомнил совет, данный им на-днях Владе.

— Чего вы заржали? — спросила Грушина.

— Нартанович, гимназист, своей сестре Марфе платье подпалит, — объяснил он, — я ему посоветовал это сделать.

— Станет он палить, нашли дурака! — возразила Грушина.

— Конечно, станет, — уверенно сказал Передонов, — братья с сестрами всегда ссорятся. Когда я маленьким был, так всегда своим сестрам пакостил: маленьких бил, а старшим одежду портил.

— Не все же ссорятся, — сказал Рутилов, — вот я с сестрами не ссорюсь.

— Что ж ты с ними, целуешься, что ли? — спросил Передонов.

— Ты, Ардальон Борисыч, свинья и подлец, и я тебе оплеуху дам, — очень спокойно сказал Рутилов.

— Ну, я не люблю таких шуток, — ответил Передонов и отодвинулся от Рутилова.

"А то еще, — думал он, — и в самом деле даст, что-то зловещее у него лицо".

— У нее, — продолжал он о Марте — только и есть одно платье черное.

— Вершина ей новое сошьет, — с завистливою злостью сказала Варвара. — К свадьбе все приданое сделает. Красавица, инда лошади жахаются, — проворчала она тихо и злорадно посмотрела на Мурина.

— Пора и вам венчаться, — сказала Преполовенская. — Чего ждете, Ардальон Борисыч?

Преполовенские уже видели, что после второго письма Передонов твердо решил жениться на Варваре. Они и сами поверили письму. Стали говорить, что всегда были за Варвару. Ссориться с Передоновым им не было расчета: выгодно с ним играть в карты. А Геня, делать нечего, пусть подождет, — другого жениха придется поискать.

Преполовенский заговорил:

— Конечно, венчаться вам надо: и доброе дело сделаете да и княгине угодите; княгине приятно будет, что вы женитесь, так что вы и ей угодите и доброе дело сделаете, вот и хорошо будет, а то так-то что же, а тут все же доброе дело сделаете да и княгине приятно.

— Вот и я то же говорю, — сказала Преполовенская.

А Преполовенский не мог остановиться и, видя, что от него уже все отходят, сел рядом с молодым чиновником и принялся ему растолковывать то же самое.

— Я решился венчаться, — сказал Передонов, — только мы с Варварой не знаем, как надо венчаться. Что-то надо сделать, а я не знаю что.

— Вот, дело нехитрое, — сказала Преполовенская, — да если хотите, мы с мужем вам все устроим, вы только сидите, и ни о чем не думайте.

— Хорошо, — сказал Передонов, — я согласен. Только, чтобы все было хорошо и прилично. Мне денег не жалко.

— Уж все будет хорошо, не беспокойтесь, — уверяла Преполовенская.

Передонов продолжал ставить свои условия:

— Другие из скупости покупают тонкие обручальные кольца, серебряные вызолоченные, а я так не хочу, а чтоб были настоящие золотые. И я даже хочу вместо обручальных колец заказать обручальные браслеты, — это и дороже, и важнее.

Все засмеялись.

— Нельзя браслеты, — сказала Преполовенская, легонько усмехаясь, — кольца надо.

— Отчего нельзя? — с досадою спросил Передонов.

— Да уж так, не делают.

— А может быть, и делают, — недоверчиво сказал Передонов. — Это еще я у попа спрошу. Он лучше знает.

Рутилов, хихикая, советовал:

— Уж ты лучше, Ардальон Борисыч, обручальные пояса закажи.

— Ну, на это у меня и денег не хватит, — ответил

186

Передонов, не замечая насмешки, — я не банкир. А только я на-днях во сне видел, что венчаюсь, а на мне атласный фрак, и у нас с Варварою золотые браслеты. А сзади два директора стоят, над нами венцы держат, и аллилую поют.

— Я сегодня тоже интересный сон видел, — объявил Володин, — а к чему он, не знаю. Сижу это я будто на троне, в золотой короне, а передо мною травка, а на травке барашки, все барашки, все барашки, бе-бе-бе. Так вот все барашки ходят, и так головой делают, и все этак бе-бе-бе.

Володин прохаживался по комнатам, тряс лбом, выпячивал губы и блеял. Гости смеялись. Володин сел на место, блаженно глядя на всех, щуря глаза от удовольствия, и смеялся тоже бараньим, блеющим смехом.

— Ну, что же дальше? — спросила Грушина, подмигивая гостям.

— Ну, и все барашки, все барашки, а тут я и проснулся, — кончил Володин.

— Барану и сны бараньи, — ворчал Передонов,— важное кушанье — бараний царь.

— А я сон видела, — с нахальною усмешкою сказала Варвара, — так его при мужчинах нельзя рассказывать, ужо вам одной расскажу.

— Ах, матушка Варвара Дмитриевна, вот-то в одно слово, и у меня то же, — хихикая и подмигивая всем, отвечала Грушина.

— Расскажите, мы — мужчины скромные, в роде дам, — сказал Рутилов.

И прочие мужчины просили Варвару и Грушину рассказать сны. Но те переглядывались, погано смеялись и не рассказывали.

Сели играть в карты. Рутилов уверял, что Передонов отлично играет. Передонов верил. Но сегодня, как и всегда, он проигрывал. Рутилов был в выигрыше. От этого он пришел в большую радость и говорил оживленнее обыкновенного.

Передонова дразнила недотыкомка. Она пряталась где-то близко, — покажется иногда, высунется из-за стола или из-за чьей-нибудь спины и спрячется. Казалось, она ждала чего-то. Было страшно. Самый вид карт страшил Передонова. Дамы — по две вместе.

"А где же третья?" — думал Передонов.

Он тупо разглядывал пиковую даму, потом повернул ее другою стороною, — третья, может быть, спряталась за рубашкою.

Рутилов сказал:

— Ардальон Борисыч своей даме за рубашку смотрит.

Все захохотали.

Между тем, в стороне два молоденьких полицейских чиновника сели играть в дурачки. Партии разыгрывались у них живо. Выигравший хохотал от радости и показывал другому длинный нос. Проигравший сердился.

Запахло съестным. Грушина позвала гостей в столовую. Все пошли, толкаясь и жеманясь. Расселись кое-как.

— Кушайте, господа, — угощала Грушина.- Ешьте, дружки, набивайте брюшки по самые ушки.

— Пирог ешь, хозяйку тешь, — кричал радостно Мурин. Ему было весело смотреть на водку и думать, что он в выигрыше.

Усерднее всех угощались Володин и два молоденьких чиновника, — они выбирали кусочки получше и подороже и с жадностью пожирали икру. Грушина сказала, принужденно смеясь:

— Павел-то Васильевич пьян да призорок, через хлеб да за пирог.

Нешто она для него икру покупала! И под предлогом угостить дам она отставила от него все, что было получше. Но Володин не унывал и довольствовался тем, что осталось: он успел съесть много хорошего с самого начала, и теперъ ему было все равно.

Передонов смотрел на жующих, и ему казалось, что все смеются над ним. С чего? над чем? Он с остервенением ел все, что попадалось, ел неряшливо и жадно.

После ужина опять играли. Но скоро Передонову надоело. Он бросил карты и сказал:

— Ну вас к чорту! не везет. Надоело! Варвара, пойдем домой.

И другие гости поднялись за ним.

В передней Володин увидел, что у Передонова новая тросточка. Осклабясь, он поворачивал ее перед собою и спрашивал:

— Ардаша, отчего же тут пальчики калачиком свернуты? Что же это обозначает?

Передонов сердито взял у него из рук тросточку, приблизил ее набалдашником, с кукишем из черного дерева, к носу Володина и сказал:

— Шиш тебе с маслом. Володин сделал обиженное лицо.

— Позвольте, Ардальон Борисыч, — сказал он, — я с маслом хлебец изволю кушать, а шиша с маслам я не хочу кушать.

Передонов, не слушая его, заботливо кутал шею шарфом и застегивал пальто на все пуговицы. Рутилов говорил со смехом:

188

— Чего ты кутаешься, Ардальон Борисыч? Тепло.

— Здоровье всего дороже, — ответил Передонов.

На улице было тихо, — улица улеглась во мраке и тихонько похрапывала. Темно было, тоскливо и сыро. На небе бродили тяжелые тучи. Передонов ворчал:

— Напустили темени, а к чему?

Он теперь не боялся, — шел с Варварою, а не один.

Скоро пошел дождь, мелкий, быстрый, продолжительный. Все стало тихо, и только дождь болтал что-то навязчиво и скоро, захлебываясь, — невнятные, скучные, тоскливые речи.

Передонов чувствовал в природе отражения своей тоски, своего страха под личиною ее враждебности к нему, — той же внутренней и недоступной внешним определениям жизни во всей природе, жизни, которая одна только и создает истинные отношения, глубокие и несомненные, между человеком и природою, этой жизни он не чувствовал. Потому-то вся природа казалась ему проникнутою мелкими человеческими чувствами. Ослепленный обольщениями личности и отдельного бытия, он не понимал дионисических, стихийных восторгов, ликующих и вопиющих в природе. Он был слеп и жалок, как многие из нас.

XXIII

Преполовенские взяли на себя устройство венчания. Венчаться решили в деревне, верстах в шести от города: Варваре неловко было итти под венец в городе после того как прожили столько лет, выдавая себя за родных. День, назначенный для венчания, скрыли: Преполовенские распустили слух, что венчаться будут в пятницу, а на самом деле свадьба была в среду днем. Это сделали, чтобы не наехали любопытные из города. Варвара не раз повторяла Передонову:

— Ты, Ардальон Борисыч, не проговорись, когда венец-то будет, а то еще помешают.

Деньги на расход по свадьбе Передонов выдавал неохотно, с издевательствами над Варварою. Иногда он приносил свою палку с набалдашником-кукишем и говорил Варваре:

— Поцелуй мой кукиш — дам денег, не поцелуешь — не дам.

Варвара целовала кукиш.

— Что ж такое, губы не треснут, — говорила она.

Срок свадьбы таили до самого назначенного дня даже от шаферов, чтоб не проболтались. Сперва позвали в шаферы Рутилова и Володина,— оба охотно согласились: Рутилов ожидал забавного анекдота. Володину было лестно играть такую значительную роль при таком выдающемся событии в жизни такого почтенного лица. Потом Передонов сообразил, что ему мало одного шафера. Он сказал:

— Тебе, Варвара, одного будет, а мне двух надо, мне одного мало: надо мной трудно венец держать, я — большой человек.

И Передонов пригласил вторым шафером Фаластова. Варвара ворчала:

— Куда его к чорту, два есть, чего еще?

— У него очки золотые, важнее с ним, — сказал Передонов.

Утром в день свадьбы Передонов помылся теплою водою, как всегда, чтобы не застудить себя, и затем потребовал румян, объясняя:

— Мне надо теперь каждый день подкрашиваться, а то еще подумают — дряхлый, и не назначат инспектором.

Варваре жаль было своих румян, но пришлось уступить, — и Передонов подкрасил себе щеки. Он бормотал:

"Сам Верига красится, чтобы моложе быть. Не могу же я с белыми щеками венчаться".

Затем, запершись, в спальне, он решил наметить себя, чтобы Володин не мог подменить его собою. На груди, на животе, на локтях, еще на разных местах намазал он чернилами букву П.

"Надо было бы наметить и Володина, да как его наметишь? Увидит, сотрет", — тоскливо думал Передонов.

Затем пришла ему в голову мысль, что не худо бы надеть корсет, а то за старика примут, если невзначай согнешься. Он потребовал от Варвары корсет. Но Варварины корсеты оказались ему тесны, ни один не сходился.

— Надо было раньше купить, — сердито ворчал он. — Ничего не подумают.

— Да кто же мужчины носят корсет? — возражала Варвара, — никто не носит.

— Верига носит, — сказал Передонов.

— Так Верига — старик, а ты Ардальон Борисыч, слава богу, мужчина в соку.

Передонов самодовольно улыбнулся, посмотрел в зеркало и сказал:

— Конечно, я еще лет полтораста проживу. Кот чихнул под кроватью. Варвара сказала, ухмыляясь:

— Вот и кот чихает, значит — верно.

Но Передонов вдруг нахмурился. Кот уже стал ему страшен, и чиханье его показалось ему злою хитростью.

"Начихает тут чего не надо", — подумал он, полез под кровать и принялся гнать кота. Кот дико мяукал, прижимался к стене и вдруг, с громким и резким мяуканьем, шмыгнул меж рук у Передонова и выскочил из горницы.

— Чорт голландский! — сердито обругал его Передонов.

— Чорт и есть,— поддакивала Варвара,— совсем одичал кот, погладить не дается, ровно в него чорт вселился.

Преполовенские послали за шаферами с раннего утра. Часам к десяти все собрались у Передонова. Пришли Грушина и Софья с мужем. Подали водку и закуску. Передонов ел мало и тоскливо думал, чем бы ему отличить себя еще больше от Володина.

"Барашком завился", — злобно думал он и вдруг сообразил, что ведь и он может причесаться по-особенному. Он встал из-за стола и сказал:

— Вы тут ешьте и пейте, мне не жалко, а я пойду к парикмахеру, причешусь по-испански.

— Как же это по-испански? — спросил Рутилов.

— А вот увидишь.

Когда Передонов ушел стричься, Варвара сказала:

— Все придумки разные придумывает. Черти ему все мерещатся. Поменьше бы сивухи трескал, опитоха проклятый!

Преполовенская сказала с хитрою усмешечкою:

— Вот повенчаетесь, Ардальон Борисыч получит место и успокоится.

Грушина хихикала. Ее веселила таинственность этого венчания и подстрекала жажда устроить какое-нибудь позорище, да так, чтобы самой не быть замешанною. Она под рукою шепнула вчера вечером некоторым из своих друзей о часе и месте венчания. Сегодня рано утром она зазвала к себе младшего слесаренка, дала ему пятачок и подговорила к вечеру ждать за городом проезда новобрачных и накидать в их повозку сору да бумажек. Слесаренок радостно согласился и дал клятвенное обещание не выдавать. Грушина напомнила ему:

— А Черепнина-то выдали, как вас пороть стали.

— Дураки мы были, — сказал слесаренок,— а теперь хоть пусть повесят, все равно.

И слесаренок, в подтверждение своей клятвы, съел горсточку земли. За это Грушина прибавила ему еще три копейки.

В парикмахерской Передонов потребовал самого хозяина.

Хозяин, молодой человек, окончивший недавно городское училище и почитывавший книги из земской библиотеки, кончил стричь какого-то незнакомого Передонову помещика. Скоро кончил и подошел к Передонову.

— Сперва его отпусти, — сердито сказал Передонов.

Помещик расплатился и ушел. Передонов уселся перед зеркалом.

— Мне постричься и прическу надо сделать, — сказал он. — У меня сегодня важное дело есть, совсем особенное,— так ты мне сделай прическу по-испански.

Стоявший у двери мальчик-ученик смешливо фыркнул. Хозяин строго посмотрел на него. По-испански стричь ему не приходилось, и он не знал, что это за прическа испанская, и есть ли такая прическа. Но если господин требует, то, надо полагать, он знает, чего хочет. Молодой парикмахер не пожелал обнаружить своего невежества. Он почтительно сказал:

— Из ваших волос, господин, никак нельзя-с.

— Это почему нельзя? — обиженно спросил Передонов.

— Вашим волосам плохое питание, — объяснил парикмахер.

— Что же, мне их пивом поливать, что ли?- проворчал Передонов.

— Помилуйте, зачем же пивом! — любезно улыбаясь, отвечал парикмахер,— а только возьмите то, что если постричь сколько-нибудь и притом же так как у вас на голове уже солидность обозначается, то никак не хватает на испанскую прическу.

Передонов чувствовал себя сраженным невозможностью остричься по-испански. Он уныло сказал:

— Ну, стриги как хочешь.

"Уж не подговорили ли этого парикмахера,— думал он, — чтобы не стричь на отличку. Не надо было говорить дома". Очевидно, что пока Передонов шел чинно и степенно по улицам, Володин барашком побежал задворками и снюхался с парикмахером.

— Прикажете спрыснуть? — спросил парикмахер, окончив свое дело.

— Спрысни меня резедой, да побольше, — потребовал Передонов, — а то обчекрыжил кое-как, хоть резедой сдобри.

— Резеды, извините, не держим, — смущенно сказал парикмахер, — не угодно ли оппопонаксом?

— Ничего-то ты не можешь, как следует, — горестно сказал Передонов, — уж прыскай что есть.

Он в досаде возвращался домой. День стоял ветреный. Ворота от ветра хлопали, зевали и смеялись. Передонов смотрел на них тоскливо. Как тут ехать ? Но уже все делалось само собой.

Поданы были три тарантаса, — надо было садиться и ехать, а то повозки привлекут внимание, соберутся любопытные, приедут и прибегут смотреть на свадьбу. Разместились и поехали: Передонов с Варварою, Преполовенские с Рутиловым, Грушина с остальными шаферами.

На площади поднялась пыль. Стучали, слышалось Передонову, топоры. Еле видная сквозь пыль, подымалась, росла деревянная стена. Рубили крепость. Мелькали мужики в красных рубахах, свирепые и молчаливые.

Тарантасы пронеслись мимо, — страшное видение мелькнуло и скрылось. Передонов оглядывался в ужасе, но уже ничего не было видно, — и никому не решился он сказать о своем видении.

Всю дорогу грусть томила Передонова. Враждебно все смотрело на него, все веяло угрожающими приметами. Небо хмурилось. Ветер дул навстречу и вздыхал о чем-то. Деревья не хотели давать тени, — всю себе забрали. Зато поднималась пыль длинною полупрозрачно-серою змеею. Солнце с чего-то пряталось за тучи, — подсматривало, что ли?

Дорога шла мажарами, — неожиданные из-за невысоких холмов вставали кусты, рощи, поляны, ручьи под гулкими деревянными мостами-трубами.

— Глаз-птица пролетела, — угрюмо сказал Передонов, всматриваясь в белесовато-туманную даль небес. — Один глаз и два крыла, а больше ничего нету.

Варвара усмехнулась. Она думала, что Передонов пьян с утра. Но она не спорила с ним: а то еще, — думала она, — рассердится и не пойдет под венец.

В церкви уже стояли в уголке, прячась за колонною, все четыре сестры Рутиловы. Передонов их не видел сначала, но потом, уже во время самого венчания, когда они вышли из своей засады и подвинулись вперед, он увидел их и испугался. Впрочем, они ничего худого не сделали, не потребовали, — чего он боялся сперва, — чтобы он Варвару прогнал, а взял одну из них, а только все время смеялись. И смех их, сначала тихий, все громче и злее отдавался в его ушах, как смех неукротимых фурий.

Посторонних в церкви почти не было, только две-три старушки пришли откуда-то. И хорошо: Передонов вел себя глупо и странно. Он зевал, бормотал, толкал Варвару, жаловался, что воняет ладаном, воском, мужичьем.

— Твои сестры все смеются, — бормотал он, обернувшись к Рутилову, — печенку смехом просверлят.

Кроме того, тревожила его недотыкомка. Она была грязная и пыльная и все пряталась под ризу к священнику.

И Варваре, и Грушиной церковные обряды казались смешными. Они беспрестанно хихикали. Слова о том, что жена должна прилепиться к своему мужу, вызвали у них особенную веселость. Рутилов тоже хихикал, — он считал своею обязанностью всегда и везде смешить дам.

Володин же вел себя степенно и крестился, сохраняя на лице глубокомысленное выражение. Он не связывал с церковными обрядами никакого иного представления, кроме того, что все это установлено, подлежит исполнению и что исполнение всех обрядов ведет к некоторому внутреннему удобству: сходил в праздник в церковь, помолился — и прав, нагрешил, покаялся — и опять прав. Хорошо и удобно, тем удобнее, что вне церкви обо всем церковном не надо было и думать, а руководиться следовало совсем иными житейскими правилами.

Только что кончилось венчанье, не успели еще выйти из церкви, вдруг — неожиданность. В церковь шумно ввалилась пьяная компания — Мурин со своими приятелями.

Мурин, растрепанный и серый, как всегда, облапил Передонова и закричал:

— От нас, брат, не скроешь! Такие приятели, водой не разольешь, а он, штукарь, скрыл.

Слышались восклицания:

— Злодей, не позвал!

— А мы тут как тут!

— Да, мы-таки зазнали!

Вновь прибывшие обнимали и поздравляли Передонова. Мурин говорил:

— По пьяному делу заблудились немножко, а то бы мы к началу потрафили.

Передонов хмуро смотрел и не отвечал на поздравления. Злоба и страх томили его.

"Везде выследят", — тоскливо думал он.

— Вы бы лбы перекрестили, — сказал он злобно, — а то, может быть, вы злоумышляете.

Гости крестились, хохотали, кощунствовали. Особенно отличались молоденькие чиновники. Дьякон укоризненно унимал их.

Среди гостей был один, с рыжими усами, молодой человек, которого даже и не знал Передонов. Необычайно похож на кота. Не их ли это кот обернулся человеком? Недаром этот молодой человек все фыркает, — не забыл кошачьих ухваток.

— Кто вам сказал? — злобно спрашивала новых гостей Варвара.

— Добрые люди, молодайка, — отвечал Мурин, — а кто, уж мы и позабыли.

Грушина вертелась и подмигивала. Новые гости посмеивались, но ее не выдали. Мурин говорил:

— Уж как хошь, Ардальон Борисыч, а мы к тебе, а ты нам шампанею ставь, не будь жомой. Как же можно, такие приятели, водой не разольешь, а ты тишком удумал.

Когда Передоновы возвращались из-под венца, солнце заходило, а небо все было в огне и в золоте. Но не нравилось это Передонову. Он бормотал:

— Наляпали золота кусками, аж отваливается. Где это видано, чтобы столько тратить!

Слесарята встретили их за городом с толпою других уличных мальчишек, бежали и гукали. Передонов дрожал от страха. Варвара ругалась, плевала на мальчишек, казала им кукиши. Гости и шаферы хохотали.

Приехали. Вся компания ввалилась к Передоновым с гамом, гвалтом и свистом. Пили шампанское, потом принялись за водку и сели играть в карты. Пьянствовали всю ночь. Варвара напилась, плясала и ликовала. Ликовал и Передонов, — его-таки не подменили. С Варварой гости, как всегда, обращались цинично и неуважительно; ей казалось это в порядке вещей.

* * *

После свадьбы в житье-бытье у Передоновых мало что изменилось. Только обращение Варвары с мужем становилось увереннее и независимее. Она как будто поменьше бегала перед мужем, но все еще, по закоренелой привычке, побаивалась его. Передонов, тоже по привычке, попрежнему покрикивал на нее, даже иногда поколачивал. Но уж и он чуял ее большую в своем положении уверенность. И это наводило на него тоску. Ему казалось, что если она не как прежде боится его, то это потому, что она укрепилась в своем преступном замысле отделаться от него и подменить его Володиным.

"Надо быть настороже", — думал он.

195

А Варвара торжествовала. Она вместе с мужем делала визиты городским дамам, даже и мало знакомым. При этом она проявляла смешную гордость и неумелость. Везде ее принимали, хотя во многих домах с удивлением. Для визитов Варвара заблаговременно заказала шляпу лучшей местной модистке. Яркие цветы, крупные, насаженные в изобилии, восторгали Варвару.

Свои визиты Передоновы начали с директорши. Потом поехали к жене предводителя дворянства.

В тот день, когда Передоновы собирались делать визиты, — что у Рутиловых, конечно, было заранее известно, — сестры отправились к Варваре Николаевне Хрипач, из любопытства посмотреть, как-то Варвара поведет себя здесь. Скоро пришли и Передоновы. Варвара сделала реверанс директорше и больше обыкновенного дребезжащим голосом сказала:

— Вот и мы к вам. Прошу любить и жаловать.

— Очень рада, — с принуждением ответила директорша и усадила Варвару на диван.

Варвара с видимым удовольствием села на отведенное место, широко раскинула свое шумящее зеленое платье и заговорила, стараясь развязностью скрыть смущение:

— Все мамзелью была, а вот и мадамой стала. Мы с вами тезки: я — Варвара, и вы — Варвара, а не были знакомы домами. Пока мамзелью была, все больше дома сидела, — да что ж все за печкой сидеть! Теперь мы с Ардальон Борисычем будем открыто жить. Милости просим,— мы к вам, вы к нами, мусью к мусьи, мадам к мадами.

— Только вам здесь, кажется, не долго придется жить, — сказала директорша, — ваш муж, я слышала, переводится.

— Да, вот скоро бумага придет, мы и поедем, — ответила Варвара. — А пока бумага не пришла, надо еще и здесь пожить, покрасоваться.

Варвара и сама надеялась на инспекторское место. После свадьбы она написала княгине письма. Ответа еще не получила. Решила еще написать к новому году.

Людмила сказала:

— А уж мы думали, что вы, Ардальон Борисыч, на барышне Пыльниковой женитесь.

— Ну да, — сердито сказал Передонов, — что ж мне на всякой жениться, — мне протекция нужна.

— А все-таки, как же это с m-lle Пыльниковой у вас разошлось? — дразнила Людмила.- Ведь вы за нею ухаживали? Она вам отказала?

196

— Я еще ее выведу на чистую воду, — ворчал угрюмо Передонов.

— Это — idee fixe Ардальон Борисыча, — с сухим смешком сказал директор.

XXIV

Кот у Передонова дичал, фыркал, не шел по зову, — совсем отбился от рук. Страшен он стал Передонову. Иногда Передонов чурался от кота.

"Да поможет ли это? — думал он. — Сильное электричество у этого кота в шерсти, вот в чем беда".

Однажды он придумал: остричь бы кота надо. Вздумано — сделано. Варвары не было дама, — она пошла к Грушиной, опустив в карман бутылочку с вишневою наливкою, — помешать некому. Передонов привязал кота на веревку, — ошейник сделал из носового платка,— и повел в парикмахерскую. Кот дико мяукал, метался, упирался. Иногда в отчаянии бросался он на Передонова, но Передонов отстранял его палкою. Мальчишки толпою бежали сзади, гукали, хохотали. Прохожие останавливались. Из окон выглядывали на шум. Передонов угрюмо тянул кота за веревку, ничем не смущаясь. Привел-таки, — и сказал парикмахеру:

— Хозяин, кота побрей, да поглаже.

Мальчишки толпились у дверей снаружи, хохотали, кривлялись. Парикмахер обиделся, покраснел. Он сказал слегка дрожащим голосом:

— Извините, господин, мы этакими делами не занимаемся! И даже не приходилось видеть бритых котов. Это, должно быть, самая последняя мода, до нас еще не дошла.

Передонов слушал его в тупом недоумении. Он крикнул:

— Скажи — не умею, шарлатан.

И ушел, таща неистово мяукавшего кота. Дорогою он думал тоскливо, что везде, всегда, все над ним только смеются, никто не хочет ему помочь. Тоска теснила его грудь.

* * *

Передонов с Володиным и Рутиловым пришли в сад играть на биллиарде. Смущенный маркер объявил им:

— Нельзя-с играть сегодня, господа.

— Это почему? — злобно спросил Передонов:- нам, да нельзя!

— Так как, извините, а только что шаров нету, — сказал маркер.

— Проворонил, ворона, — послышался из-за перегородки грозный окрик буфетного содержателя.

Маркер вздрогнул, шевельнул вдруг покрасневшими ушами, — какое-то, словно заячье, движение, — и шепнул:

— Украли-с.

Передонов крикнул испуганно:

— Ну! кто украл?

— Неизвестно-с, — доложил маркер. — Ровно как никого не было, а вдруг, глядь, и шаров нету-с.

Рутилов хихикал и восклицал:

— Вот так анекдот!

Володин сделал обиженное лицо и выговаривал маркеру:

— Если у вас изволят шарики воровать, а вы изволите в это время быть в другом месте, а шарики брошены, то вам надо было загодя другие шарики завести, чтобы нам было чем играть. Мы шли, хотели поиграть, а если шариков нету, то как же мы можем играть?

— Не скули, Павлуша, — сказал Передонов, — без тебя тошно. Ищи, маркер, шары, нам непременно надо играть, а пока тащи пару пива.

Принялись пить пиво. Но было скучно. Шары так и не находились. Ругались меж собою, бранили маркера. Тот чувствовал себя виноватым и отмалчивался.

В этой краже усмотрел Передонов новую вражью каверзу.

"Зачем?" — думал он тоскливо и не понимал.

Он пошел в сад, сел на скамеечку над прудом, — здесь еще он никогда не сиживал, — и тупо уставился на затянутую зеленую воду. Володин сел рядом с ним, разделял его грусть и бараньими глазами глядел на тот же пруд.

— Зачем тут грязное зеркало, Павлушка? — спросил Передонов и ткнул палкою по направлению к пруду.

Володин осклабился и ответил:

— Это не зеркало, Ардаша, это — пруд. А так как ветерка теперь нет, то в нем деревья и отражаются, вот оно и показывает, будто зеркало.

Передонов поднял глаза. За прудом забор отделял сад от улицы. Передонов спросил:

— А кот на заборе зачем? Володин посмотрел туда же и сказал, хихикая:

— Был, да весь вышел.

Кота и не было, — померещился он Передонову, — кот с широко-зелеными глазами, хитрый, неутомимый враг.

Передонов опять стал думать о шарах. Кому они нужны? Недотыкомка, что ли, их пожрала? То-то ее сегодня и не видно, — думал Передонов. — Нажралась да и завалилась куда-нибудь, спит теперь, поди.

Передонов уныло побрел домой.

Запад потухал. Тучка бродила по небу, блуждала, подкрадывалась, — мягкая обувь у туч, — подсматривала. На ее темных краях загадочно улыбался темный отблеск. Над речкою, что текла меж садом и городом, тени домов да кустов колебались, шептались, искали кого-то.

А на земле, в этом темном и вечно враждебном городе, все люди встречались злые, насмешливые. Все смешалось в общем недоброжелательстве к Передонову, собаки хохотали над ним, люди облаивали его.

* * *

Городские дамы начали отдавать Варваре визиты. Некоторые с радостным любопытством поспешили уже на второй, на третий день посмотреть, какова-то Варвара дома. Другие промедлили неделю и больше. А иные и вовсе не пришли, — не была, например, Вершина.

Передоновы ожидали каждый день ответных визитов с трепетным нетерпением; пересчитывали, кто еще не был. Особенно нетерпеливо ждали директора с женою. Ждали и волновались непомерно, — а вдруг Хрипачи не придут.

Прошла неделя. Хрипачей еще не было. Варвара начала злиться и ругаться. Передонова же повергло это ожидание в нарочито-угнетенное состояние. Глаза у Передонова стали совсем бессмысленными, словно они потухали, и казалось иногда, что это — глаза мертвого человека. Нелепые страхи мучили его. Без всякой видимой причины он начинал вдруг бояться тех или других предметов. С чего-то пришла ему в голову и томила несколько дней мысль, что его зарежут; он боялся всего острого и припрятал ножи да вилки.

"Может быть,— думал он,— они наговорены да нашептаны. Как раз и сам на нож нарежешься".

— Зачем ножи? -сказал он Варваре. — Едят же китайцы палочками.

Целую неделю из-за этого не жарили мяса, довольствовались щами да кашею.

Варвара, мстя Передонову за испытанные до свадьбы страхи, иногда поддакивала ему и утверждала его этим в убеждении, что его причуды не даром. Она говаривала ему, что у него много врагов, да и как-де ему не завидовать? Не раз говорила она, дразня Передонова, что уж наверное на него донесли, обнесли его перед начальством да перед княгинею. И радовалась, что он, видимо, трусил.

Передонову казалось ясным, что княгиня им недовольна. Разве она не могла прислать ему на свадьбу образа или калача? Он думал: надо заслужить ее милость, да чем? Ложью, что ли? Оклеветать кого-нибудь, насплетничать, донести, Все дамы любят сплетни, — так вот бы на Варвару сплести что-нибудь веселое да нескромное и написать княгине. Она посмеется, а ему даст место.

Но не сумел Передонов написать такое письмо, да и страшно ему стало: писать к самой княгине. А потом он и забыл об этой затее.

Своих обычных гостей Передонов угощал водкою да самым дешевым портвейном. А для директора купил мадеры в три рубля. Это вино Передонов считал чрезвычайно дорогим, хранил его в спальне, а гостям только показывал и говорил:

— Для директора.

Сидели раз у Передонова Рутилов да Володин. Передонов показал им мадеру.

— Что снаружи смотреть, не вкусно! — сказал Рутилов, хихикал. — Ты нас угости дорогой-то мадеркой.

— Ишь ты, чего захотел! — сердито отвечал Передонов. — А что же я директору подам?

— Директор водки рюмку выпьет, — сказал Рутилов.

— Директору нельзя водку пить, директору мадера полагается, — рассудительно говорил Передонов.

— А если он водку любит? — настаивал Рутилов.

— Ну, вот еще, генерал водку любить не станет, — уверенно сказал Передонов.

— А ты нас все-таки угости, — приставал Рутилов.

Но Передонов поспешно унес бутылку, и слышно было, как звенел замок у шкапика, в котором он спрятал вино. Вернувшись к гостям, он, чтобы переменить разговор, стал говорить о княгине. Он угрюмо сказал:

— Княгиня! на базаре гнилыми яблоками торговала, да князя и обольстила. Рутилов захохотал и крикнул:

— Да разве князья по базарам ходят?

— Да уж она сумела приманить, — сказал Передонов.

— Сочиняешь ты, Ардальон Борисыч, небылицу в лицах, — спорил Рутилов, — княгиня — знатная дама.

Передонов смотрел на него злобно и думал: "Заступается, — с княгинею, видно, заодно. Княгиня его, видно, околдовала, даром что далеко живет". А недотыкомка юлила вокруг, беззвучно смеялась и все сотрясалась от смеха. Она напоминала Передонову о разных страшных обстоятельствах. Он боязливо озирался и шептал:

— В каждом городе есть тайный жандармский унтер-офицер. Он в штатском, иногда служит, или торгует, или там еще что делает, а ночью, когда все спят, наденет голубой мундир да и шасть к жандармскому офицеру.

— А зачем же мундир? — деловито осведомился Володин.

— К начальству нельзя без мундира, высекут, — объяснил Передонов.

Володин захихикал. Передонов наклонился к нему поближе и зашептал:

— Иногда он даже оборотнем живет. Ты думаешь, это просто кот, ан врешь! это жандарм бегает. От кота никто не таится, а он все и подслушивает.

Наконец, недели через полторы, директорша отдала визит Варваре. Приехала с мужем, в будень, в четыре часа, нарядная, любезная, благоухающая сладкою фиалкою, — и совсем неожиданно для Передоновых: те ждали Хрипачей почему-то в праздник, да пораньше. Переполошились. Варвара была в кухне, полуодетая, грязная. Она метнулась одеваться, а Передонов принимал гостей и казался только что разбуженным.

— Варвара сейчас, — бормотал он, — она одевается. Она стряпала. У нас прислуга новая, не умеет по-нашему, дура набитая.

Скоро вышла и Варвара, с красным, испуганным лицом, кое-как одетая. Она сунула гостям потную, грязноватую руку и дрожащим от волнения голосом заговорила:

— Уж извините, что заставила ждать, — не знали, что вы в будни пожалуете.

— Я редко выезжаю в праздник, — сказала госпожа Хрипач, — пьяные на улицах. Пусть прислуга имеет себе этот день.

Разговор кое-как завязался, и любезность директорши немного ободрила Варвару. Директорша обошлась с Варварою слегка презрительно, но ласково, — как с раскаявшеюся грешницею,

которую надо приласкать, но о которую все еще можно

запачкаться. Она сделала Варваре несколько наставлений, как бы мимоходом, — об одежде, обстановке.

Варвара старалась угодить директорше, и дрожь испуга не оставляла ее красных рук и потрескавшихся губ. Директоршу это стесняло. Она старалась быть еще любезнее, но невольная гадливость одолевала ее. Всем своим обращением она давала понять Варваре, что близкое знакомство между ними не установится. Но так как делалось это совсем любезно, то Варвара не поняла и возомнила, что они с директоршею будут большими приятельницами.

Хрипач имел вид человека, который попал не в свое место, но ловко и мужественно скрывает это. От мадеры он отказался: он не привык в этот час пить вино. Разговаривал о городских новостях, о предстоящих переменах в составе окружного суда. Но слишком заметно было, что он и Передонов вращаются в здешнем обществе в различных кругах.

Сидели недолго. Варвара обрадовалась, когда они ушли: и были, и ушли скоро. Она радостно говорила, снова раздеваясь:

— Ну, слава богу, ушли. А то я и не знала, что и говорить-то с ними. Что значит, как мало-то знакомые люди, — не знаешь, с какой стороны к ним и подъехать.

Вдруг она вспомнила, что Хрипачи, прощаясь, не звали их бывать у себя. Это ее смутило сначала, но потом она смекнула:

— Карточку пришлют, с расписанием, когда ходить, У этих господ на все свое время. Вот

теперь бы мне надо по-французски насобачиться, а то я по-французски ни бе, ни ме.

* * *

Возвращаясь домой, директорша сказала мужу:

— Она — жалкая и безнадежно-низменная; с нею никак невозможно быть в равных отношениях. В ней ничто не корреспондирует ее положению.

Хрипач ответил:

— Она вполне корреспондирует мужу. Жду с нетерпением, когда его от нас возьмут.

* * *

После свадьбы Варвара, с радости, стала выпивать, особенно часто с Грушиною. Раз, под хмельком, когда у нее сидела Преполовенская, Варвара проболталась о письме. Всего не рассказала, а намекнула довольно ясно. Хитрой Софье и того было довольно, — ее вдруг словно осенило. И как сразу не догадаться было! — мысленно пеняла она себе. По секрету рассказала она про подделку писем Вершиной, и от той пошло по всему городу.

Преполовенская при встречах с Передоновым не могла не посмеяться над его доверчивостью. Она говорила:

— Уж очень вы просты, Ардальон Борисыч.

— Вовсе я не прост, — отвечал он, — я кандидат университета.

— Вот и кандидат, а уж кто захочет, тот сумеет вас обмишулить.

— Я сам всякого обмишулю, — спорил Передонов.

Преполовенская хитро улыбалась и отходила. Передонов тупо недоумевал: с чего это она? Со зла! — думал он: — все-то ему враги.

И он показывал вслед ей кукиш.

"Ничего не возьмешь", — думал он, утешая себя. Но страх томил.

Этих намеков Преполовенской казалось мало. Сказать же ему ясными словами всю правду она не хотела. Зачем ссориться с Варварою? Время от времени она посылала Передонову анонимные письма, где намеки были яснее. Но Передонов понял их превратно.

Софья писала ему однажды:

"Та княгиня, что вам писала письма, поищите, не здесь ли живет".

Передонов подумал, что, верно, княгиня сама приехала сюда за ним следить. Видно, думал он, втюрилась в меня, хочет отбить у Варвары.

И ужасали, и сердили эти письма Передонова. Он приступал к Варваре:

— Где княгиня? Говорят, она сюда приехала.

Варвара, мстя за прежнее, мучила его недомолвками, издевочками, трусливыми, злыми изворотами. Нагло ухмыляясь, она говорила неверным голосом, как говорят, когда заведомо лгут, без надежды на доверие:

— Почем же я знаю, где живет теперь княгиня!

— Врешь, знаешь! — в ужасе говорил Передонов.

Он не понимал, чему надо верить: смыслу ли ее слов, или выдающему ложь звуку ее голоса, — и это, как все для него непонятной, наводило на него ужас. Варвара возражала:

— Ну, вот еще! может быть, и уехала куда из Питера, она ведь у меня не спрашивается.

— А может быть, и в самом деле сюда приехала? — робко спрашивал Передонов.

— Может быть, и сюда приехала, — поддразнивающим голосом говорила Варвара. — В тебя втюрилась, приехала полюбоваться.

Передонов восклицал:

— Врешь! да неужто втюрилась?

Варвара злорадно смеялась.

С тех пор Передонов стал внимательно смотреть, не увидит ли где княгини. Иногда ему казалось, что она заглядывает в окошко, в дверь подслушивает, шушукается с Варварою.

* * *

Время шло, а выжидаемая день за днем бумага о назначении инспектором все не приходила. И частных сведений о месте никаких не было. Справиться у самой княгини Передонов не смел: Варвара постоянно пугала его тем, что она — знатная. И ему казалось, что если бы он сам вздумал к ней писать, то вышли бы очень большие неприятности. Он не знал, что именно могли с ним сделать по княгининой жалобе, но это-то и было особенно страшно. Варвара говорила:

— Разве не знаешь аристократов? Жди, сами сделают что надо. А напоминать будешь — обидятся, хуже будет. У них гонору-то сколько! они гордые, они любят, чтобы им верили.

И Передонов пока еще верил. Но злобился на княгиню. Иногда думал он даже, что и княгиня

доносит на него, чтобы избавиться от своих обещаний. Или потому доносит, что злится: он повенчался с Варварою, а княгиня сама в него влюблена. Потому, думал он, она и окружила его соглядатаями, которые всюду следят за ним, обступили его так, что уж нет ни воздуха, ни света. Недаром она — знатная. Все может, что захочет. Со злости он лгал на княгиню несообразные вещи. Рассказывал Рутилову да Володину, что был прежде ее любовником, и она ему платила большие деньги.

— Только я их пропил. Куда мне их к дьяволу! Она еще мне обещала пенсию по гроб жизни платить, да надула.

— А ты бы брал? — хихикая, спросил Рутилов.

Передонов промолчал, не понял вопроса, а Володин ответил за него солидно и рассудительно:

— Отчего же не брать, если она — богатая. Она изволила пользоваться удовольствиями, так должна и платить за это.

204

— Добро бы красавица! — тоскливо говорил Передонов, — рябая, курносая. Только что платила хорошо, а то бы и плюнуть на нее, чертовку, не захотел. Она должна исполнить мою просьбу.

— Да ты врешь, Ардальон Борисыч, — сказал Рутилов.

— Ну вот, вру. А что она платила-то мне даром, что ли? Она ревнует к Варваре, потому мне и места не дает так долго.

Передонов не испытывал стыда, когда рассказывал, будто бы княгиня платила ему. Володин был доверенным слушателем и не замечал нелепостей и противоречий в его рассказах. Рутилов возражал, но думал, что без огня дыма не бывает: что-то, думал он, было между Передоновым и княгинею.

— Она старее поповой собаки, — говорил Передонов убежденно, как нечто дельное. — Только вы, смотрите, никому не болтайте: до нее дойдет, худо будет. Она мажется и поросячью молодость себе в жилы пускает, И не узнаешь, что старая. А уж ей сто лет.

Володин качал головою и причмокивал. Он всему верил.

Случилось, что на другой день после такого разговора Передонову пришлось в одном классе читать крыловскую басню "Лжец". И несколько дней подряд с тех пор он боялся ходить через мост, — брал лодку и переезжал, — а мост, пожалуй, еще провалится. Он объяснил Володину:

— Про княгиню я правду говорил, только вдруг он не поверит да и провалится к чорту.

XXV

Слухи о поддельных письмах расходились по городу. Разговоры об этом занимали горожан и радовали. Почти все хвалили Варвару и радовались тому, что Передонов одурачен. И все те, кто видел письма, в голос уверяли, что догадались сразу.

Особенно велико было злорадство в доме у Вершиной: Марта, хотя и выходила за Мурина, все же была отвергнута Передоновым; Вершина хотела бы взять Мурина себе, а должна была уступить его Марте; Владя имел свои ощутительные причины ненавидеть Передонова и радоваться его неудаче. Хотя и досадно ему было, что Передонов еще остается в гимназии, но эту досаду перевешивала радость, что Передонову

205

нос. К тому же в последние дни между гимназистами держался упорный слух, будто директор донес попечителю учебного округа, что Передонов сошел с ума, и будто скоро пришлют его свидетельствовать и затем уберут из гимназии.

При встречах с Варварою знакомые, с грубыми шутками, с наглым подмигиванием, заговаривали более или менее прямо об ее проделке. Она ухмылялась нахально, не подтверждала, но и не спорила.

Иные намекали Грушиной, что знают об ее участии в подделке. Она испугалась и пришла к Варваре с упреками, зачем разболтала. Варвара сказала ей, ухмыляясь:

— Что вы петрушку валяете, я никому и не думала говорить.

— От кого же все узнали? — запальчиво спросила Грушина. — Я-то уж никому не скажу, не такая дура.

— И я никому не говорила, — нагло утверждала Варвара.

— Вы мне письмо отдайте, — потребовала Грушина, — а то начнет разбирать, так и по почерку признает, что поддельное.

— Ну и пусть узнает! — сказала досадливо Варвара, — стану я на дурака смотреть.

Грушина сверкала своими разными глазами и кричала:

— Вам хорошо говорить, вы свое получили, а меня из-за вас в тюрьму посадят! Нет, уж

как хотите, а письмо мне отдайте. А то ведь и развенчать можно.

— Ну, уж это — ах оставьте, — нагло подбочась, отвечала Варвара, — уж теперь хоть на площади публикуй, венец не свалится.

— Ничего не оставьте! — кричала Грушина, — такого нет закона — обманом венчать. Если Ардальон Борисыч все дело по начальству пустит, до сената, так и разведут.

Варвара испугалась и сказала:

— Да чего злитесь, достану вам письмо. Нечего бояться, я вас не выдам. Разве я такая скотина? Душа-то и у меня есть.

— Ну, какая там душа! — грубо сказала Грушина, — что у пса, то у человека, один пар, а души нет. Пока жил, пота и был.

Варвара решилась украсть письмо, хоть это было и трудно. Грушина торопила. Одна была надежда — вытащить письмо у Передонова, когда он будет пьян. А пил он много. Нередко и в гимназию являлся навеселе и вел речи бесстыдные, вселявшие отвращение даже в самых злых мальчишках.

* * *

Однажды Передонов вернулся из биллиардной пьянее обыкновенного: спрыскивали новые шары. Но с бумажником все не расставался, — кое-как раздевшись, сунул его себе под подушку.

Он спал беспокойно, но крепко, и бредил, и слова в его бреду все были о чем-то страшном и безобразном. На Варвару они наводили жуткий страх.

"Ну, да ничего,— подбадривала она себя,— только бы не проснулся".

Она пыталась разбудить его, потолкала, — он что-то пробормотал, громко чертыхнулся, но не проснулся. Варвара зажгла свечку и поставила ее так, чтобы свет не падал в глаза Передонову. Цепенея от страха, она встала с постели и осторожно полезла под подушку к Передонову. Бумажник лежал близко, но долго выскальзывал из-под пальцев. Свеча горела тускло. Огонь ее колебался. По стенам, по кровати пробегали боязливые тени, — шмыгали злые чертики. Воздух был душен и неподвижен. Пахло перегорелой водкой. Храп и пьяный бред наполняли всю спальню. Вся горница была как овеществленный бред.

Трепетными руками вынула Варвара письмо и сунула бумажник на прежнее место.

Утром Передонов хватился письма, не нашел его, испугался и закричал:

— Где письмо, Варя?

Варвара, жестоко труся, но скрывая это, сказала:

— Почем же я знаю, Ардальон Борисыч? Ты всем показываешь, вот, должно быть, где-нибудь и выронил. Или вытащили. Друзей-то приятелей у тебя много, с которыми ты по ночам бражничаешь.

Передонов думал, что письмо украли его враги, всего скорее Володин. Теперь Володин держит письмо, а потом заберет в свои когти и все бумаги, и назначение и поедет в инспекторы, а Передонов останется здесь горьким босяком.

Передонов решил защищаться. Он каждый день составлял по доносу на своих врагов: Вершину, Рутиловых, Володина, сослуживцев, которые, казалось ему, метили на то же самое место. По вечерам он относил эти доносы к Рубовскому.

Жандармский офицер жил на видном месте, на площади, близ гимназии. Из окон своих многие примечали, как Передонов входил к жандармскому через ворота. А Передонов думал — никому невдомек. Ведь он же недаром носит доносы по вечерам и с черного хода, через кухню. Бумагу он держал под полою. Сразу было заметно, что он держит что-то. Если приходилось вынуть руку, поздороваться, он прихватывал бумагу под пальто левою рукою и думал, что никто не может догадаться. Встречные если спрашивали его, куда идет, он им лгал весьма неискусно, но сам был доволен своими неловкими выдумками.

Рубовскому он объяснял:

— Все — предатели. Прикидываются друзьями, хотят вернее обмануть. А того и не думают, что я обо всех их знаю такого, что им и в Сибири места мало.

Рубовский слушал его молча. Первый донос, явно нелепый, он переслал директору; так делал и с некоторыми другими. Иные оставлял, на случай чего. Директор написал попечителю, что Передонов обнаруживает явные признаки душевного угнетения.

Дома Передонов постоянно слышал шорохи, непрерывные, докучливые, насмешливые. Он тоскливо говорил Варваре:

— Кто-то там на цыпочках ходит, соглядатаи везде у нас толкутся. Ты, Варька, меня не бережешь.

Варвара не понимала, что значит бред Передонова. То издевалась, то трусила. Говорила злобно и трусливо:

— С пьяных глаз нивесть что мерещится.

Дверь в переднюю казалась Передонову особенно подозрительною. Она не затворялась плотно. Щель между ее половинами намекала на что-то, таящееся вне. Не валет ли там подсматривает? Чей-то глаз сверкал, злой и острый.

Кот следил повсюду за Передоновым широкозелеными глазами. Иногда он подмигивал, иногда страшно мяукал. Видно было сразу, что он хочет подловить в чем-то Передонова, да только не может и потому злится. Передонов отплевывался от него, но кот не отставал.

Недотыкомка бегала под стульями и по углам и повизгивала. Она была грязная, вонючая, противная, страшная. Уже ясно было, что она враждебна Передонову и прикатилась именно для него, а что раньше никогда и нигде не было ее. Сделали ее — и наговорили. И вот живет она, ему на страх и на погибель, волшебная, многовидная, следит за ним, обманывает, смеется: то по полу катается, то прикинется тряпкою, лентою, веткою, флагом, тучкою, собачкою, столбом пыли на улице, и везде ползет и бежит за Передоновым, — измаяла, истомила его зыбкою своею пляскою. Хоть бы кто-нибудь избавил, словом каким или ударом наотмашь. Да нет здесь друзей, никто не придет спасать, надо самому исхитриться, пока не погубила его ехидная.

* * *

208

Передонов придумал средство: намазал весь пол клеем, чтобы недотыкомка прилипла. Прилипали подошвы у сапог да подолы у Варвариных платьев, а недотыкомка каталась свободно и визгливо хохотала. Варвара злобно ругалась.

Над Передоновым неотступно господствовали навязчивые представления о преследовании и ужасали его. Он все более погружался в мир диких грез. Это отразилось и на его лице: оно стало неподвижною маскою ужаса.

Уже по вечерам нынче Передонов не ходил играть на биллиарде. После обеда он запирался в спальне, дверь загромождал вещами, — стул на стол, — старательно заграждался крестами и чураньем и садился писать доносы на всех, кого только вспомнит. Писал доносы не только на людей, но и на карточных дам. Напишет — и сейчас несет жандармскому офицеру. И так проводил он каждый вечер.

Везде перед глазами у Передонова ходили карточные фигуры, как живые — короли, крали, хлапы. Ходили даже мелкие карты. Это — люди со светлыми пуговицами: гимназисты, городовые. Туз — толстый, с выпяченным пузом, почти одно только пузо. Иногда карты обращались в людей знакомых. Смешивались живые люди и эти странные оборотни.

Передонов был уверен, что за дверью стоит и ждет валет и что у валета есть какая-то сила и власть, вроде как у городового: может куда-то отвести, в какой-то страшный участок. А под столом сидит недотыкомка. И Передонов боялся заглянуть под стол или за дверь.

Вертлявые мальчишки-восьмерки дразнили Передонова, — это были оборотни-гимназисты. Они поднимали ноги странным, неживым движением, как ножки у циркуля, но только ноги у них были косматые, с копытцами. Вместо хвостов у них росли розги, мальчишки помахивали ими со свистом и сами взвизгивали при каждом взмахе. Недотыкомка из-под стола хрюкала, смеючись на забавы этих восьмерок. Передонов со злобою думал, что к какому-нибудь начальнику недотыкомка не посмела бы забраться. "Не пустят, небось, — завистливо думал он, — лакеи швабрами заколошматят".

Наконец Передонов не вытерпел ее злобного, нахально-визгливого смеха. Он принес из кухни топор и разрубил стол, под которым недотыкомка пряталась. Недотыкомка пискнула жалобно и злобно, метнулась из-под стола и укатилась. Передонов дрогнул. "Укусит", — подумал он, завизжал от ужаса и присел. Но недотыкомка скрылась мирно. Не надолго...

Иногда Передонов брал карты и со свирепым лицом

раскалывал перочинным ножиком головы карточным фигурам. Особенно дамам. Режучи королей, он озирался, чтобы не увидели и не обвинили в политическом преступлении. Но и такие расправы помогали не надолго. Приходили гости, покупались карты, и в новые карты вселялись опять злые соглядатаи.

Уже Передонов начал считать себя тайным преступником. Он вообразил, что еще со студенческих лет состоит под полицейским надзором. Потому-то, соображал он, за ним и следят. Это и ужасало, и надмевало его.

Ветер шевелил обои. Они шуршали тихим, зловещим шелестом, и легкие полутени скользили по их пестрым узорам. "Соглядатай прячется там, за этими обоями", — думал Передонов. "Злые люди! — думал он, тоскуя, — недаром они наложили обои на стену так неровно, так плохо, что за них мог влезть и прятаться злодей, изворотливый, плоский и терпеливый. Ведь были и раньше такие примеры".

Смутные воспоминания шевельнулись в его голове. Кто-то прятался за обоями, кого-то закололи не то кинжалом, не то шилом. Передонов купил шило. И когда он вернулся домой, обои шевельнулись неровно и тревожно, — соглядатай чуял опасность и хотел бы, может быть, проползти куда-нибудь подальше. Мрак метнулся, прыгнул на потолок и оттуда угрожал и кривлялся.

Злоба закипела в Передонове. Он стремительно ударил шилом в обои. Содрогание пробежало по стене. Передонов, торжествуя, завыл и принялся плясать, потрясая шилом. Вошла Варвара.

— Что ты пляшешь один, Ардальон Борисыч? — спросила она, ухмыляясь, как всегда, тупо и нахально.

— Клопа убил, — угрюмо объяснил Передонов.

Глаза его сверкали диким торжеством. Одно только было нехорошо: скверно пахло. Гнил и вонял за обоями заколотый соглядатай. Ужас и торжество сотрясали Передонова: убил врага! Ожесточилось сердце его до конца в этом убийстве. Несовершенное убийство, — но для Передонова оно было что убийство совершенное. Безумный ужас в нем выковал готовность к преступлению, и несознаваемое, темное, таящееся в низших областях душевной жизни представление будущего убийства, томительный зуд к убийству, состояние первобытной озлобленности угнетали его порочную волю. Еще скованное, — много поколений легло на древнего Каина, — оно находило себе удовлетворение и в том, что он ломал и портил вещи, рубил топором, резал ножом, срубал деревья в саду, чтобы не

210

выглядывал из-за них соглядатай. И в разрушении вещей веселился древний демон, дух довременного смешения, дряхлый хаос, между тем как дикие глаза безумного человека отражали ужас, подобный ужасам предсмертных чудовищных мук.

И все те же и те же иллюзии повторялись и мучили его. Варвара, тешась над Передоновым, иногда подкрадывалась к дверям той горницы, где сидел Передонов, и оттуда говорила чужими голосами. Он ужасался, подходил тихонько, чтобы поймать врага, — и находил Варвару.

— С кем ты тут шушукалась? — тоскливо спрашивал он.

Варвара ухмылялась и отвечала:

— Да тебе, Ардальон Борисыч, кажется.

— Не все же кажется,— тоскливо бормотал Передонов, — есть же и правда на свете.

Да, ведь и Передонов стремился к истине, по общему закону всякой сознательной жизни, и это стремление томило его. Он и сам не сознавал, что тоже, как и все люди, стремится к истине, и потому смутно было его беспокойство. Он не мог найти для себя истины и запутался, и погибал.

Уже и знакомые стали дразнить Передонова обманом. С обычною в нашем городе грубостью к слабым говорили об этом обмане при нем. Преполовенская с лукавою усмешечкою спрашивала:

— Что же это вы, Ардальон Борисыч, все еще на ваше инспекторское место не едете?

Варвара за него отвечала Преполовенской со сдержанною злобою:

— Вот получим бумагу и поедем. На Передонова эти вопросы нагоняли тоску. "Как же я могу жить, если мне не дают места?" — думал он.

Он замышлял все новые планы защиты от врагов. Украл из кухни топор и припрятал его под кроватью. Купил шведский нож и всегда носил его с собою в кармане. Постоянно замыкался. На ночь ставил капканы вокруг дома, да и в горницах, а потом осматривал их. Эти капканы были, конечно, сооружены так, что никто в них не мог попасться: они ущемляли, но не удерживали, и с ними можно было уйти. У Передонова не было ни технических познаний, ни сметливости. Видя каждое утро, что никто не попался, Передонов думал, что его враги испортили капканы. Это его опять страшило.

Особенно внимательно Передонов следил за Володиным.

Нередко он приходил к Володину, когда знал, что того нет дома, и шарил, не захвачены ли им какие-нибудь бумаги.

* * *

Передонов начал догадываться, чего хочет княгиня — чтобы он опять полюбил ее. Ему отвратительна она, дряхлая. "Ведь ей полтораста лет", — злобно думал он. "Да, старая, — думал он, — зато вот какая сильная". И отвращение сплеталось с прельщением. Чуть тепленькая, трупцем попахивает — представлял себе Передонов и замирал от дикого сладострастия.

"Может быть, можно с нею сойтись, и она смилуется. Не написать ли ей письмо?"

И на этот раз Передонов, не долго думая, сочинил письмо к княгине. Он писал:

"Я люблю вас, потому что вы — холодная и далекая. Варвара потеет, с нею жарко спать, несет, как из печки. Я хочу иметь любовницу холодную и далекую. Приезжайте и соответствуйте".

Написал, послал, — и раскаялся. "Что-то из этого выйдет? Может быть, нельзя было писать, — думал он, — надо было ждать, когда княгиня сама приедет".

Так случайно вышло это письмо, как и многое Передонов случайно делал, — как труп, движимый внешними силами, и как будто этим силам нет охоты долго возиться с ним: поиграет одна да и бросит другой.

Скоро недотыкомка опять появилась, она подолгу каталась вокруг Передонова, как на аркане, и все дразнила его. И уже она была беззвучна и смеялась только дрожью всего тела. Но она вспыхивала тускло-золотистыми искрами, злая, бесстыжая, — грозила и горела нестерпимым торжеством. И кот грозил Передонову, сверкал глазами и мяукал дерзко и грозно.

"Чему они радуются?" — тоскливо подумал Передонов и вдруг понял, что конец приближается, что княгиня уже здесь, близко, совсем близко. Быть может, в этой колоде карт.

Да, несомненно, она — пиковая или червонная дама. Может быть, она прячется и в другой колоде или за другими картами, а какая она — неизвестно. Беда в том, что Передонов никогда ее не видел. Спросить у Варвары не стоит — соврет.

Наконец Передонов придумал сжечь всю колоду. Пусть все горят. Если они лезут ему на зло в карты, так сами будут виноваты.

Передонов улучил время, когда Варвары не было и печка в зале топилась, и бросил карты, целую игру, в печку.

С треском развернулись невиданные, бледно-красные цветы и горели, обугливаясь по краям. Передонов смотрел в ужасе на эти пламенные цветы.

Карты коробились, перегибались, двигались, словно хотели выскочить из печки. Передонов схватил кочергу и колотил по картам. Посыпались во все стороны мелкие, яркие искры, — и вдруг, в ярком и злом смятении искр поднялась из огня княгиня, маленькая, пепельно-серая женщина, вся осыпанная потухающими огоньками: она пронзительно вопила тонким голоском, шипела и плевала на огонь.

Передонов повалился навзничь и завыл от ужаса. Мрак обнял его, щекотал и смеялся воркочущими голосами.

XXVI

Саша был очарован Людмилою, но что-то мешало ему говорить о ней с Коковкиною. Словно стыдился. И уже стал иногда бояться ее приходов. Сердце его замирало, и брови невольно хмурились, когда он увидит под окном ее быстро мелькавшую розово-желтую шляпу. А все-таки ждал ее с тревогою и с нетерпением, — тосковал, если она долго не приходила. Противоречивые чувства смешались в его душе, чувства темные, неясные: порочные — потому что ранние, и сладкие — потому что порочные.

Людмила не была ни вчера, ни сегодня. Саша истомился ожиданием и уже перестал ждать. И вдруг она пришла. Он засиял, бросился целовать ее руки.

— Ну, провалились, — выговаривал он ей ворчливо, — двое суток вас не видать.

Она смеялась и радовалась, и сладкий, томный и пряный запах японской функии разливался от нее, словно струился от ее темно-русых кудрей.

Людмила и Саша пошли гулять за город. Звали Коковкину — не пошла.

— Где уж мне, старухе, гулять! — сказала она. — только вам ноги путать буду. Уж гуляйте одни.

— А мы шалить будем, — смеялась Людмила.

* * *

Теплый воздух, грустный, неподвижный, ласкал и напоминал о невозвратном. Солнце, как больное, тускло горело и багровело на бледном, усталом небе. Сухие листья на темной земле покорные лежали, мертвые.

Людмила и Саша спустились в овраг. Там было прохладно, свежо, почти сыро, — изнеженная осенняя усталость царила между его отененными склонами.

Людмила шла впереди. Она приподняла юбку. Открылись маленькие башмачки и чулки тельного цвета. Саша смотрел вниз, чтобы ему не запнуться за корни, и увидел чулки. Ему показалось, что башмаки надеты без чулок. Стыдливое и страстное чувство поднялось в нем. Он зарделся. Голова закружилась. "Упасть бы, словно невзначай, к ее ногам, — мечтал он, — стащить бы ее башмак, поцеловать бы нежную ногу".

Людмила словно почуяла на себе Сашин жаркий взор, его нетерпеливое желание. Она, смеючись, повернулась к Саше, спросила:

— На мои чулки смотришь?

— Нет, я так, — смущенно бормотал Саша.

— Ах, у меня такие чулки, — хохоча и не слушая его, говорила Людмила, — ужасно какие! Можно подумать, что я на босые ноги башмаки надела, совсем тельного цвета. Не правда ли, ужасно смешные чулки?

Она повернулась к Саше лицом и приподняла край платья.

— Смешные? — спросила она.

— Нет, красивые, — сказал Саша, красный от смущения.

Людмила с притворным удивлением приподняла брови и воскликнула:

— Скажите, пожалуйста, туда же красоту разбирать!

Людмила засмеялась и пошла дальше. Саша, сгорая от смущения, неловко брел за нею и поминутно спотыкался.

Перебрались через овраг. Сели на сломанный ветром березовый ствол. Людмила сказала:

— А песку-то сколько набилось в башмаки,— итти не могу.

Она сняла башмаки, вытряхнула посок, лукаво глянула на Сашу.

— Красивая ножка? — спросила она.

Саша покраснел пуще и уже не знал, что сказать. Людмила стащила чулки.

— Беленькие ножки? — спросила она опять, странно и лукаво улыбаясь. — На колени! целуй!- строго сказала она, и победительная жестокость легла на ее лицо.

Саша проворно опустился на колени и поцеловал Людмилины ноги.

— А без чулок приятнее, — сказала Людмила, спрятала чулки в карман и всунула ноги в башмаки.

И лицо ее стало опять спокойно и весело, словно Саша и не склонялся сейчас перед нею, нагие лобзая у нее стопы.

Саша спросил:

— Милая, а ты не простудишься?

Нежно и трепетно звучал его голос. Людмила засмеялась.

— Вот еще, привыкла,— я не такая неженка.

Однажды Людмила пришла под вечер к Коковкиной и позвала Сашу:

— Пойдем ко мне новую полочку вешать.

Саша любил вбивать гвозди и как-то обещал Людмиле помочь ей в устройстве ее обстановки. И теперь согласился, радуясь, что есть невинный предлог итти с Людмилою и к Людмиле. И невинный, кисленький запах extra-muguet, веявший от зеленоватого Людмилина платья, нежно успокаивал его.

* * *

Для работы Людмила переоделась за ширмою и вышла к Саше в короткой, нарядной юбочке, с открытыми руками, надушенная сладкою, томною, пряною японскою функией.

— Ишь ты, какая нарядная! — сказал Саша.

— Ну, да, нарядная. Видишь, — сказала Людмила, усмехаясь,— босые ноги,— выговорила она эти слова со стыдливо-задорною растяжечкою.

Саша пожал плечами и сказал:

— Уж ты всегда нарядная. Ну, что ж, начнемте вбивать. Гвозди-то у вас есть? — спросил он озабоченно.

— Погоди немножечко, — ответила Людмила, — посиди со мною хоть чуть, а то словно только по делу и ходишь, а уж со мною и поговорить скучно.

Саша покраснел и сказал нежно:

— Милая Людмилочка, да я с вами сколько хотите сидел бы, пока бы не прогнали, а только уроки учить надо.

Людмила легонько вздохнула и медленно промолвила:

— Ты все хорошаешь, Саша.

Саша зарделся, засмеялся, высовывая трубочкою кончик языка.

— Придумаете тоже, — сказал он, — нешто я барышня, чего мне хорошать!

— Лицо прекрасное, а то-то тело! Покажь хоть до пояса, — ласкаясь к Саше, просила Людмила и обняла его за плечо.

— Ну вот еще, выдумали! — стыдливо и досадливо сказал Саша.

— А что ж такое? — беспечным голосом спросила Людмила, — что у тебя за тайны!

— Еще войдет кто, — сказал Саша.

— Кому входить? — так же легко и беззаботно сказала Людмила. — Да мы дверь запрем, вот никому и не попасть.

Людмила проворно подошла к двери и заперла ее на задвижку. Саша догадался, что Людмила не шутит. Он сказал, весь рдея, так что капельки пота выступили на лбу:

— Ну, не надо, Людмилочка.

— Глупый, отчего не надо? — убеждающим голосом спросила Людмила.

Она притянула к себе Сашу и принялась расстегивать его блузу. Саша отбивался, цепляясь за ее руки. Лицо его делалось испуганным, и, подобный испугу, стыд охватил его. И от этого он словно вдруг ослабел. Людмила сдвинула брови и решительно раздевала его. Сняла пояс, кое-как стащила блузу. Саша отбивался все отчаяннее. Они возились, кружились по горнице, натыкались на столы и стулья. Пряное благоухание веяло от Людмилы, опьяняло Сашу и обессиливало его.

Быстрым толчком в грудь Людмила повалила Сашу на диван. От рубашки, которую она рванула, отскочила пуговица. Людмила быстро оголила Сашино, плечо и принялась выдергивать руку из рукава. Отбиваясь, Саша невзначай ударил Людмилу ладонью по щеке. Не хотел, конечно, ударить, но удар упал на Людмилину щеку сразмаху, сильный и звонкий. Людмила дрогнула, пошатнулась, зарделась кровавым румянцем, но не выпустила Сашу из рук.

— Злой мальчишка, драться! — задыхающимся голосом крикнула она.

Саша смутился жестоко, опустил руки и виновато глядел на оттиснувшиеся по левой Людмилиной щеке беловатые полоски, следы от его пальцев. Людмила воспользовалась его замешательством. Она быстро спустила у него рубашку с обоих плеч на локти. Саша опомнился, рванулся от нее, но вышло еще хуже, — Людмила проворно сдернула рукава с его рук, — рубашка опустилась к поясу. Саша почувствовал холод и новый приступ стыда, ясного и беспощадного, кружащего голову. Теперь Саша был открыт до пояса. Людмила крепко держала его за руку и дрожащею рукою похлопывала по его голой спине, заглядывая в его потупленные, странно-мерцающие под синевато-черными ресницами глаза.

И вдруг эти ресницы дрогнули, лицо перекосилось жалкою детскою гримасою, — и он заплакал, внезапно, навзрыд.

— Озорница! — рыдающим голосом крикнул он, — пустите!

— Занюнил! младенец! — сердито и смущенно сказала Людмила и оттолкнула его.

Саша отвернулся, вытирая ладонями слезы. Ему стало стыдно, что он плакал. Он старался удержаться. Людмила жадно глядела на его обнаженную спину.

"Сколько прелести в мире! — думала она. — Люди закрывают от себя столько красоты, — зачем?"

Саша, стыдливо ежась голыми плечами, попытался надеть рубашку, но она только комкалась, трещала под его дрожащими руками, и никак было не всунуть руки в рукава. Саша схватился за блузу, — пусть уж рубашка так пока остается.

— Ах, за вашу собственность испугались. Не украду! — сказала Людмила злым, звенящим от слез голосом.

Она порывисто бросила ему пояс и отвернулась к окну. Закутанный в серую блузу, очень он ей нужен, скверный мальчишка, жеманник противный.

Саша быстро надел блузу, кое-как оправил рубашку и посмотрел на Людмилу опасливо, нерешительно и стыдливо. Он увидел, что она вытирает щеки руками, робко подошел к ней и заглянул ей в лицо, — и слезы, которые текли по ее щекам, вдруг отравили его нежною к ней жалостью, и ему уже не было ни стыдно, ни досадно.

— Что же вы плачете, милая Людмилочка? — тихонько спросил он.

И вдруг зарделся, — вспомнил свой удар.

— Я вас ударил, простите. Ведь я же не нарочно, — робко сказал он.

— Растаешь, что ли, глупый мальчишка, коли с голыми плечами посидишь? — сказала Людмила жалующимся голосом. — Загоришь, боишься. Красота и невинность с тебя слиняют.

— Да зачем тебе это, Людмилочка? — со стыдливою ужимкою спросил Саша.

— Зачем? — страстно заговорила Людмила. — Люблю красоту. Язычница я, грешница. Мне бы в древних Афинах родиться. Люблю цветы, духи, яркие одежды, голое тело. Говорят, есть душа, не знаю, не видела. Да и на что она мне? Пусть умру совсем, как русалка, как тучка под солнцем растаю. Я тело люблю, сильное, ловкое, голое, которое может наслаждаться.

— Да и страдать ведь может, — тихо сказал Саша.

— И страдать, и это хорошо, — страстно шептала Людмила. — Сладко и когда больно, — только бы тело чувствовать, только бы видеть наготу и красоту телесную.

— Да ведь стыдно же без одежды? — робко сказал Саша.

Людмила порывисто бросилась перед ним на колени. Задыхаясь, целуя его руки, шептала:

— Милый, кумир мой, отрок богоравный, на одну минуту полюбоваться твоими плечиками.

Саша вздохнул, опустил глаза, покраснел и неловко снял блузу. Людмила горячими руками схватила его и осыпала поцелуями его вздрагивавшие от стыда плечи.

— Вот какой я послушливый! — сказал Саша, насильно улыбаясь, чтобы шуткою прогнать смущение.

Людмила торопливо целовала Сашины руки от плеч до пальцев, и Саша не отнимал их, взволнованный, погруженный в страстные и жестокие мечты. Обожанием были согреты Людмилины поцелуи, и уже словно не мальчика, словно отрока-бога лобзали ее горячие губы в трепетном и таинственном служении расцветающей Плоти.

А Дарья и Валерия стояли за дверью и поочередно, толкаясь от нетерпения, смотрели в замочную скважину и замирали от страстного и жгучего волнения.

* * *

— Пора же и одеваться, — сказал наконец Саша.

Людмила вздохнула и с тем же благоговейным выражением в глазах надела на него рубашку и блузу, прислуживая ему почтительно и осторожно.

— Так ты — язычница? — с недоумением спросил Саша.

Людмила весело засмеялась.

— А ты? — спросила она.

— Ну вот еще! — ответил Саша уверенно: — я весь катехизис твердо знаю.

Людмила хохотала. Саша, глядючи на нее, улыбнулся и спросил:

— Коли ты — язычница, зачем же ты в церковь ходишь?

Людмила перестала смеяться, призадумалась.

— Что ж, — сказала она, — надо же молиться. Помолиться, поплакать, свечку поставить, подать, помянуть. И я люблю все это, свечки, лампадки, ладан, ризы, пение, — если певчие хорошие, — образа, у них оклады, ленты. Да, все это такое прекрасное. И еще люблю... его... знаешь. . . распятого...

Людмила проговорила последние слова совсем тихо, почти шопотом, покраснела, как виноватая, и опустила глаза.

— Знаешь, приснится иногда, — он на кресте, и на теле кровавые капельки.

* * *

С тех пор Людмила не раз, уведя Сашу в свой покой, принималась расстегивать его курточку. Сперва он стыдился до слез, но скоро привык. И уже смотрел ясно и спокойно, как Людмила опускала его рубашку, обнажала его плечи, ласкала и хлопала по спине. И уже, наконец, сам принимался раздеваться.

И Людмиле приятно было держать его, полуголого, у себя на коленях, обнявши, целуя.

* * *

Саша был один дома. Людмила вспомнилась ему и его голые плечи под ее жаркими взорами.

"И чего она хочет?" — подумал он. И вдруг багряно покраснел, и больно-больно забилось сердце. Буйная веселость охватила его. Он несколько раз перекувыркнулся, повалился на пол, прыгал на мебель, — тысячи безумных движений бросали его из одного угла в другой, и веселый, ясный хохот его разносился по дому.

Коковкина вернулась в это время домой, заслышала необычайный шум и вошла в Сашину горницу. В недоумении она стала на пороге и качала головою.

— Что это ты беснуешься, Сашенька! — сказала она, — диви бы с товарищами, а то один бесишься. Постыдись, батюшка, — не маленький.

Саша стоял, и от смущения у него словно отнимались руки, тяжелые, неловкие, — а все его тело еще дрожало от возбуждения.

* * *

Однажды Коковкина застала Людмилу у себя, — она кормила Сашу конфектами.

— Баловница вы, — ласково сказала Коковкина, — сладенькое-то он у меня любит.

219

— Да, а вот он меня озорницей зовет, — пожаловалась Людмила.

— Ай, Сашенька, разве можно! — с ласковым укором сказала Коковкина. — Да за что же это ты?

— Да она меня тормошит, — запинаясь, сказал Саша.

Он сердито глядел на Людмилу и багряно краснел. Людмила хохотала.

— Сплетница, — шепнул ей Саша.

— Как же можно, Сашенька, грубить! — выговаривала Коковкина. — Нельзя грубить!

Саша поглядел на Людмилу усмехаючись и тихо промолвил:

— Ну, больше не буду.

* * *

Теперь уже каждый раз, как Саша приходил, Людмила запиралась с ним и принималась его раздевать да наряжать в разные наряды. Смехом и шутками наряжался сладкий их стыд. Иногда Людмила затягивала Сашу в корсет и одевала в свое платье. При декольтированном корсаже голые Сашины руки, полные и нежно-округленные, и его круглые плечи казались очень красивыми. У него кожа была желтоватого, но, что редко бывает, ровного, нежного цвета. Юбка, башмаки, чулки Людмилины — все Саше оказались впору и все шло к нему. Надев на себя весь дамский наряд, Саша послушно сидел и обмахивался веером. В этом наряде он и в самом деле был похож на девочку и старался вести себя как девочка. Одно только было неудобно — стриженые Сашины волосы. Надевать парик или привязывать косу на Сашину голову Людмила не хотела — противно.

Людмила учила Сашу делать реверансы. Неловко и застенчиво приседал он вначале. Но в нем была грация, хотя и смешанная с мальчишеской угловатостью. Краснея и смеясь, он прилежно учился делать реверансы и кокетничал напропалую.

Иногда Людмила брала его руки, обнаженные и стройные, и целовала их. Саша не сопротивлялся и смеючись смотрел на Людмилу. Иногда он сам подставлял руки к ее губам и говорил:

— Целуй!

Но лучше нравились ему и ей иные наряды, которые шила сама Людмила: одежда рыбака с голыми ногами, хитон афинского голоногого мальчика.

Нарядит его Людмила и любуется. А сама побледнеет, печальная станет.

* * *

Саша сидел на Людмилиной постели, перебирал складки хитона и болтал голыми ногами. Людмила стояла перед ним и смотрела на него с выражением счастья и недоумения.

— Какая ты глупая! — сказал Саша.

— В моей глупости так много счастья! — лепетала бледная Людмила, плача и целуя Сашины руки.

— Отчего же ты заплакала? — улыбаясь беспечно, спросил Саша.

— Мое сердце ужалено радостью. Грудь мою пронзили семь мечей счастья, — как мне не плакать.

— Дурочка ты, право, дурочка! — смеючись сказал Саша.

— А ты — умный! — с внезапною досадою ответила Людмила, вытерла слезы и вздохнула. — - Пойми, глупый, — заговорила она тихим убеждающим голосом, — только в безумии счастье и мудрость.

— Ну, да! — недоверчиво сказал Саша.

— Надо забыть, забыться, и тогда все поймешь, — шептала Людмила. — По-твоему, как, мудрые люди думают?

— А то как же?

— Они так знают. Им сразу дано: только взглянет, и уже все ему открыто...

* * *

Осенний тихо длился вечер. Чуть слышный из-за окна доносился изредка шелест, когда ветер на лету качал ветки у деревьев. Саша и Людмила были одни. Людмила нарядила его голоногим рыбаком, — синяя одежда из тонкого полотна, — уложила на низком ложе и села на пол у его голых ног, босая, в одной рубашке. И одежду, и Сашино тело облила она духами, — густой, травянистый и ломкий у них был запах, как неподвижный дух замкнутой в горах странно-цветущей долины.

На Людмилиной шее блестели яркие крупные бусы, золотые узорные браслеты звенели на руках. Ирисом пахло ее тело,— запах душный, плотский, раздражающий, навевающий дремоту и лень, насыщенный испарением медленных вод. Она томилась и вздыхала, и глядела на его смуглое лицо, на его

221

иссиня-черные ресницы и полуночные глаза. Она положила голову на его голые колени, и ее светлые кудри ласкали его смуглую кожу. Она целовала Сашино тело, и от аромата, странного и сильного, смешанного с запахом молодой кожи, кружилась ее голова.

Саша лежал и улыбался тихою, неверною улыбкою. Неясное в нем зарождалось желание и сладко томило его. И когда Людмила целовала его колени и стопы, нежные поцелуи возбуждали томные, полусонные мечтания. Хотелось что-то сделать ей, милое или больное, нежное или стыдное,— но что? Целовать ее ноги? Или бить ее, долго, сильно, длинными гибкими ветвями? Чтобы она смеялась от радости или кричала от боли? И то, и другое, может быть, желанно ей, но мало. Что же ей надо? Вот они полуобнаженные оба, и с их освобожденною плотью связано желание и хранительный стыд,— но в чем же это таинство плоти? И как принести свою кровь и свое тело в сладостную жертву ее желаниям, своему стыду?

А Людмила томилась и металась у его ног, бледная от невозможных желаний, то пылая, то холодея. Она страстно шептала:

— Я ли не красавица! У меня ли глаза не жгучие! У меня ли не пышные волосы! Ласкай же

меня! Приласкай же меня! Сорви с меня запястья, отстегни мое ожерелье!

Саше стало страшно, и невозможные желания мучительно томили его.

XXVII

Передонов проснулся под утро. Кто-то смотрел на него громадными, мутными, четырехугольными глазами. Уж не Пыльников ли это? Передонов подошел к окну и облил зловещий призрак.

На всем были чары и чудеса. Визжала дикая недотыкомка, злобно и коварно смотрели на Передонова и люди, и скоты. Все было ему враждебно, он был один против всех.

В гимназии на уроках Передонов злословил своих сослуживцев, директора, родителей, учеников. Гимназисты слушали с недоумением. Иные, хамоватые по природе, находились, что, подлаживаясь к Передонову, выражали ему

222

свое сочувствие. Другие же сурово молчали или, когда Передонов задевал их родителей, горячо вступались. На таких Передонов смотрел угрюмо и отходил от них, бормоча что-то.

На иных уроках Передонов потешал гимназистов нелепыми толкованиями.

Читал раз Пушкинские стихи:

> Встает заря во мгле холодной,
> На нивах шум работ умолк,
> С своей волчихою голодной
> Выходит на дорогу волк.

— Постойте, — сказал Передонов, — это надо хорошенько понять. Тут аллегория скрывается

Волки попарно ходят: волк с волчихою голодной. Волк — сытый, а она - голодная. Жена всегда после мужа должна есть. Жена во всем должна подчиняться мужу.

Пыльников был веселый, он улыбался и смотрел на Передонова обманчиво-чистыми, черными, бездонными глазами. Сашино лицо мучило и соблазняло Передонова. Чаровал его проклятый мальчишка своею коварною улыбкою.

Да и мальчишка ли? Или, может быть, их два: брат и сестра. И не разобрать, кто где. Или даже, может быть, он умеет переворачиваться из мальчишки в девчонку. Недаром он всегда такой чистенький, — переворачиваясь, в разных волшебных водицах всполаскивается, — иначе ведь нельзя, не обернешься. И духами так всегда от него пахнет.

— Чем это вы надушились, Пыльников? — спросил Передонов, — пачкулями, что ли?

Мальчики засмеялись. Саша обидчиво покраснел и промолчал.

Чистого желания нравиться, быть не противным Передонов не понимал. Всякое такое проявление, хотя бы со стороны мальчика, он считал охотою на себя. Кто принарядился, тот, значит, и замышляет прельстить Передонова. Иначе зачем рядиться? Нарядность и чистота были для Передонова противны, духи казались ему зловонны; всяким духам предпочитал он запах унавоженного поля, полезный, по его мнению, для здоровья. Наряжаться, чиститься, мыться — на все это нужно время и труд; а мысль о труде наводила на Передонова тоску и страх. Хорошо бы ничего не делать, есть, пить, спать — да и только!

Товарищи дразнили Сашу, что он надушился "пачкулями" и что Людмилочка в него влюблена. Он вспыхивал и горячо возражал: ничего, мол, не влюблена, все это, мол, выдумки Передонова; он-де сватался к Людмилочке, а Людмилочка ему нос натянула, вот он на нее и сердится и распускает про нее нехорошие слухи. Товарищи ему верили,— Передонов, известно,— но дразнить не переставали; дразнить так приятно.

Передонов упрямо говорил всем о развращенности Пыльникова.

— С Людмилкой спутался, — говорил он. — Так усердно целуются, что она одного приготовишку родила, теперь другого носит.

Про любовь Людмилы к гимназисту заговорили в городе преувеличенно, с глупыми, непристойными подробностями. Но мало кто верил: Передонов пересолил. Однако любители подразнить, — их же в нашем городе достаточно много, — спрашивали у Людмилы:

— Что это вы в мальчишку втюрились? Для взрослых кавалеров это обидно.

Людмила смеялась и говорила:

— Глупости!

Горожане посматривали на Сашу с поганым любопытством. Вдова генерала Полуянова, богатая дама из купчих, справлялась о его возрасте и нашла, что он еще слишком мал, но что года через два можно будет его позвать и заняться его развитием.

Саша уже начал и упрекать иногда Людмилу, что его за нее дразнят. Даже иногда, случалось, и поколачивал, на что Людмила только звонко хохотала.

Однако, чтобы положить конец глупым сплетням и выгородить Людмилу из неприятной истории, все Рутиловы и многочисленные их друзья, родственники и свойственники усердно действовали против Передонова и доказывали, что все эти рассказы — фантазия безумного человека. Дикие поступки Передонова заставляли многих верить таким объяснениям.

В то же время полетели доносы на Передонова к попечителю учебного округа. Из округа прислали запрос директору. Хрипач сослался на свои прежние донесения и прибавил, что дальнейшее пребывание Передонова в гимназии становится положительно опасным, так как его душевная болезнь заметно прогрессирует.

Уже Передонов был весь во власти диких представлений. Призраки заслонили от него мир. Глаза его, безумные, тупые, блуждали, не останавливаясь на предметах, словно ему всегда хотелось заглянуть дальше их, по ту сторону предметного мира, и он искал каких-то просветов.

Оставаясь один, он разговаривал сам с собою, выкрикивал кому-то бессмысленные угрозы:

— Убью! зарежу! законопачу!

А Варвара слушала и ухмылялась.

"Побесись!" — думала она злорадно.

Ей казалось, что это — только злость: догадывается, что его обманули, и злится. С ума не сойдет, сходить дураку не с чего. А если и сойдет, что же, безумие веселит глупых!

— Знаете, Ардальон Борисыч, — сказал однажды Хрипач, — вы имеете очень нездоровый вид.

— У меня голова болит, — угрюмо сказал Передонов.

— Знаете ли, почтеннейший, — осторожным голосом продолжал директор, — я бы вам советовал не ходить пока в гимназию. Полечиться бы вам, позаботиться о ваших нервах, которые у вас, невидимому, довольно-таки расстроены.

"Не ходить в гимназию! Конечно, — думал Передонов, — это самое лучшее. Как раньше я не догадался! Сказаться больным, посидеть дома, посмотреть, что из этого выйдет".

— Да, да, не буду ходить, я болен, — радостно говорил он Хрипачу.

Директор тем временем еще раз писал в округ и со дня на день ждал назначения врачей для освидетельствования. Но чиновники не торопились. На то они и чиновники.

Передонов не ходил в гимназию и тоже чего-то ждал. В последние дни он все льнул к Володину. Страшно было выпустить его с глаз, — не навредил бы. Уже с утра, как только проснется, Передонов с тоскою вспоминал Володина: где-то он теперь? что-то он делает? Иногда Володин мерещился ему: облака плыли по небу, как стадо баранов, и между ними бегал Володин с котелком на голове, с блеющим смехом; в дыме, вылетающем из труб, иногда быстро проносился он же, уродливо кривляясь и прыгая в воздухе.

Володин думал и всем с гордостью рассказывал, что Передонов его очень полюбил, — просто жить без него не может.

— Варвара его надула, — говорил Володин,— а он видит, что один я ему верный друг, он ко мне и вяжется.

Выйдет Передонов из дому, проведать Володина, а уж тот идет ему навстречу, в котелке, с тросточкою, весело подпрыгивает, радостно заливается блеющим смехом.

— Чего это ты в котелке? — спросил его однажды Передонов.

— Отчего же мне, Ардальон Борисыч, не носить котелка — весело и рассудительно ответил Володин, — скромно и

225

прилично. Фуражечку с кокардою мне не полагается, а цилиндр носить — так это пусть аристократы упражняются, нам это не подходит.

— Ты в котелке сваришься, — угрюмо сказал Передонов.

Володин захихикал.

Пошли к Передонову.

— Шагать-то сколько надо, — сердито сказал Передонов.

— Это полезно, Ардальон Борисыч, промоциониться, — убеждал Володин,— поработаешь, погуляешь, покушаешь — здоров будешь.

— Ну, да, — возражал Передонов, — ты думаешь, через двести или через триста лет люди будут работать?

— А то как же? Не поработаешь, так и хлебца не покушаешь. Хлебец за денежки дают, а денежки заработать надо.

— Я и не хочу хлеба.

— И булочки, и пирожков не будет, — хихикая, говорил Володин, — и водочки не на что купить будет, и наливочки сделать будет не из чего.

— Нет, люди сами работать не будут, — сказал Передонов, — на все машины будут: повертел ручкой, как аристон, и готово... Да и вертеть долго скучно.

Володин призадумался, склонил голову, выпятил губы и сказал задумчиво:

— Да, это очень хорошо будет. Только нас тогда уже не будет.

Передонов посмотрел на него злобно и проворчал:

— Это тебя не будет, а я доживу.

— Дай вам бог, — весело сказал Володин, — двести лет прожить да триста на карачках проползать.

Уж Передонов и не зачурался, — будь что будет. Он всех одолеет, надо только смотреть в оба и не поддаваться.

Дома, сидя в столовой и выпивая с Володиным, Передонов рассказывал ему про княгиню. Княгиня, в представлении Передонова, что ни день дряхлела и становилась ужаснее: желтая, морщинистая, согбенная, клыкастая, злая, — неотступно мерещилась она Передонову.

— Ей двести лет, — говорил Передонов и странно и тоскливо глядел перед собою. — И она хочет, чтобы я опять с нею снюхался. До тех пор и места не хочет дать.

— Скажите, чего захотела! — покачивая головою, говорил Володин. — Старбень этакая!

* * *

226

Передонов бредил убийством. Он говорил Володину, свирепо хмуря брови:

— Там у меня за обоями уже один запрятан. Вот ужо другого под пол заколочу.

Но Володин не пугался и хихикал.

— Вонь слышишь из-за обоев? — спросил Передонов.

— Нет, не слышу, — хихикая и ломаясь, говорил Володин.

— Нос у тебя заложило,— сказал Передонов, — недаром у тебя нос покраснел. Гниет там, за обоями.

— Клоп! — крикнула Варвара и захохотала. Передонов смотрел тупо и важно.

* * *

Передонов, все более погружаясь в свое помешательство, уже стал писать доносы на карточные фигуры, на недотыкомку, на барана, что он, баран, самозванец, выдал себя за Володина, метил на высокую должность поступить, а сам — просто баран; на лесоистребителей, — всю березу вырубили, париться нечем и воспитывать детей трудно, а осину оставили, а на что нужна осина?

Встречаясь на улице с гимназистами, Передонов ужасал младших и смешил старших бесстыдными и нелепыми словами. Старшие ходили за ним толпою, разбегаясь, когда завидят кого-нибудь из учителей, младшие сами бежали от него.

Во всем чары да чудеса мерещились Передонову, галлюцинации его ужасали, исторгая из его груди безумный вой и визги. Недотыкомка являлась ему то кровавою, то пламенною, она стонала и ревела, и рев ее ломил голову Передонову нестерпимою болью. Кот вырастал до страшных размеров, стучал сапогами и прикидывался рыжим рослым усачом.

XXVIII

Саша ушел после обеда и не вернулся к назначенному времени, к семи часам. Коковкина обеспокоилась: не дай бог, попадется кому из учителей на улице в непоказанное время. Накажут, да и ей неловко. У нее всегда жили мальчики скромные, по ночам не шатались. Коковкина пошла искать Сашу. Известно, куда же, как не к Рутиловым.

Как на грех, Людмила сегодня забыла дверь замкнуть. Коковкина вошла, и что же увидела? Саша стоит перед зеркалом в женском платье и обмахивается веером. Людмила хохочет и расправляет ленты и его ярко-цветного пояса.

— Ах, господи, твоя воля! — в ужасе воскликнула Коковкина, — что же это такое! Я беспокоюсь, ищу, а он тут комедию ломает. Срам какой, в юбку вырядился! Да и вам-то, Людмила Платоновна, как не стыдно!

Людмила в первую минуту смутилась от неожиданности, но быстро нашлась. С веселым смехом, обняв и усаживая в кресло Коковкину, рассказала она ей тут же сочиненную небылицу:

— Мы хотим домашний спектакль поставить, — я мальчишкой буду, а он девицей, и это будет ужасно забавно.

Саша стоял весь красный, испуганный, со слезами на глазах.

— Вот еще глупости! — сердито говорила Коковкина, — ему надо уроки учить, а не спектакли разыгрывать. Что выдумали! Изволь одеться сейчас же, Александр, и марш со мною домой.

Людмила смеялась звонко и весело, целовала Коковкину, — и старуха думала, что веселая девица ребячлива, как дитя, а Саша по глупости все ее затеи рад исполнить. Веселый Людмилин смех казал этот случай простою детскою шалостью, за которую только пожурить хорошенько. И она ворчала, делая сердитое лицо, но уже сердце у нее было спокойно.

Саша проворно переоделся за ширмою, где стояла Людмилина кровать. Коковкина увела его и всю дорогу бранила. Саша, пристыженный и испуганный, уж и не оправдывался. "Что-то еще дома будет?" — боязливо думал он.

А дома Коковкина в первый раз поступила с ним строго, велела ему стать на колени. Но едва постоял Саша несколько минут, как уже она, разжалобленная его виноватым лицом и безмолвными слезами, отпустила его. Сказала ворчливо:

— Щеголь этакий, за версту духами пахнет!

Саша ловко шаркнул, поцеловал ей руку, — и вежливость наказанного мальчика еще больше тронула ее.

* * *

А между тем над Сашею собиралась гроза. Варвара и Грушина сочинили и послали Хрипачу безыменное письмо о

228

том, что гимназист Пыльников увлечен девицею Рутиловою, проводит у нее целые вечера и предается разврату. Хрипач припомнил один недавний разговор. На-днях на вечере у предводителя дворянства кто-то бросил никем не поднятый намек на девицу, влюбившуюся в подростка. Разговор тотчас же перешел на другие предметы: при Хрипаче все, по безмолвному согласию привыкших к хорошему обществу людей, сочли это весьма неловкою темой для беседы и сделали вид, что разговор неудобен при дамах и что самый предмет ничтожен и маловероятен. Хрипач все это, конечно, заметил, но он не был столь простодушен, чтобы кого-нибудь спрашивать. Он был вполне уверен, что все узнает скоро, что все известия доходят сами, тем или другим путем, но всегда достаточно своевременно. Вот это письмо и была жданная весть.

Хрипач ни на минуту не поверил в развращенность Пыльникова и в то, что его знакомство с Людмилою имеет непристойные стороны. "Это,— думал он, — идет все от той же глупой выдумки Передонова и питается завистливою злобою Грушиной. Но это письмо, — думал он, — показывает, что ходят нежелательные слухи, которые могут бросить тень на достоинство вверенной ему гимназии. И потому надобно принять меры".

Прежде всего Хрипач пригласил Коковкину, чтобы переговорить с нею о тех обстоятельствах, которые могли способствовать возникновению нежелательных толков.

Коковкина уже знала, в чем дело. Ей сообщили даже еще проще, чем директору. Грушина выждала ее на улице, завязала разговор и рассказала, что Людмила уже вконец развратила Сашу. Коковкина была поражена. Дома она осыпала Сашу упреками. Ей было тем более досадно, что все происходило почти на ее глазах и Саша ходил к Рутиловым с ее ведома. Саша притворился, что ничего не понимает, и спросил:

— Да что же я худого сделал?

Коковкина замялась.

— Как что худого? А сам ты не знаешь? А давно ли я тебя застала в юбке? Забыл, срамник этакий?

— Застали, ну что ж тут особенно худого? так ведь и наказали за то! И что ж такое, точно я краденую юбку надел!

— Скажите, пожалуйста, как рассуждает! — говорила растерянно Коковкина. — Наказала я тебя, да видно мало.

— Ну, еще накажите, — строптиво, с видом несправедливо обижаемого, сказал Саша. — Сами тогда простили, а теперь

229

мало. А я ведь вас тогда не просил прощать, стоял бы на коленях хоть весь вечер. А то, что ж все попрекать!

— Да уж и в городе, батюшка, про тебя с твоей Людмилочкой говорят, — сказала Коковкина.

— А что говорят-то? — невинно-любопытствующим голосом спросил Саша.

Коковкина опять замялась.

— Что говорят, — известно что! Сам знаешь, что про вас сказать можно. Хорошего-то мало скажут. Шалишь ты много со своею Людмилочкою, вот что говорят.

— Ну, я не буду шалить, — обещал Саша так спокойно, как будто разговор шел об игре в пятнашки.

Он делал невинное лицо, а на душе у него было тяжело. Он выспрашивал Коковкину, что же говорят, и боялся услышать какие-нибудь грубые слова. Что могут говорить о них? Людмилочкина горница окнами в сад, с улицы ее не видно, да и Людмилочка спускает занавески. А если кто подсмотрел, то как об этом могут говорить? Может быть, досадные, оскорбительные слова? Или так говорят, только о том, что он часто ходит?

И вот на другой день Коковкина получила приглашение к директору. Оно совсем растревожило старуху. Она уже и не говорила ничего Саше, собралась тихонько и к назначенному часу отправилась. Хрипач любезно и мягко сообщил ей о полученном им письме. Она заплакала.

— Успокойтесь, мы вас не виним, — говорил Хрипач, — мы вас хорошо знаем. Конечно, вам придется последить за ним построже. А теперь вы мне только расскажите, что там на самом деле было.

От директора Коковкина пришла с новыми упреками Саше.

— Тете напишу, — сказала она, плача.

— Я ни в чем не виноват, пусть тетя приедет, я не боюсь, — говорил Саша и тоже плакал.

На другой день Хрипач пригласил к себе Сашу и спросил его сухо и строго:

— Я желаю знать, какие вы завели знакомства в городе.

Саша смотрел на директора лживо-невинными и спокойными глазами.

— Какие же знакомства? — сказал он: — Ольга Васильевна знает, я только к товарищам хожу да к Рутиловым.

— Да, вот именно, — продолжал свой допрос Хрипач, — что вы делаете у Рутиловых?

— Ничего особенного, так, — с тем же невинным видом ответил Саша, — главным образом мы читаем. Барышни

230

Рутиловы стихи очень любят. И я всегда к семи часам бываю дома.

— Может быть, и не всегда? — спросил Хрипач, устремляя на Сашу взор, который постарался сделать проницательным.

— Да, один раз опоздал, — со спокойною откровенностью невинного мальчика сказал Саша,— да и то мне досталось от Ольги Васильевны, и потом я не опаздывал.

Хрипач помолчал. Спокойные Сашины ответы ставили его втупик. Во всяком случае, надо сделать наставление, выговор, но как и за что? Чтобы не внушить мальчику дурных мыслей, которых у него раньше (верил Хрипач) не было, и чтобы не обидеть мальчика, и чтобы сделать все к устранению тех неприятностей, которые могут случиться в будущем из-за этого знакомства. Хрипач подумал, что дело педагога — трудное и ответственное дело, особенно если имеешь честь начальствовать над учебным заведением. Трудное, ответственное дело педагога! Это банальное определение окрылило застывшие было мысли у Хрипача. Он принялся говорить, — скоро, отчетливо и незначительно. Саша слушал из пятого в десятое:

— ... первая обязанность ваша как ученика — учиться... нельзя увлекаться обществом, хотя бы и весьма приятным и вполне безукоризненным. . . во всяком случае, следует сказать, что общество мальчиков вашего возраста для вас гораздо полезнее... Надо дорожить репутацией и своею и учебного заведения... Наконец, — скажу вам прямо,— я имею основания предполагать, что ваши отношения к барышням имеют характер вольности, недопустимой в вашем возрасте, и совсем не согласно с общепринятыми правилами приличия.

Саша заплакал. Ему стало жаль, что о милой Людмилочке могут думать и говорить как об особе, с которою можно вести себя вольно и неприлично.

— Честное слово, ничего худого не было, — уверял он, — мы только читали, гуляли, играли, — ну, бегали, — больше никаких вольностей.

Хрипач похлопал его по плечу и сказал голосом, которому постарался придать сердечность, а все же сухим:

— Послушайте, Пыльников...

(Что бы ему назвать когда мальчика Сашею! Не форменно, и нет еще на то министерского циркуляра?)

— Я вам верю, что ничего худого не было, но все-таки вы лучше прекратите эти частые посещения. Поверьте мне, так будет лучше. Это говорит вам не только ваш наставник и начальник, но и ваш друг.

Саше осталось только поклониться, поблагодарить, а затем пришлось послушаться. И стал Саша забегать к Людмиле только урывками, минут на пять, на десять, — а все же старался побывать каждый день. Досадно было, что приходилось видеться урывками, и Саша вымещал досаду на самой Людмиле. Уже он частенько называл ее Людмилкою, дурищею, ослицею сиамскою, поколачивал ее. А Людмила на все это только хохотала.

Разнесся по городу слух, что актеры здешнего театра устраивают в общественном собрании маскарад с призами за лучшие наряды, женские и мужские. О призах пошли преувеличенные слухи. Говорили, дадут корову даме, велосипед мужчине. Эти слухи волновали горожан. Каждому хотелось выиграть: вещи такие солидные. Поспешно шили наряды. Тратились не жалея. Скрывали придуманные наряды и от ближайших друзей, чтобы кто не похитил блистательной мысли.

Когда появилось печатное объявление о маскараде, — громадные афиши, расклеенные на заборах и разосланные именитым гражданам, — оказалось, что дадут вовсе не корову и не велосипед, а только веер даме и альбом мужчине. Это всех готовившихся к маскараду разочаровало и раздосадовало. Стали роптать. Говорили:

— Стоило тратиться!

— Это просто насмешка — такие призы.

— Должны были сразу объявить.

— Это только у нас возможно поступать так с публикой.

Но все же приготовления продолжались: какой ни будь приз, а получить его лестно.

Дарью и Людмилу приз не занимал, ни сначала, ни после. Нужна им корова! Невидаль — веер! Да и кто будет присуждать призы? Какой у них, у судей, вкус! Но обе сестры увлеклись Людмилиною мечтою послать в маскарад Сашу в женском платье, обмануть таким способом весь город и устроить так, чтобы приз дали ему. И Валерия делала вид, что согласна. Завистливая и слабая, как дитя, она досадовала — Людмилочкин дружок, не к ней же ведь ходит, но спорить с двумя старшими сестрами она не решалась. Только сказала с презрительною усмешечкою:

— Он не посмеет.

— Ну, вот, — решительно сказала Дарья, — мы сделаем так, что никто не узнает.

И когда сестры рассказали Саше про свою затею и сказала ему Людмилочка: "Мы тебя нарядим японкою", Саша запрыгал и завизжал от восторга. Там будь что будет, — и особенно, если никто не узнает, — а только он согласен, — еще бы не согласен! — ведь это ужасно весело всех одурачить.

Тотчас же решили, что Сашу надо нарядить гейшею. Сестры держали свою затею в строжайшей тайне, не сказали даже ни Ларисе, ни брату. Костюм для гейши Людмила смастерила сама по ярлыку от корилопсиса: платье желтого шелка на красном атласе, длинное и широкое; на платье шитый пестрый узор, крупные цветы причудливых очертаний. Сами же девицы смастерили веер из тонкой японской бумаги с рисунками, на бамбуковых палочках, и зонтик из тонкого розового шелка на бамбуковой же ручке. На ноги — розовые чулки и деревянные башмачки скамеечками. И маску для гейши раскрасила искусница Людмила: желтоватое, но милое худенькое лицо с неподвижною, легкою улыбкою, косо-прорезанные глаза, узкий и маленький рот. Только парик пришлось выписать из Петербурга, — черный, с гладкими, причесанными волосами.

Чтобы примерить костюм, надо было время, а Саша мог забегать только урывочками, да и то не каждый день. Но нашлись. Саша убежал ночью, уже когда Коковкина спала, через окно. Сошло благополучно.

* * *

Собралась и Варвара в маскарад. Купила маску с глупою рожею, а за костюмом дело не стало, — нарядилась кухаркою. Повесила к поясу уполовник, на голову вздела черный чепец, руки открыла выше локтя и густо их нарумянила,— кухарка же прямо от плиты, — и костюм готов. Дадут приз — хорошо, не дадут — не надобно.

Грушина придумала одеться Дианою. Варвара засмеялась и спросила:

— Что ж, вы и ошейник наденете?

— Зачем мне ошейник? -с удивлением спросила Грушина.

— Да как же, — объяснила Варвара, — собакой Дианкой вырядиться вздумали.

— Ну вот, придумали! — ответила Грушина со смехом, — вовсе не Дианкой, а богиней Дианой.

Одевались на маскарад Варвара и Грушина вместе у Грушиной. Наряд у Грушиной вышел чересчур легок: голые руки и плечи, голая спина, голая грудь, ноги в легоньких туфельках, без чулок, голые до колен, и легкая одежда из

233

белого полотна с красною обшивкою, прямо на голое тело, — одежда коротенькая, но зато широкая, со множеством складок. Варвара сказала, ухмыляясь:

— Головато.

Грушина отвечала, нахально подмигивая:

— Зато все мужчины так за мной и потянутся.

— А что же складок так много? — спросила Варвара.

— Конфект напихать можно для моих чертенят, — объяснила Грушина.

Все так смело открытое у Грушиной было красиво, — но какие противоречия. На коже — блошьи укусы, ухватки грубы, слова нестерпимой пошлости. Снова поруганная телесная красота.

* * *

Передонов думал, что маскарад затеяли нарочно, чтобы его на чем-нибудь изловить. А все-таки он пошел туда, — не ряженый, в сюртуке. Чтобы видеть самому, какие злоумышления затеиваются.

* * *

Мысль о маскараде несколько дней тешила Сашу. Но потом сомнения стали одолевать его. Как урваться из дому? И особенно теперь, после этих неприятностей. Беда, если узнают в гимназии, как раз исключат.

Недавно классный наставник, — молодой человек до того либеральный, что не мог называть кота Ваською, а говорил: кот Василий, — заметил Саше весьма значительно при вы даче отметок:

— Смотрите, Пыльников, надо делом заниматься.

— Да у меня же нет двоек, — беспечно возразил Саша.

А сердце у него упало, — что еще скажет? Нет, ничего, промолчал, только посмотрел строго.

В день маскарада Саше казалось, что он и не решится поехать. Страшно. Вот только одно: готовый наряд у Рутиловых, — нешто ему пропадать? И все мечты и труды даром? Да ведь Людмилочка заплачет. Нет, надо итти.

Только приобретенная в последние недели привычка скрытничать помогла Саше не выдать Коковкиной своего волнения. К счастью, старуха рано ложится спать. И Саша лег рано, — для отвода глаз разделся, положил верхнюю одежду на стул у дверей и поставил за дверь сапоги. Оставалось только уйти — самое трудное. Уж путь намечен был заранее, через окно, как тогда для примерки. Саша надел светлую летнюю блузу, — она висела на шкапу в его горнице, — домашние легкие башмаки и осторожно вылез из окна на улицу, улучив минуту, когда нигде поблизости не было слышно голосов и шагов. Моросил мелкий дождик, было грязно, холодно, темно. Но Саше все казалось, что его узнают. Он снял фуражку, башмаки, бросил их обратно в свою горницу, подвернул одежду и побежал вприпрыжку босиком по скользким от дождя и шатким мосткам. В темноте лицо плохо видно, особенно у бегущего, и примут, кто встретит, за простого мальчишку, посланного в лавочку.

* * *

Валерия и Людмила сшили для себя замысловатые, но живописные наряды: цыганкою нарядилась Людмила, испанкою — Валерия. На Людмиле — яркие красные лохмотья из шелка и бархата, на Валерии, тоненькой и хрупкой — черный шелк, кружева, в руке — черный кружевной веер. Дарья себе нового наряда не шила, — от прошлого года остался костюм турчанки, она его и надела, — решительно сказала:

— Не стоит выдумывать!

Когда прибежал Саша, все три девицы принялись его обряжать. Больше всего беспокоил Сашу парик.

— А ну как свалится! — опасливо повторял он.

Наконец, укрепили парик лентами, связанными под подбородком.

XXIX

Маскарад был устроен в общественном собрании, — каменное, в два жилья, здание казарменного вида, окрашенное в ярко-красный цвет, на базарной площади. Устраивал маскарад Громов-Чистопольский, антрепренер и актер здешнего городского театра.

На подъезде, обтянутом коленкоровым навесом, горели шкалики. Толпа на улице встречала приезжающих и приходящих на маскарад критическими замечаниями, по большей части неодобрительными, тем более, что на улице, под верхнею одеждою гостей, костюмы были почти не видны, и толпа судила преимущественно по наитию. Городовые на улице охраняли порядок с достаточным усердием, а в зале были в качестве гостей исправник и становой пристав.

Каждый посетитель при входе получал два билетика: один — розовый, для лучшего женского наряда, другой — зеленый, для мужского наряда. Надо было их отдать достойным. Иные осведомлялись:

— А себе можно взять?

Вначале кассир в недоумении спрашивал:

— Зачем себе?

— А если, по-моему, мой костюм — самый хороший, — отвечал посетитель.

Потом кассир уже не удивлялся таким вопросам, а говорил с саркастическою улыбкою (насмешливый был молодой человек):

— Сделайте ваше одолжение. Хоть оба себе оставьте.

В залах было грязновато, и уже с самого начала толпа казалась в значительной части пьяною. В тесных покоях с закоптелыми стенами и потолками горели кривые люстры; они казались громадными, тяжелыми, отнимающими много воздуха. Полинялые занавесы у дверей имели такой вид, что противно было задеть их. То здесь, то там собирались толпы, слышались восклицания и смех, — это ходили за наряженными в привлекавшие общее внимание костюмы.

Нотариус Гудаевский изображал дикого американца: в волосах петушьи перья, маска медно-красная с зелеными нелепыми разводами, кожаная куртка, клетчатый плед через плечо и кожаные высокие сапоги с зелеными кисточками. Он махал руками, прыгал и ходил гимнастическим шагом, вынося далеко вперед сильно согнутое голое колено. Жена его нарядилась колосом. На ней было пестрое платье из зеленых и желтых лоскутьев; во все стороны торчали натыканные повсюду колосья. Они всех задевали и кололи. Ее дергали и ощипывали. Она злобно ругалась:

— Царапаться буду! — визжала она.

Кругом хохотали. Кто-то спрашивал:

— Откуда она столько колосьев набрала?

— С лета запасла, — отвечали ему, — каждый день в поле воровать ходила.

Несколько безусых чиновников, влюбленных в Гудаевскую и потому извещенных ею заранее о том, что у ней будет надето, сопровождали ее. Они собирали для нее билетики, — чуть не

236

насильно, с грубостями. У иных, не особенно смелых, просто отымали.

Были и другие ряженые дамы, усердно собиравшие билетики через своих кавалеров. Иные смотрели жадно на неотданные билетики и выпрашивали. Им отвечали дерзостями.

Унылая дама, наряженная ночью, — синий костюм со стеклянною звездочкою и бумажною луною на лбу, — робко сказала Мурину:

— Дайте мне ваш билетик.

Мурин грубо ответил:

— Что за ты. Билетик тебе! Рылом не вышла!

Ночь проворчала что-то сердитое и отошла. Ей бы хотелось хоть дома показать два-три билетика, что вот, мол, и ей давали. Тщетны бывают скромные мечты.

Учительница Скобочкина нарядилась медведицею, то есть попросту накинула на плечи медвежью шкуру, а голову медведя положила на свою, как шлем, сверх обыкновенной полумаски. Это было в общем безобразно, но все ж таки шло к ее дюжему сложению и зычному голосу. Медведица ходила тяжкими шагами и рявкала на весь зал, так что огни в люстрах дрожали. Многим нравилась медведица. Ей дали не мало билетов. Но она не сумела их сохранить сама, а догадливого спутника, как у других, ей не нашлось; больше половины билетов у нее раскрали, когда ее подпоили купчики, — они сочувствовали проявленной ею способности изображать медвежьи ухватки. В толпе кричали:

— Поглядите-ка, медведица водку дует!

Скобочкина не решалась отказаться от водки. Ей казалось, что медведица должна пить водку, если ей подносят.

Выделялся ростом и дородством некто одетый древним германцем. Многим нравилось, что он такой дюжий и что руки видны, могучие руки, с превосходно-развитыми мускулами. За ним ходили преимущественно дамы, и вокруг него слышался ласковый и хвалебный шопот. В древнем германце узнавали актера Бенгальского. Бенгальский в нашем городе был любим. За то многие давали ему билеты.

Многие рассуждали так:

— Уж если приз не мне достанется, то пусть лучше актеру (или актрисе). А то, если из наших, хвастовством замучат.

Имел успех и наряд у Грушиной, — успех скандала. Мужчины за нею ходили густою толпою, хохотали, делали нескромные замечания. Дамы отворачивались, возмущались.

Наконец исправник подошел к Грушиной и, сладко облизываясь, произнес:

— Сударыня, прикрыться надо.

— А что же такое? У меня ничего неприличного не видно, — бойко ответила Грушина.

— Сударыня, дамы обижаются, — сказал Миньчуков.

— Наплевать мне на ваших дам! — закричала Грушина.

— Нет уж, сударыня, — просил Миньчуков, — вы хоть носовым платочком грудку да спинку потрудитесь покрыть.

— А коли я платок засморкала? — с наглым смехом возразила Грушина.

Но Миньчуков настаивал:

— Уж как вам угодно, сударыня, а только, если не прикроетесь, удалить придется.

Ругаясь и плюясь, Грушина отправилась и уборную и там, при помощи горничной, расправила складки своего платья на грудь и спину. Возвратясь в зал, хотя и в более скромном виде, она все же усердно искала себе поклонников. Она грубо заигрывала со всеми мужчинами. Потом, когда их внимание было отвлечено в другую сторону, она отправилась в буфетную воровать сласти. Скоро вернулась она в зал, показала Володину пару персиков, нагло ухмыльнулась и сказала:

— Сама промыслила.

И тотчас же персики скрылись в складках ее костюма. Володин радостно осклабился.

— Ну! — сказал он, — пойду и я, коли так.

Скоро Грушина напилась и вела себя буйно,— кричала, махала руками, плевалась.

— Веселая дама Дианка! — говорили про нее.

Таков-то был маскарад, куда повлекли взбалмошные девицы легкомысленного гимназиста. Усевшись на двух извозчиках, три сестры с Сашею поехали уже довольно поздно, — опоздали из-за него. Их появление в зале было замечено. Гейша в особенности нравилась многим. Слух пронесся, что гейшею наряжена Каштанова, актриса, любимая мужскою частью здешнего общества. И потому Саше давали много билетиков. А Каштанова вовсе и не была в маскараде, — у нее накануне опасно заболел маленький сын.

Саша, опьяненный новым положением, кокетничал напропалую. Чем больше в маленькую

гейшину руку всовывали билетиков, тем веселее и задорнее блистали из узких прорезов в маске глаза у кокетливой японки. Гейша приседала, поднимала тоненькие пальчики, хихикала задушенным голосом, помахивала веером, похлопывала им по плечу того или другого мужчину и потом закрывалась веером, и поминутно распускала свой розовый зонтик. Нехитрые приемы, впрочем, достаточные для обольщения всех, поклоняющихся актрисе Каштановой.

— Я билетик свой отдам прелестнейшей из дам, — сказал Тишков и подал с молодцеватым поклоном билетик гейше.

Уже он много выпил и был красен; его неподвижно улыбающееся лицо и неповоротливый стан делали его похожим на куклу. И все рифмовал.

Валерия смотрела на Сашины успехи и досадливо завидовала; уже теперь и ей хотелось, чтобы ее узнали, чтобы ее наряд и ее тонкая, стройная фигура понравились толпе и чтобы ей дали приз. И сейчас же с досадою вспомнила она, что это никак невозможно: все три сестры условились добиваться билетиков только для гейши, а себе, если и получат, то передать их все-таки своей японке.

В зале танцовали. Володин, быстро охмелев, пустился вприсядку. Полицейские остановили его. Он сказал весело-послушно:

— Ну, если нельзя, то я и не буду. Но по примеру его пустившиеся откалывать трепака два мещанина не пожелали покориться.

— По какому праву? за свой полтинник! — восклицали они и были выведены.

Володин провожал их, кривляясь, осклабясь, и приплясывал.

Девицы Рутиловы поспешили отыскать Передонова, чтобы поиздеваться над ним. Он сидел один, у окна, и смотрел на толпу блуждающими глазами. Все люди и предметы являлись ему бессмысленными, но равно враждебными. Людмила, цыганкою, подошла к нему и сказала измененным гортанным голосом:

— Барин мой милый, дай я тебе погадаю.

— Пошла к чорту! — крикнул Передонов.

Внезапное цыганкино появление испугало его.

— Барин хороший, золотой мой барин, дай мне руку. По лицу вижу: богатый будешь, большой начальник будешь, — канючила Людмила и взяла-таки руку Передонова.

— Ну, смотри, да только хорошо гадай, — проворчал Передонов.

— Ай, барин мой бриллиантовой, — гадала Людмила, — врагов у тебя много, донесут на тебя, плакать будешь, умрешь под забором.

— Ах ты стерва! — закричал Передонов и вырвал руку.

Людмила проворно юркнула в толпу. На смену ей пришла Валерия, села рядом с Передоновым и шептала ему нежно:

Я — испанка молодая.
Я люблю таких мужчин,
А жена твоя — худая.
Мой прелестный господин.

— Врешь, дура, — ворчал Передонов.
Валерия шептала:

Жарче дня и слаще ночи
Мой севильский поцелуй,
А жене ты прямо в очи
Очень глупые наплюй.
У тебя жена-Варвара,
Ты, красавец-Ардальон.
Вы с Варварою-не пара,
Ты умен, как Соломон.

— Это ты верно говоришь, — сказал Передонов, — только как же я ей в глаза плюну? Она княгине пожалуется, и мне места не дадут.

— А на что тебе место? Ты и без места хорош, — сказала Валерия.

— Ну да, как же я могу жить, если мне не дадут места, — уныло сказал Передонов.

* * *

Дарья всунула в руку Володину письмо, заклеенное розовою облаткою. С радостным блеяньем распечатал его Володин, прочел, призадумался, — и возгордился, и словно смутился чем-то. Было написано коротко и ясно:

"Приходи, миленький, на свидание со мною завтра в одиннадцать часов ночи в Солдатскую баню. Вся чужая Ж".

Володин письму поверил, но вот вопрос: стоит ли итти? И кто такая эта Ж? Какая-нибудь Женя? Или это фамилия начинается с буквы Ж?

Володин показал письмо Рутилову.

— Иди, конечно, иди! — подбивал Рутилов,— посмотри, что из этого выйдет. Может быть, это богатая невеста, влюбилась в тебя, а родители препятствуют, так вот она и хочет с тобою объясниться.

Но Володин подумал, подумал да и решил, что не стоит итти. Он важно говорил:

— Вешаются мне на шею, но я таких развратных не хочу.

Он боялся, что его там поколотят: Солдатская баня находилась в глухом месте, на городской окраине.

* * *

Уже когда толпа во всех помещениях в клубе теснилась, густая, крикливая, преувеличенно-веселая, в зале у входных дверей послышался шум, хохот, одобрительные возгласы. Все потеснились в ту сторону. Передавали друг другу, что пришла ужасно оригинальная маска. Человек тощий, длинный, в заплатанном, засаленном халате, с веником подмышкою, с шайкою в руке, пробирался в толпу. На нем была картонная маска, — глупое лицо с узенькою бороденкою, с бачками, а на голове фуражка с гражданскою круглою кокардою. Он повторял удивленным голосом:

— Мне сказали, что здесь маскарад, а здесь и не моются.

И уныло помахивал шайкою. Толпа ходила за ним, ахая и простодушно восхищаясь его замысловатою выдумкою.

— Приз, поди, получит, — завистливо говорил Володин.

Завидовал же он, как и многие, как-то бездумно, непосредственно, — ведь сам-то он был не наряжен, что бы, кажись, завидовать? А вот Мачигин, так тот был в необычайном восторге: кокарда особенно восхищала его. Он радостно хохотал, хлопал в ладоши и говорил знакомым и незнакомым:

— Хорошая критика! Эти чинуши много важничают, кокарды любят носить, мундиры, вот им критику и подпустили, — очень ловко.

Когда стало жарко, чиновник в халате принялся обмахиваться веником, восклицая:

— Вот так банька!

Окружающие радостно хохотали. В шайку сыпались билеты.

Передонов смотрел на веющий в толпе веник. Он казался ему недотыкомкою.

"Позеленела, шельма", — в ужасе думал он.

XXX

Наконец начался счет полученным за наряды билетикам. Клубские старшины составили комитет. У дверей в судейскую комнату собралась напряженно ожидавшая толпа. В клубе на короткое время стало тихо и скучно. Музыка не играла. Гости притихли. Передонову стало жутко. Но скоро в толпе начались разговоры, нетерпеливый ропот, шум. Кто-то уверял, что оба приза достанутся актерам.

— Вот вы увидите, — слышался чей-то раздраженный, шипящий голос.

Многие поверили. Толпа волновалась. Получившие мало билетиков уже были озлоблены этим. Получившие много волновались ожиданием возможной несправедливости.

Вдруг тонко и нервно звякнул колокольчик. Вышли судьи: Верига, Авиновицкий, Кириллов и другие старшины. Смятение волною пробежало в зале, — и вдруг все затихли. Авиновицкий зычным голосом произнес на весь зал:

— Приз, альбом, за лучший мужской костюм присужден, по большинству полученных билетиков, господину в костюме древнего германца.

Авиновицкий высоко поднял альбом и сердито смотрел на столпившихся гостей. Рослый германец стал пробираться через толпу. На него глядели враждебно. Даже не давали дороги.

— Не толкайтесь, пожалуйста! — плачущим голосом закричала унылая дама в синем костюме, со стеклянною звездочкою и бумажною луною на лбу, — Ночь.

— Приз дали, так уж и вообразил о себе, что дамы перед ним расстилаться должны, — послышался из толпы злобно-шипящий голос.

— Коли сами не пускаете, — со сдержанною досадою ответил германец.

Наконец он кое-как добрался до судей и взял альбом из Веригиных рук. Музыка заиграла туш. Но звуки музыки покрылись бесчинным шумом. Посыпались ругательные слова. Германца окружили, дергали его и кричали:

— Снимите маску!

Германец молчал. Пробиться через толпу ему бы ничего не стоило, но он, очевидно, стеснялся пустить в ход свою силу. Гудаевский схватился за альбом, и в то же время кто-то быстро сорвал с германца маску. В толпе завопили:

— Актер и есть!

Предположения оправдались: это был актер Бенгальский. Он сердито крикнул:

— Ну, актер, так что же из того! Ведь вы же сами давали билеты!

В ответ раздались озлобленные крики:

— Подсыпать-то можно.

— Билеты вы ведь печатали.

— Столько и публики нет, сколько билетов роздано.

— Он полсотни билетов в кармане принес.

Бенгальский побагровел и закричал:

— Это подло так говорить. Проверяйте, кому угодно, — по числу посетителей можно проверить.

Меж тем Верига говорил ближайшим к нему:

— Господа, успокойтесь, никакого обмана нет, ручаюсь за это: число билетов проверено по входным.

Кое-как старшины с помощью немногих благоразумных гостей утишили толпу. Да и всем стало любопытно, кому дадут веер. Верига объявил:

— Господа, наибольшее число билетиков за дамский костюм получено дамою в костюме гейши, которой и присужден приз, веер. Гейша, пожалуйте сюда, веер — ваш. Господа, покорнейше прошу вас, будьте любезны, дорогу гейше.

Музыка вторично заиграла туш. Испуганная гейша рада была бы убежать. Но ее подтолкнули, пропустили, вывели вперед. Верига, с любезною улыбкою, вручил ей веер. Что-то пестрое и нарядное мелькнуло в отуманенных страхом и смущением Сашиных глазах. Надо благодарить, — подумал он. Сказалась привычная вежливость благовоспитанного мальчика. Гейша присела, сказала что-то невнятное, хихикнула, подняла пальчики, — и опять в зале поднялся неистовый гвалт, послышались свистки, ругань. Все стремительно двинулись к гейше. Свирепый, ощетинившийся Колос кричал:

— Приседай, подлянка! приседай!

Гейша бросилась к дверям, но ее не пустили. В толпе, волновавшейся вокруг гейши, слышались злые крики:

— Заставьте ее снять маску!

— Маску долой!

— Лови ее, держи!

— Срывайте с нее!

— Отымите веер!

Колос кричал:

— Знаете ли вы, кому приз? Актрисе Каштановой. Она чужого мужа отбила, а ей — приз! Честным дамам не дают, а подлячке дали!

И она бросилась на гейшу, пронзительно визжала и сжимала сухие кулачки. За нею и другие, — больше из ее кавалеров. Гейша отчаянно отбивалась. Началась дикая травля. Веер сломали, вырвали, бросили на пол, топтали. Толпа с гейшею в середине бешено металась по зале, сбивая с ног наблюдателей. Ни Рутиловы, ни старшины не могли пробиться к гейше. Гейша, юркая, сильная, визжала пронзительно, царапалась и кусалась. Маску она крепко придерживала то правою, то левою рукою.

— Бить их всех надо! — визжала какая-то озлобленная дамочка.

Пьяная Грушина, прячась за другими, науськивала Володина и других своих знакомых.

— Щиплите ее, щиплите подлянку! — кричала она.

Мачигин, держась за нос, — капала кровь, — выскочил из толпы и жаловался:

— Прямо в нос кулаком двинула.

Какой-то свирепый молодой человек вцепился зубами в гейшин рукав и разорвал его до половины. Гейша вскрикнула:

— Спасите!

И другие начали рвать ее наряд. Кое-где обнажилось тело. Дарья и Людмила отчаянно толкались, стараясь протиснуться к гейше, но напрасно. Володин с таким усердием дергал гейшу, и визжал, и так кривлялся, что даже мешал другим, менее его пьяным и более озлобленным: он же старался не со злости, а из веселости, воображая, что разыгрывается очень потешная забава. Он оторвал начисто рукав от гейшина платья и повязал себе им голову.

— Пригодится! — визгливо кричал он, гримасничал и хохотал.

Выбравшись из толпы, где показалось ему тесно, он дурачился на просторе и с диким визгом плясал над обломками от веера. Некому было унять его. Передонов смотрел на него с ужасом и думал:

"Пляшет, радуется чему-то. Так-то он и на моей могиле спляшет".

Наконец гейша вырвалась, — обступившие ее мужчины не устояли против ее проворных кулаков да острых зубов.

Гейша метнулась из зала. В коридоре Колос опять накинулась на японку и захватила ее за платье. Гейша вырвалась было, но уже ее опять окружили. Возобновилась травля .

— За уши, за уши дерут, — закричал кто-то. Какая-то дамочка ухватила гейшу за ухо и трепала ее, испуская громкие торжествующие крики. Гейша завизжала и кое-как вырвалась, ударив кулаком злую дамочку.

Наконец Бенгальский, который тем временем успел переодеться в обыкновенное платье, пробился через толпу к гейше. Он взял дрожащую японку к себе на руки, закрыл ее своим громадным телом и руками, насколько мог, и быстро понес, ловко раздвигая толпу локтями и ногами. В толпе кричали:

— Негодяй, подлец!

Бенгальского дергали, колотили в спину. Он кричал:

— Я не позволю с женщины сорвать маску; что хотите делайте, не позволю.

Так через весь коридор он пронес гейшу. Коридор оканчивался узкою дверью в столовую, Здесь Вериге удалось ненадолго задержать толпу. С решимостью военного он стал перед дверью, заслонил ее собою и сказал:

— Господа, вы не пойдете дальше.

Гудаевская, шурша остатками растрепанных колосьев, наскакивала на Веригу, показывала ему кулачки, визжала пронзительно:

— Отойдите, пропустите.

Но внушительно-холодное у генерала лицо и его решительные серые глаза воздерживали ее от действий. Она в бессильном бешенстве закричала на мужа.

— Взял бы да и дал бы ей оплеуху, — чего зевал, фалалей!

— Неудобно было зайти, — оправдывался индеец, бестолково махая руками, — Павлушка под локтем вертелся.

— Павлушке бы в зубы, ей в ухо, чего церемонился!- кричала Гудаевская.

Толпа напирала на Веригу. Слышалась площадная брань. Верига спокойно стоял пред дверью и уговаривал ближайших прекратить бесчинство. Кухонный мальчик приотворил дверь сзади Вериги и шепнул:

— Уехали-с, ваше превосходительство.

Верига отошел. Толпа ворвалась в столовую, потом в кухню, — искали гейшу, но уже не нашли. Бенгальский бегом пронес гейшу через столовую в кухню. Она спокойно лежала на его руках и молчала. Бенгальскому казалось, что он слышит сильный перебой гейшина сердца. На ее голых руках, крепко сжавшихся, он заметил несколько царапинок и около локтя синевато-желтое пятно от ушиба. Взволнованным голосом Бенгальский сказал толпившейся на кухне челяди:

— Живее, пальто, халат, простыню, что-нибудь, — надо барыню спасать.

Чье-то пальто наброшено на Сашины плечи, кое-как закутал Бенгальский японку и по узкой, еле освещенной керосиновыми чадящими лампами лестнице вынес ее на двор, — и через калитку в переулок.

— Снимите маску, в маске хуже узнают, теперь все равно темно, — довольно непоследовательно говорил он, — я никому не скажу.

Любопытно ему было. Он-то наверное знал, что это не Каштанова, но кто же это? Японка послушалась. Бенгальский увидел незнакомое смуглое лицо, на котором испуг преодолевался выражением радости от избегнутой опасности

Задорные, уже веселые глаза остановились на актеровом лице.

— Как вас благодарить! — сказала гейша звучным голосом. — Что бы со мною было, если бы вы меня не вытащили!

"Баба не трус, интересный бабец! — подумал актер, — но кто она? Видно, из приезжих".- Здешних дам Бенгальский знал. Он тихо сказал Саше:

— Надо вас поскорее домой доставить. Скажите мне ваш адрес, я возьму извозчика. Японкино лицо снова омрачилось испугом.

— Никак нельзя, никак нельзя! — залепетала она, — я одна дойду, вы меня оставьте.

— Ну, как вы там дойдете по такой слякоти на ваших деревяшках, надо извозчика, — уверенно возразил актер.

— Нет, я добегу, ради бога, отпустите, — умоляла гейша.

— Клянусь честью, никому не скажу, — уверял Бенгальский. — Я не могу вас отпустить, вы простудитесь. Я взял вас на свою ответственность, и не могу. И скорее скажите, — они могут и здесь вас вздуть. Ведь вы же видели, это совсем дикие люди. Они на все способны.

Гейша задрожала. Быстрые слезы вдруг покатились из ее глаз. Всхлипывая, она сказала:

— Ужасно, ужасно злые люди! Отвезите меня пока к Рутиловым, я у них переночую.

Бенгальский крикнул извозчика. Сели и поехали. Актер всматривался в смуглое гейшино лицо. Оно казалось ему странным. Гейша отвертывалась. Смутная догадка мелькнула в нем. Вспомнились городские толки о Рутиловых, о Людмиле и об ее гимназисте.

— Эге, да ты — мальчишка! — сказал он потом, чтобы не слышал извозчик.

— Ради бога, — бледный от ужаса, взмолился Саша.

И его смуглые руки в умоляющем движении протянулись

246

из-под кое-как надетого пальто к Бенгальскому. Бенгальский тихонько засмеялся и так же тихо сказал:

— Да уж не скажу никому, не бойся. Мое дело — тебя доставить на место, а больше я ничего не знаю. Однако ты — отчаянный. А дома не узнают?

— Если вы не проболтаетесь, никто не узнает — просительно-нежным голосом сказал Саша.

— На меня положись, во мне как в могиле,— ответил актер. — Сам был мальчишкою, штуки выкидывал.

* * *

Уж скандал в клубе начал затихать, — но вечер завершился новою бедою. Пока в коридоре травили гейшу, пламенная недотыкомка, прыгая по люстрам, смеялась и навязчиво подсказывала Передонову, что надо зажечь спичку и напустить ее, недотыкомку огненную, но не свободную, на эти тусклые, грязные стены, и тогда, насытясь истреолением, пожрав это здание, где совершаются такие страшные и непонятные дела, она оставит Передонова в покое. И не мог Передонов противиться ее настойчивому внушению. Он вошел в маленькую гостиную, что была рядом с танцевальным залом. Никого в ней не было. Передонов осмотрелся, зажег спичку, поднес ее к оконному занавесу снизу, у самого пола, и подождал, пока занавес загорелся. Огненная недотыкомка юркою змейкою поползла по занавесу, тихонько и радостно взвизгивая. Передонов вышел из гостиной и затворил за собою дверь. Никто не заметил поджога.

Пожар увидели уже с улицы, когда вся горница была в огне. Пламя распространялось быстро. Люди спаслись, но дом сгорел.

На другой день в городе только и говорили, что о вчерашнем скандале с гейшею да о пожаре. Бенгальский сдержал слово и никому не сказал, что гейшею был наряжен мальчик.

А Саша еще ночью, переодевшись у Рутиловых и обратившись опять в простого, босого мальчика, убежал домой, влез в окно и спокойно уснул. В городе, кишащем сплетнями, в городе, где все обо всех знали, ночное Сашино похождение так и осталось тайною. Надолго, конечно, не навсегда.

XXXI

Екатерина Ивановна Пыльникова, Сашина тетка и воспитательница, сразу получила два письма о Саше: от директора и от Коковкиной. Эти письма страшно встревожили ее. В осеннюю распутицу, бросив все свои дела, поспешно выехала она из деревни в наш город. Саша встретил тетю с радостью, — он любил ее. Тетя везла большую на него в своем сердце грозу. Но он так радостно бросился ей на шею, так расцеловал ее руки, что она не нашла в первую минуту строгого тона.

— Милая тетичка, какая ты добрая, что приехала! — говорил Саша и радостно глядел на ее полное, румяное лицо с добрыми ямочками на щеках и с деловито-строгими карими глазами.

— Погоди радоваться, еще я тебя приструню, — неопределенным голосом сказала тетя.

— Это ничего, — беспечно сказал Саша, — приструнь, было бы только за что, а все же ты меня ужасти как обрадовала.

— Ужасти! — повторила тетя недовольным голосом, — вот про тебя ужасти я узнала.

Саша поднял брови и посмотрел на тетю невинными, непонимающими глазами. Он пожаловался:

— Тут учитель один, Передонов, придумал, будто я — девочка, привязался ко мне, а потом директор мне голову намылил, зачем я с барышнями Рутиловыми познакомился. Точно я к ним воровать хожу. А какое им дело?

"Совсем тот же ребенок, что и был, — в недоумении думала тетя. — Или уж он так испорчен, что обманывает даже лицом?"

Она затворилась с Коковкиной и долго беседовала с нею. Вышла от нее печальная. Потом поехала к директору. Вернулась совсем расстроенная. Обрушились на Сашу тяжелые тетины упреки. Саша плакал, но уверял с жаром, что все это — выдумки, что никаких вольностей с барышнями он себе никогда не позволял. Тетя не верила. Бранила, бранила, заплакала, погрозила высечь Сашу, больно высечь, сейчас же, сегодня же, вот только еще сперва увидит этих девиц. Саша рыдал и продолжал уверять, что ровно ничего худого не было, что все это ужасно преувеличено и сочинено.

Тетя, сердитая, заплаканная, отправилась к Рутиловым.

Ожидая в гостиной у Рутиловых, Екатерина Ивановна волновалась. Ей хотелось сразу обрушиться на сестер с самыми жестокими упреками, и уже укоризненные, злые слова были у нее готовы, — но мирная, красивая их гостиная внушала ей, мимо ее желаний, спокойные мысли и утишала ее досаду. Начатое и оставленное здесь вышиванье, кипсеки, гравюры на стенах, тщательно выхоженные растения у окон, и нигде нет пыли, и еще какое-то особое настроение семейственности, нечто такое, чего не бывает в непорядочных домах и что всегда оценивается хозяйками, — неужели в этой обстановке могло совершиться какое-то обольщение ее скромного мальчика заботливыми молодыми хозяйками этой гостиной? Какими-то ужасно нелепыми показались Екатерине Ивановне все те предположения, которые она читала и слушала о Саше, и, наоборот, такими правдоподобными представлялись ей Сашины объяснения о том, что он делал у девиц Рутиловых: читали, разговаривали, шутили, смеялись, играли, хотели домашний спектакль устроить, да Ольга Васильевна не позволила.

А три сестры порядком струхнули. Они еще не знали, осталось ли тайною Сашино ряженье. Но их ведь было трое, и все они дружно одна за другую. Это сделало их более храбрыми. Они все три собрались у Людмилы и шопотом совещались. Валерия сказала:

— Надо же итти к ней, — невежливо. Ждет.

— Ничего, пусть простынет немного, — беспечно ответила Дарья, — а то она уж очень сердито на нас напустится.

Все сестры надушились сладко-влажным клематитом, — вышли спокойные, веселые, миловидные, нарядные, как всегда, наполнили гостиную своим милым лепетом, приветливостью и веселостью. Екатерина Ивановна была сразу очарована их милым и приличным видом. Нашли распутниц! — подумала она досадливо о гимназических педагогах. А потом подумала, что они, может быть, напускают на себя скромный вид. Решилась не поддаваться их чарам.

— Простите, сударыни, мне надо с вами серьезно объясниться, — сказала она, стараясь придать своему голосу деловитую сухость.

Сестры ее усаживали и весело болтали.

— Которая же из вас?.. — нерешительно начала Екатерина Ивановна.

Людмила сказала весело и с таким видом, как будто она, любезная хозяйка, выводит из затруднения гостью:

— Это все больше я с вашим племянничком возилась. У нас с ним оказались во многом одинаковые взгляды и вкусы.

— Он очень милый мальчик, ваш племянник, — сказала Дарья, словно уверенная, что ее похвала осчастливит гостью.

— Право, милый, и такой забавливый, — сказала Людмила.

Екатерина Ивановна чувствовала себя все более неловко. Она вдруг поняла, что у нее нет никаких значительных поводов к упрекам. И уже она начала на это сердиться, и последние Людмилины слова дали ей возможность высказать свою досаду. Она заговорила сердито:

— Вам забава, а ему. ..

Но Дарья перебила ее и сказала сочувствующим голосом:

— Ах, уж мы видим, что до вас дошли эти глупые Передоновские выдумки. Но ведь вы знаете, он — совсем сумасшедший. Его директор и в гимназию не пускает. Только ждут психиатра для освидетельствования, и тогда его выставят из гимназии.

— Но позвольте, — перебила ее в свою очередь Екатерина Ивановна, все более раздражаясь, — меня интересует не этот учитель, а мой племянник. Я слышала, что вы, — извините, пожалуйста, — его развращаете.

И, бросивши сгоряча сестрам это решительное слово, Екатерина Ивановна сразу же подумала, что она зашла слишком далеко. Сестры переглянулись с видом столь хорошо разыгранного недоумения и возмущения, что и не одна только Екатерина Ивановна была бы обманута,— покраснели, воскликнули все разам:

— Вот мило!

— Ужасно!

— Новости!

— Сударыня, — холодно сказала Дарья, — вы совсем не выбираете выражений. Прежде чем говорить грубые слова, надо узнать, насколько они уместны.

— Ах, это так понятно! — живо заговорила Людмила с видом обиженной, но простившей свою обиду милой девицы,— он же вам не чужой. Конечно, вас не могут не волновать все эти глупые

сплетни. Нам и со стороны было его жалко, потому мы его и приласкали. А в нашем городе сейчас из всего сделают преступление. Здесь, если бы вы знали, такие ужасные, ужасные люди!

— Ужасные люди! — тихо повторила Валерия звонким, хрупким голосом, и вся дрогнула, словно прикоснулась к чему-то нечистому.

— Да вы его спросите самого, — сказала Дарья, — вы на него посмотрите: ведь он еще ужасный ребенок. Это вы, может быть, привыкли к его простодушию, а со стороны виднее, что он совсем, совсем не испорченный мальчик.

Сестры лгали так уверенно и спокойно, что им нельзя было не верить. Что же, ведь ложь и часто бывает правдоподобнее правды. Почти всегда. Правда же, конечно, не правдоподобна.

— Конечно, это — правда, что он у нас бывал слишком часто, — сказала Дарья. — Но мы его больше и на порог не пустим, если вы так хотите.

— И я сама сегодня же схожу к Хрипачу, — сказала Людмила. — Что это он выдумал? Да неужели он сам верит в такую нелепость?

— Нет, он, кажется, и сам не верит, — призналась Екатерина Ивановна, — а только он говорит, что ходят разные дурные слухи.

— Ну вот, видите! — радостно воскликнула Людмила, — он, конечно, и сам не верит. Из-за чего же весь этот шум?

Веселый Людмилин голос обольщал Екатерину Ивановну. Она думала:

"Да что же на самом-то деле случилось? Ведь и директор говорит, что он ничему этому не верит".

Сестры еще долго наперебой щебетали, убеждая Екатерину Ивановну в совершенной невинности их знакомства с Сашею. Для большей убедительности они принялись было рассказывать с большою подробностью, что именно и когда они делали с Сашею, но при этом перечне скоро сбились: это же все такие невинные, простые вещи, что просто и помнить их нет возможности. И Екатерина Ивановна, наконец, вполне поверила в то, что ее Саша и милые девицы Рутиловы явились невинными жертвами глупой клеветы.

Прощаясь, Екатерина Ивановна ласково расцеловалась с сестрами и сказала им:

— Вы — милые, простые девушки. Я думала сначала, что вы, — простите за грубое слово,— хабалки.

Сестры весело смеялись. Людмила говорила:

— Нет, мы только веселые и с острыми язычками, за это нас и недолюбливают иные здешние гуси.

Вернувшись от Рутиловых, тетя ничего не сказала Саше. А он встретил ее перепуганный, смущенный и посматривал на нее осторожно и внимательно. Тетя пошла к Коковкиной. Поговорили долго, наконец тетя решила:

"Схожу еще к директору".

* * *

В тот же день Людмила отправилась к Хрипачу. Посидела в

гостиной с Варварою Николаевною, потом объявила, что она по делу к Николаю Власьевичу.

В кабинете у Хрипача произошел оживленный разговор, — не потому собственно, что собеседникам надо было многое сказать друг другу, а потому, что оба любили поговорить. И они осыпали один другого быстрыми речами: Хрипач — своею сухою, трескучею скороговоркою, Людмила — звонким, нежным лепетаньем. Плавно, с неотразимою убедительностью неправды, полился на Хрипача ее полулживый рассказ об отношениях к Саше Пыльникову. Главное ее побуждение было, конечно, сочувствие к мальчику, оскорбленному таким грубым подозрением, желание заменить Саше отсутствующую семью, и, наконец, он и сам такой славный, веселый и простодушный мальчик. Людмила даже заплакала, и быстрые маленькие слезинки удивительно красиво покатились по ее розовым щекам на ее смущенно улыбающиеся губы.

— Правда, я его полюбила, как брата. Он — славный и добрый, он так ценит ласку, он целовал мои руки.

— Это, конечно, очень мило с вашей стороны,— говорил несколько смущенный Хрипач,— и делает честь вашим добрым чувствам, но вы напрасно принимаете так близко к сердцу тот простой факт, что я счел долгом уведомить родственников мальчика относительно дошедших до меня слухов.

Людмила, не слушая его, продолжала лепетать, переходя уже в тон кроткого упрека:

— Что же тут худого, скажите пожалуйста, что мы приняли участие в мальчике, на которого напал этот ваш грубый, сумасшедший Передонов,— и когда его уберут из нашего города! И разве же вы сами не видите, что этот ваш Пыльников — совсем еще дитя, ну, право, совсем дитя!

Всплеснула маленькими красивыми руками, брякнула золотым браслетиком, засмеялась нежно, словно заплакала, достала платочек,— вытереть слезы, — и нежным ароматом повеяла на Хрипача. И Хрипачу вдруг захотелось сказать, что она "прелестна, как ангел небесный", и что весь этот прискорбный инцидент "не стоит одного мгновенья ее печали дорогой". Но он воздержался.

И журчал, и журчал нежный, быстрый Людмилочкин лепет, и развеивал дымом химерическое здание Передоновской лжи. Только сравнить: безумный, грубый, грязный Передонов — и веселая, светлая, нарядная благоуханная Людмилочка. Говорит ли совершенную Людмила правду, или привирает, это Хрипачу было все равно, но он чувствовал, что не поверить Людмилочке, заспорить с нею, допустить какие-нибудь последствия, хоть бы взыскания с Пыльникова — значило бы попасться впросак и осрамиться на весь учебный округ. Тем более, что это связано с делом Передонова, которого, конечно, признают ненормальным. И Хрипач, любезно улыбаясь, говорил Людмиле:

— Мне очень жаль, что это вас так взволновало. Я ни одной минуты не позволил себе иметь какие бы то ни было дурные мысли относительно вашего знакомства с Пыльниковым. Я очень высоко ценю те добрые и милые побуждения, которые двигали вашими поступками, и ни одной минуты я не смотрел на ходившие в городе и дошедшие до меня слухи иначе, как на глупую и безумную клевету, которая меня глубоко возмущала. Я обязан был уведомить госпожу Пыльникову, тем более, что до нее могли дойти еще более искаженные сообщения, но я не имел в виду чем-нибудь обеспокоить вас и не думал, что госпожа Пыльникова обратится к вам с упреками.

— Ну, с госпожой-то Пыльниковой мы мирно сговорились, — весело сказала Людмила, — а вот вы на Сашу не нападайте из-за нас. Если уж наш дом такой опасный для гимназистов, то мы его, если хотите, и пускать не будем.

— Вы к нему очень добры, — неопределенно сказал Хрипач. — Мы ничего не можем иметь против того, чтобы он в свободное время, с разрешения своей тетки, посещал своих знакомых. Мы далеки от намерения обратить ученические квартиры в места какого-то заключения. Впрочем, пока не разрешится история с Передоновым, лучше будет, если Пыльников посидит дома.

* * *

Скоро уверенная ложь Рутиловых и Сашина была подкреплена страшным событием в доме Передоновых. Оно окончательно убедило горожан в том, что все толки о Саше и о девицах Рутиловых — бред сумасшедшего.

XXXII

Был пасмурный, холодный день. Передонов возвращался от Володина. Тоска томила его. Вершина заманила Передонова к себе в сад. Он покорился опять ее ворожащему зову. Вдвоем прошли в беседку, по мокрым дорожкам, покрытым палыми, истлевающими, темными листьями. Унылою пахло сыростью в беседке. Из-за голых деревьев виден был дом с закрытыми окнами.

— Я хочу открыть вам правду, — бормотала Вершина, быстро взглядывая на Передонова и опять отводя в сторону черные глаза.

Она была закутана в черную кофту, повязана черным платком и, посинелыми от холода губами сжимая черный мундштук, пускала густыми тучами черный дым.

— Наплевать мне на вашу правду, — ответил Передонов, — в высокой степени наплевать. Вершина криво усмехнулась и возразила:

— Не скажите! Мне вас ужасно жалко, — вас обманули.

Злорадство слышалось в ее голосе. Злые слова сыпались с ее языка. Она говорила:

— Вы понадеялись на протекцию, но только вы слишком доверчиво поступили. Вас обманули, а вы так легко поверили. Письмо-то написать всякому легко. Вы должны были знать, с кем имеете дело. Ваша супруга — особа неразборчивая.

Передонов с трудом понимал бормочущую речь Вершиной; сквозь ее околичности еле проглядывал для него смысл. Вершина боялась говорить громко и ясно: сказать громко — кто-нибудь услышит, передадут Варваре, могут выйти неприятности, Варвара не постеснится сделать скандал; сказать ясно — сам Передонов озлится; пожалуй, еще прибьет. Намекнуть бы, чтобы он сам догадался. Но Передонов не догадывался. Ведь и раньше, случалось, говорили ему в глаза, что он обманут, а он никак не мог домекнуться, что письма подделаны, и все думал, что обманывает его сама княгиня, за нос водит,

Наконец Вершина сказала прямо:

— Письма-то, вы думаете, княгиня писала? Да теперь уже весь город знает, что их Грушина сфабриковала, по заказу вашей супруги; а княгиня и не знает ничего. Кого хотите спросите, все знают, — они сами проболтались. А потом Варвара Дмитриевна и письма у вас утащила и сожгла, чтобы улики не было.

Тяжкие, темные мысли ворочались в мозгу Передонова. Он понимал одно, что его обманули. Но что княгиня будто бы не знает, — нет, она-то знает. Недаром она из огня живая вышла.

— Вы врете про княгиню, — сказал он, — я княгиню жег, да недожег: отплевалась.

Вдруг бешеная ярость охватила Передонова. Обманули! Он свирепо ударил кулаком по столу, сорвался с места и, не

254

прощаясь с Вершиною, быстро пошел домой. Вершина радостно смотрела за ним, и черные дымные тучи быстро вылетали из ее темного рта и неслись и рвались по ветру.

Передонова сжигала ярость. Но когда он увидел Варвару, мучительный страх обнял его и не дал ему сказать ни слова.

На другой день Передонов с утра приготовил нож, небольшой, в кожаных ножнах, и бережно носил его в кармане. Целое утро, вплоть до раннего своего обеда, просидел он у Володина. Глядя на его работу, делал нелепые замечания. Володин был попрежнему рад, что Передонов с ним водится, а его глупости казались ему забавными.

Недотыкомка весь день юлила вокруг Передонова. Не дала заснуть после обеда. Вконец измучила. Когда, уже к вечеру, он начал было засыпать, его разбудила нивесть откуда взявшаяся шальная баба. Курносая, безобразная, она подошла к его постели и забормотала:

— Квасок затереть, пироги свалять, жареное зажарить.

Щеки у нее были темные, а зубы блестели.

— Пошла к чорту! — крикнул Передонов.

Курносая баба скрылась, словно ее и не бывало.

* * *

Настал вечер. Тоскливый ветер выл в трубе. Медленный дождь тихо, настойчиво стучал в окошки. За окнами было совсем черно. У Передоновых был Володин, Передонов еще утром позвал его пить чай.

— Никого не пускать. Слышишь, Клавдюшка? — закричал Передонов.

Варвара ухмылялась. Передонов бормотал:

— Бабы какие-то шляются тут. Надо смотреть. Одна ко мне в спальню затесалась, наниматься в кухарки. А на что мне курносая кухарка?

Володин смеялся, словно блеял, и говорил:

— Бабы по улице изволят ходить, а к нам они никакого касательства не имеют, и мы их к себе за стол не пустим.

Сели за стол втроем. Принялись пить водку и закусывать пирожками. Больше пили, чем ели. Передонов был мрачен. Уже все было для него как бред, бессмысленно, несвязно и внезапно. Голова болела мучительно. Одно представление настойчиво повторялось — о Володине, как о враге. Оно чередовалось тяжкими приступами навязчивой мысли: надо убить Павлушку, пока не поздно. И тогда все хитрости вражьи откроются. А Володин быстро пьянел и молол что-то бессвязное, на потеху Варваре.

Передонов был тревожен. Он бормотал:

— Кто-то идет. Никого не пускайте. Скажите, что я молиться уехал, в Тараканий монастырь.

Он боялся, что гости помешают. Володин и Варвара забавлялись, — думали, что он только пьян. Подмигивали друг другу, уходили поодиночке, стучали в дверь, говорили разными голосами:

— Генерал Передонов дома?

— Генералу Передонову бриллиантовая звезда.

Но на звезду не польстился сегодня Передонов. Кричал:

— Не пускать! Гоните их в шею. Пусть утром принесут. Теперь не время.

"Нет, — думал он, — сегодня-то и надо крепиться. Сегодня все обнаружится, а пока еще враги готовы много ему наслать всякой всячины, чтобы вернее погубить".

— Ну, мы их прогнали, завтра утром принесут, — сказал Володин, снова усаживаясь за стол.

Передонов уставился на него мутными глазами и спросил:

— Друг ли ты мне или враг?

— Друг, друг, Ардаша! — отвечал Володин.

— Друг сердечный, таракан запечный, — сказала Варвара.

— Не таракан, а баран, — поправил Передонов. — Ну, мы с тобой, Павлуша, будем пить, только вдвоем. И ты, Варвара, пей — вместе выпьем вдвоем.

Володин, хихикая, сказал:

— Ежели и Варвара Дмитриевна с нами выпьет, то уж это не вдвоем выходит, а втроем.

— Вдвоем,— угрюмо повторил Передонов.

— Муж да жена — одна сатана, — сказала Варвара и захохотала.

Володин до самой последней минуты не подозревал, что Передонов хочет его зарезать. Он блеял, дурачился, говорил глупости, смешил Варвару. А Передонов весь вечер помнил о своем ноже. Когда Володин или Варвара подходили с той стороны, где спрятан был нож, Передонов свирепо кричал, чтобы отошли. Иногда он показывал на карман и говорил:

— Тут, брат, у меня есть такая штучка, что ты, Павлушка, крякнешь.

Варвара и Володин смеялись.

— Крякнуть, Ардаша, я завсегда могу, — говорил Володин, — кря, кря. Очень даже просто.

Красный, осовелый от водки, Володин крякал и выпячивал губы. Он становился все нахальнее с Передоновым.

— Околпачили тебя, Ардаша, — сказал он с презрительным сожалением.

— Я тебя околпачу! — свирепо зарычал Передонов.

Володин показался ему страшным, угрожающим. Надо было защищаться. Передонов быстро выхватил нож, бросился на Володина и резнул его по горлу. Кровь хлынула ручьем.

Передонов испугался. Нож выпал из его рук. Володин все блеял и старался схватиться руками за горло. Видно было, что он смертельно испуган, слабеет и не доносит рук до горла. Вдруг он помертвел и повалился на Передонова. Прерывистый раздался визг, — точно он захлебнулся,— и стих. Завизжал в ужасе и Передонов, а за ним Варвара.

Передонов оттолкнул Володина. Володин грузно свалился на пол. Он хрипел, двигался ногами и скоро умер. Открытые глаза его стеклянели, уставленные прямо вверх. Кот вышел из соседней горницы, нюхал кровь и злобно мяукал. Варвара стояла как оцепенелая. На шум прибежала Клавдия.

— Батюшки, зарезали! — завопила она.

Варвара очнулась и с визгом выбежала из столовой вместе с Клавдиею.

Весть о событии быстро разнеслась. Соседи собирались на улице, на дворе. Кто посмелее, прошли в дом. В столовую долго не решались войти. Заглядывали, шептались. Передонов безумными глазами смотрел на труп, слушал шопоты за дверью... Тупая тоска томила его. Мыслей не было.

Наконец осмелились, вошли, — Передонов сидел понуро и бормотал что-то несвязное и бессмысленное.

19 июня 1902 г.[15]

---

[15] Дата окончания романа установлена по его черновой рукописи. — Ред.